Göschens Kaufmännische Bibliothek Band 8

Deutsch-Spanische Handelskorrespondenz

Nach der Methode von Prof. Th. de Beaux

bearbeitet von

Dr. Alfredo Nadal de Mariezcurrena

LEIPZIG
G. J. Göschen'sche Verlagshandlung
1905

Spamersche Buchdruckerei in Leipzig

Inhaltsverzeichnis. Indice.

Allgemeines. Generalidades.

Erläuterungen zum Warengeschäft.

Nr. 1—64. Briefe im Warengeschäft. Correspondencia sobre mercancías.

Erläuterungen zum Bankgeschäft.

Nr. 65—94. Einzelne Bankgeschäfte. Operaciones bancarias.

Briefe im Wechselverkehr. Correspondencia bancaria.

Erläuterungen zum Speditionsgeschäft.

Nr. 124—152. Briefe im Speditionsgeschäft. Cartas sobre una expedición suelta.

Umwandlung der Brieftexte.

Aufgaben für anzufertigende Briefe.

Anhang.

Allgemeines.

Aufschrift für Postsendungen.

Auf Briefumschlägen pflegt die bei Großstädten erforderliche Angabe der Straße dem Namen der Stadt und die Hausnummer dem Namen der Straße vorangestellt zu werden. Die Hausnummer erscheint sehr häufig doppelt, vor und hinter dem Straßennamen, von dem sie stets durch Komma getrennt ist; z. B.:

Rambla de Cataluna, nº 14.
Barcelona.

Calle de Preciados, 32; oder: **32, Preciados, 32.**
Madrid.

Bei kleineren Orten, resp. wenn die Gefahr einer Verwechslung vorliegt, folgt dem Ortsnamen stets die Angabe der betreffenden Provinz, des Departements, des Bundesstaates oder der Nation:

Piera (Martorell.-Barcelona). **Ribas** (Gerona). **Ribas** (Zaragoza).
Mérida (Badajoz). **Mérida** (Estado de Yucatán. — Méjico). **Barcelona** (Venezuela).

Für Briefe, die an Behörden, Gesellschaften oder Körperschaften gerichtet sind, genügt es, auf dem Briefumschlag den Namen der betreffenden Körperschaft anzugeben:

Banco de España.
Madrid.

Sucursal del Crédito Lionés.
Barcelona.

Oft wird jedoch vorgezogen, an den Vertreter (*Director, Presidente, Gerente* usw.) der Gesellschaft zu adressieren:

Excmo. Sr. Director del
Banco de España.
Madrid.

Sr. Presidente de la
Cámara de Comercio de
Barcelona.

Besteht eine Gesellschaftsfirma ausschließlich aus Frauennamen, so lautet die Anrede, resp. Aufschrift «*Señoras*»; ist dagegen der Name eines Mannes in der Firma genannt, so lautet die Aufschrift je nach dem ersten Wortgeschlecht; die Anrede aber «*Señores*» anzuwenden ist; z. B.:

(Aufschrift): **Sras. Molina hermas.**
Córdoba.
(Anrede): **Muy Sras. mias:** . . . usw.

Sra. Vda de Galcerán é Hijo.
Villanueva.
Muy Sres. mios: . . . . . usw.

(Aufschrift): **Sr. D. Pantaleón Floridablanca é Hijas.**
Medina del Campo.
(Anrede): **Muy Sres. mios:** . . . . usw.

Form der Handelsbriefe.

Auf dem Briefbogen findet sich die Firma des Absenders meist vorgedruckt links oben. Oft enthält der Vordruck Angaben über die telephonische oder telegraphische Verbindung:

Benjumea, Albarrán & Cía, Madrid.

Teléfono: nº 2351. Dirección p. telegramas: «Benjubarrán. — Madrid».

Ein etwaiger Bindestrich in der Telephonnummer (z. B.: *nº 23-51*) bedeutet, daß nach dem üblichen Anruf des Telephonbeamten *«¡aló!»* oder *«¡Central!»* die Nummer *«ventitrés»* . . . *«cincuenta y uno»* anzusagen ist, nicht aber *«dos mil trecientos cincuenta y uno»*.

Abgekürzte telegraphische Adressen (*señas telegráficas* oder *direcciones p.* [also *para*] *telegramas*) sind statt der vollen Adresse zulässig, wenn sie bei der Telegraphenanstalt hinterlegt worden sind. Bei der Hinterlegung ist eine besondere Gebühr im voraus zu entrichten.

In der Anrede wird die doppelte Titulatur *«Señor»* (Herr), *«Don»* (Herr) vor dem Namen des Empfängers abgekürzt, z. B.:

Sr. D. Benito Azcárraga Castroverde;

wobei zu bemerken ist, daß *«Señor»* zu den Familiennamen *«Azcárraga Castroverde»* und *«Don»* zum Vornamen *«Benito»* gehört; und ferner daß, wenn der Vorname fehlt, *«Don»* wegfallen muß, z. B.:

Sres. Zavala y Cía.

In der Anrede, *nicht* aber im spanischen Brieftext selbst, wird stets der berufene Vertreter der Körperschaft angeredet (siehe oben) und dann weiter, unter die für alle Briefe übliche *«Muy Sr. mío»* oder *«Muy Sr. nuestro»*; z. B.:

Sr. Presidente de la Cámara de Comercio.
Barcelona.

Muy Sr. mio:
oder: **Muy Sr. mio y de mi mayor consideración:**

Wenn die Amtsstellung des Empfängers einen Titel erheischt, so wird dieser bei Geschäftsbriefen meistens abgekürzt dem Namen vorangesetzt in der Aufschrift (s. oben); und dann derselbe in der Anrede unabgekürzt verwendet, z. B.:

(Aufschrift): **Excmo. Sr. Director del Banco de España.**
Madrid.

(Anrede): **Excelentisimo Señor:**
oder auch: **Muy Sr. mio y de mi más distinguida consideración:**

Und im Brieftext selbst, anstatt des gewöhnlichen *«Vd.»* oder *«Vds.»* (Sie), *«V. E.»* (*Vuecencia, Vuestra Excelencia*) gebraucht werden muß.

Die vielgestaltete Anrede des deutschen Briefes, wie sie durch Beifügung von „geehrt, geschätzt, hochgeehrt, verehrtester“ usw. entsteht, ist einfach durch *«Muy Sr. mío»*, *«Muy Sres. míos»*, *«Muy Sra. mía»* oder *«Muy Sra. nuestra»* zu geben. Die Ausdrücke „Wohlgeboren“, „Hochwohlgeboren“ usw., sowie im Brieftexte selbst die (Vokativ)-Anrede „geehrter Herr“, „hochgeehrter Herr“ usw. bleiben unübersetzt.

Der Anrede folgt ein Kolon (:), niemals weder Ausrufungszeichen noch Komma; sodann beginnt auf derselben oder auf der nächsten Zeile der Brieftext, z. B.:

Sr. Gerente de la Compañia
de Ferrocarriles del Norte.
Madrid.

Muy Sr. mio:
Recibo en este momento
aviso de haberse extraviado ...

Sres. Paz y Güell.
Montevideo.

Muy Srs. mios: En mi poder su grata
del 15 corte, me apresuro á manifestarles ...

Statt der Anreden „P. P.“ (praemissis praemittendis), „P. T.“ (praemisso titulo) oder „S. T.“ (sine oder salve titulo), in Rundschreiben, die sich an einen größeren Kundenkreis wenden, wird nur «*Muy Sr. mío:*», resp. «*Muy Sr. nuestro:*» angewendet.

Begrüßungsformeln am Schluß des Briefes.

Als Begrüßungsformeln am Schluß des Briefes dienen:

«De V. (Vs.) atto (attos) S. S. (siehe „Abkürzungen“)
Q. B. S. M.»

oder höflicher:

«Quedo (Sigo, Me repito, usw.) de V. atto S. S. } Q. S. M. B.»;
«Quedo á sus órdenes atto S. S. }

«Aprovecho la ocasión de ofrecerme de V. atto y afmo S. S.
Q. S. M. B.»;

«Sin más, me repito de V. atto S. S.»;

und noch viele andere, denn der spanische Brief bietet eine viel größere Verschiedenheit an Schlußformeln als der deutsche und selbst der französische.

Enthält der Briefschluß eine Bezugnahme auf den Absender des Briefes, so schreibt man z. B.:

«En espera de sus gratas nuevas, sigo de V. atto S. S.
Q. M. S. B.»

«Esperando vernos favorecidos por sus aprbls. órdenes, tenemos el gusto de repetirnos de V. attos y afmos S. S.»

«Anticipándole las más expresivas gracias y confiando tener el gusto de leerle á vuelta de correo, soy de V. atto S. S. . . . . . q. b. s. m.»

Fast in allen aus dem spanisch sprechenden Amerika herkommenden Briefen wird (mit Recht) das „*q. b. s. m.*“ (resp. „*q. b. s p.*“, das sich an eine Frau bezieht) fortgelassen.

Dem deutschen „*ppa.*“ bei der Unterschrift entspricht «*P. A.*» oder «*P. O.*»

Schreibung des Datums.

Die Angabe des Datums erfolgt durch Grundzahlen, mit alleiniger Ausnahme von «*1o*» (primero); der im Deutschen übliche Punkt ist also wegzulassen; z. B.:

Montevideo (ohne Komma) 25 (de) Agosto (de) 1905.
Buenos-Aires 1o de Abril 1905.

Wenn die Namen der Monate durch Zahlen ersetzt werden, sind im Spanischen die Grundzahlen viel üblicher als die Ordnungszahlen; z. B.: «*25—8—04*», «*1o—4—05*» usw.

Die Abkürzungen sind nur für einige Monate (und selbst bei diesen nicht sehr) gebräuchlich; z. B.: «*Dbre*» oder «*10bre*», «*Nobre*» oder «*9bre*», «*Obre*» oder «*8bre*», »*Stbre*» oder «*7bre*».

Gebrauch der Zeiten.

Über den Gebrauch der Zeiten sei hier nur kurz bemerkt:

Imperativ und Futurum in befehlendem Sinne sind in der Handelssprache, insbesondere *in gewissen vorgedruckten Formularen zulässig*; z. B.: «*páguese á la orden del Sr. . . .*», «*á 60 días vista pagará V. . . .*». Statt des Imperativs wird das *Futurum* als gemilderte Befehlsform verwendet; z. B.: «*se servirá pagar*» anstatt «*sírvase V. pagar*».

Ähnlich wirkt die Anwendung des *Konditionals* statt des *Präsens* oder des *Futurums*; z. B.: «*desearía*» anstatt «*deseo*», «*le agradecería*» anstatt «*le agradeceré*».

An besonderen Ausdrücken und Redewendungen, die gern hinzugefügt werden, sind zu merken:

«*Le estimaría mucho me comunicase*», «*espero de su amabilidad*», «*confío que no tendrá V. inconveniente en . . .*», «*me prestaría V. un señalado servicio si . . .*»;

«*Ruego á V. que . . .*», «*le suplico á V. que . . .*», «*tenga* oder *tendrá V. la bondad de . . .*», «*hágame V.* (oder *espero me hará*) *el favor de . . .*»;

«*Dispénseme V. que . . .*», «*espero no tomará V. á mal que . . .*», «*permítame V.* oder *me permitará V.*», «*me tomo la libertad de . . .*», «*dispénseme V. la libertad que me he tomado de . . .*»;

«*Espero tendrá V. á bien*», «*dígnese V.*»;

«*Tengo el gusto*» oder «*el honor de . . .*», «*me complazco en comunicarle á V.*», «*me he visto favorecido* oder *honrado por . . .*»;

«*Su acreditada*» (*reputada* oder *estimable*) *casa*», «*su atenta* (*apreciable, apreciada, favorecida* oder *grata*)» (wobei öfters das Wort «*carta*» wegfällt);

«*Habrá V. recibido*», «*sin duda por alguna equivocación*», «*supongo en poder de V.*», «*probablemente no le será á V. molesto*», «*si no me engaño*»; «*salvo error ú omisión*» (am Fuße eines Rechnungsauszugs, heute kaum mehr gebräuchlich);

«*Por la buena regla*», «*para evitar confusiones*», «*por ser costumbre general de esta casa . . .*», *por tener que hacer frente á apremiantes* (*extraordinarias* oder *inesperadas*) *atenciones*», «*por estar de balance* oder *liquidando*»;

«*Los géneros recibidos no corresponden á la merecida fama de la fábrica de V.* oder *á lo que esperábamos de V.*», «*esta vez no nos ha satisfecho la calidad*» oder «*ha defraudado nuestras esperanzas por completo*», «*contra lo que esperábamos de la solvabilidad de V.*»;

«*Permítame le manifieste mi estrañeza*», «*me ha sorprendido el que . . .*», «*siento mucho tener que . . .*», «*nos vemos* oder *nos veríamos* (*muy á pesar nuestro*) *obligados á . . .*»;

„*Aunque nos esté mal el decirlo, gozamos aquí de aprecio y crédito generales*», «*áun faltando á la modestia, hemos de sostener que nuestros artículos superan á los de todos los competidores*».

Umschreibung einiger deutscher Ausdrücke.

angeblich	según (*oder* por lo que) se dice,
spätestens	á más tardar, lo más tarde,
nicht unterlassen	no dejar de . . .,

nicht umhin können	no puedo menos de . . . ,
weiterhin, von nun an	en lo sucesivo, (de hoy) en adelante,
weiter (tun)	seguir (haciendo),
gern	de buena gana, con sumo gusto,
möchte	quisiera, desearía,
lieber	es mejor *oder* preferible, prefiero, más vale,
leider	á pesar (nuestro, mío, etc.), por desgracia, siento deber . . . ,
schließlich	finalmente; — al fin y al cabo, en último resultado,
im Begriffe sein	ir á . . . , estar para . . . , estar á punto de. . . ,
eben (etwas tun)	estar (haciendo algo),
soeben (getan haben)	acabar de (hacer),
Bezug nehmend . . .	refiriéndome á . . . , confirmándole . . . ,
Ohne w. Schr. Ihrerseits . . . (worauf uns beziehen könnten)	sin ninguna de sus favorecidas (á que referirnos),
In Erledigung	en cumplimiento, ejecutando,
Die Gelegenheit benutzend . . .	aprovecho la ocasión de (*oder* para),
unserer Meinung nach	á nuestro entender, á nuestro modo de ver,
meinen	querer decir; — opinar, juzgar, ser del parecer de . . .
inliegend, beigeschlossen, anbei,	adjunto(a), que acompaña, incluso(a),
in der Lage sein	estar en el caso *oder* en situación de
ich bin nicht abgeneigt	no tendría inconveniente en . . . , no estoy lejos de,
soviel ich weiß	por lo que sé, según las noticias que tengo, por lo que me consta,
mit wendender Post	á vuelta de correo,
es wird mein stetes Bestreben sein	me esforzaré siempre en . . . , haré siempre todo lo posible (*oder* todo lo que esté en mi mano) para . . . ,
respectiv, beziehungsweise	es decir, á saber, ó bien, ó (*auch* y); respectivamente,
dort, hier	de (*resp.* en) ésa; de (en) ésta,
wende, *vertatur*	sigue, á la vuelta.

Der kaufmännische Briefwechsel.

Der Briefwechsel des Kaufmanns hat die Erwerbung, Erhaltung und Erweiterung seiner geschäftlichen Beziehungen zur Aufgabe.

Der kaufmännische Brief ist in doppelter Hinsicht von Bedeutung:

1. stellt er die getroffenen Abmachungen fest und dient deshalb in Streitfällen als Beweismittel;
2. bildet er die Grundlage für die Eintragungen in die Geschäftsbücher.

Einen sachgemäßen Brief wird nur der verfassen können, der mit dem Entwickelungsgange des Geschäftes, über welches er schreibt, wohlvertraut ist und zugleich die zur Erledigung desselben erforderlichen geschäftstechnischen Kenntnisse besitzt. — Diese Kenntnisse allein aber befähigen noch nicht zur Abfassung eines guten kaufmännischen Briefes; der Korrespondent muß außerdem:

1. die im kaufmännischen Briefwechsel üblichen Ausdrucksformen beherrschen;
2. sich kurz, deutlich und sprachrichtig ausdrücken;
3. für übersichtliche Anordnung des Brieftextes sorgen.

In dieser Beziehung theoretische Anweisungen zu erteilen ist zwecklos, weil die Ansprüche außerordentlich verschieden sind und die Ausdrucksformeln je nach Art und Umfang des Geschäftes wesentlich voneinander abweichen.

Durch eingehendes Studium und gewissenhafte Nachahmung geeigneter Vorbilder wird der Lernende am schnellsten und sichersten in den Besitz der erforderlichen Kenntnisse gelangen. Die folgenden, dem Verkehrsleben der Gegenwart entlehnten Briefgruppen sollen ihm dabei behilflich sein.

Jede dieser Gruppen behandelt einen Geschäftsgang, d. h. sie umfaßt alle Verhandlungen, die von der Anbahnung bis zur Abwickelung des betreffenden Geschäfts geführt worden sind. Die verschiedenen Möglichkeiten, wie ein und derselbe Geschäftsgang sich abwickeln kann, sind in den einzelnen Beispielen berücksichtigt worden.

Die Gruppen sind untereinander so geordnet, daß der Lernende vom Leichteren zum Schwereren geführt wird.

Dem Inhalt nach behandelt die Sammlung in vier getrennten Abteilungen:

Abteilung A das Warengeschäft;
„ B „ Bankgeschäft;
„ C „ Kommissionsgeschäft;
„ D „ Speditionsgeschäft.

Rasgos principales de la correspondencia mercantil.

La correspondencia sirve al comerciante para entablar nuevas relaciones y para conservar y ampliar las que ya posee.

Tiene además los siguientes fines:

1°, dar fé de los convenios ó tratos establecidos, y en caso necesario, servir de prueba judicial; — y

2°, constituir la base de la contabilidad.

Sólo el que esté bien al corriente de los negocios y posea los conocimientos especiales del ramo, podrá redactar una carta comercial con conocimiento de causa. — No bastan, sin embargo, para ello dichos conocimientos, debiendo reunir una buena carta mercantil las condiciones siguientes:

1ª, terminología y fraseología propias del Comercio,

2ª, concisión, claridad y estilo correcto; — y

3ª, coordinación de ideas y asuntos que salte á primera vista.

Tocante á ese punto sería en balde dar instrucciones teóricas ó preceptos detallados, pues la diversidad de las exigencias y la multiplicidad de expresiones y formas varían al infinito según la índole y la importancia de las operaciones industriales y mercantiles.

En cambio, el estudio atento y minucioso de modelos buenos y bien escogidos, lo propio que el mucho ejercicio práctico en imitarlos debidamente, son capaces de formar un buen encargado de la correspondencia. Así, pues, nos limitamos en esta obra á dar una colección de cartas sacadas de la vida y transacciones comerciales de nuestros días, y ordenadas por grupos ó secciones según los asuntos de que tratan.

Cada una de estas secciones contiene varias series de cartas, (una serie por cada ramo principal), que muestran la marcha de un negocio desde las que lo inician y desarrollan hasta las que lo dejan concluído. Todas las combinaciones é incidentes posibles en el desarrollo van reflejados en ejemplos adecuados á cada caso y ordenados de modo que el principiante pase gradualmente de los más sencillos á los más complicados.

Los antedichos grupos principales son cuatro:

Sección *A: Tráfico de mercancías,*
« *B: Negocios bancarios,*
« *C: Comisiones y consignaciones,*
y « *D: Transportes y seguros.*

Die jeder Abteilung vorangehenden Erläuterungen sollen einen allgemeinen Überblick über die Gattung vermitteln, während die den einzelnen Geschäftsgängen vorgedruckten Inhaltsangaben den geschäftlichen Vorgang beleuchten sollen. Diese Inhaltsangaben mögen zugleich als Anleitung zur Ausarbeitung der Aufgaben dienen.

A. Das Warengeschäft.

Im Warengeschäft kommen hauptsächlich folgende Briefgattungen in Betracht:

a) Anfragen (Bitte um Preisanstellung);
b) Anträge (Angebote, Anerbieten, Offerten);
c) Bestellungen (Aufträge, Orders);
d) Auftragsbestätigungen oder Ausführungsanzeigen mit Rechnung;
e) Begleichung der Rechnung (Anschaffung, Zahlung, Regulierung);
f) Empfangsbestätigungen (Empfangsanzeigen).

In einzelnen Fällen werden noch hinzukommen:

g) Erkundigungen;
h) Beschwerden (Reklamationen);
i) Mahnungen.

a) Anfragen (Bitte um Preisanstellung).

Eine wesentliche Aufgabe des Kaufmanns besteht darin, sich für seine Ware die billigsten Bezugsquellen zu sichern. Fehlt es ihm an Angeboten, oder erscheint ihm das Gebotene ungenügend, so wird er bei verschiedenen Lieferanten Umfrage halten und unter den eingehenden Angeboten seine Wahl treffen.

Anfragen können mündlich, telephonisch, telegraphisch oder brieflich erfolgen; sie erstrecken sich auf Beschaffenheit (Qualität), Menge (Quantität), Preis und Lieferungsbedingungen.

Für gewöhnlich bestätigt der vorsichtige Geschäftsmann brieflich die persönlich, telephonisch oder telegraphisch eingezogenen Erkundigungen sowie die Antworten, die er darauf erhalten hat.

b) Anträge (Anerbieten, Preisanstellung, Offerte).

Anträge können unmittelbar (direkt) oder mittelbar (indirekt) gemacht werden.

Indirekte Anerbieten erfolgen durch Auslegen der Ware an der Verkaufsstelle oder durch Vermittlung von Reisenden, Agenten, Kommissionären.

Direkte Anerbieten können persönlich, telephonisch, telegraphisch oder schriftlich gemacht werden.

Cada sección va precedida de instrucciones generales, divididas en grupos de detalles acerca de cada una de las operaciones inherentes á la negociación. Además, precede luego á cada grupo referido un índice de resúmenes de cada una de las cartas contenidas en el grupo correspondiente. Estos resúmenes sirven después de norma para el principiante en la redacción de los ejercicios prácticos ó cartas-tema, que van antes del final de este libro. Termina éste con una lista de abreviaturas más usuales y con una corta colección de modelos de formularios.

A. Tráfico de mercancías.

Este comercio da lugar á correspondencia sobre los siguientes asuntos:

a) Entrar en relaciones. Preguntas acerca de géneros y precios;
b) Ofertas;
c) Pedidos, órdenes;
d) Acuse de recibo ó ejecución de pedidos;
e) Liquidación ó saldo de facturas ó cuentas; — y
f) Acuse de recepción y recibos.

En algunos casos serán necesarias cartas como las siguientes:

g) informes, referencias;
h) reclamaciones y excusas ó justificaciones; — y
i) Solicitar ó reclamar el pago.

a) Entrar en relaciones. Preguntas acerca de géneros y precios.

Una de las tareas principales del buen comerciante es procurarse las mercancías en las mejores condiciones asequibles. Sea porque carezca de ofertas de aquéllas, sea porque las ofrecidas le parezcan poco convenientes, el negociante debe descubrir el mercado y la casa capaces de suministrarle los géneros de mejor calidad dentro del precio más reducido posible.

Estas investigaciones se hacen verbalmente, por teléfono, por telégrafo ó por carta; refiriéndose á la cantidad, á la calidad y al precio de la mercancía, así como á las relaciones de venta. Las informaciones recibidas de viva voz, por teléfono ó por telégrafo necesitan más que las obtenidas por carta, para todo negociante precavido, ser confirmadas por escrito, á fin de evitar toda posibilidad de mala inteligencia.

b) Ofertas.

Los ofrecimientos se hacen directa ó indirectamente.

Indirectamente: exponiendo los géneros á la vista del público en los respectivos sitios de venta (tiendas, exposiciones, etc.) ú ofreciéndolos al comprador por el intermedio de un viajante, agente (representante) ó comisionista.

Directamente: pueden también ofrecerse las mercancías personalmente, por teléfono, por telégrafo ó por carta.

Die schriftlichen Anerbietungen sind entweder allgemein gehalten und für einen größeren Kundenkreis berechnet (Zirkularanerbieten), oder sie tragen den Bedürfnissen des einzelnen Kunden Rechnung (briefliche Anerbieten).

Häufig gehen mit den brieflichen Anerbieten zugleich Warenproben und Preislisten an die Adressaten ab.

Lautet das Anerbieten auf einen bestimmten Warenposten, oder sind Qualität, Quantität, Preis und Lieferungsbedingungen angegeben, so ist der Verkäufer verpflichtet zu liefern.

Will er sich das Verfügungsrecht über die dem Käufer angestellte Ware vorbehalten, so muß er seinem Antrag das Wort „freibleibend" beifügen.

c) Bestellungen (Aufträge, Orders).

Bei Bestellungen müssen Beschaffenheit, Menge und Preis der geforderten Ware genau angegeben sein; häufig wird man dem Auftrag Vorschriften über Verpackung, Versendung und Zahlung hinzufügen.

Kann sich der Besteller auf früher erteilte Aufträge beziehen, so vermeidet er die Wiederholung dieser Angaben durch den Zusatz „wie gehabt".

d) Ausführungs- und Versandanzeigen; Rechnungen.

Kann ein Auftrag nicht sofort erledigt werden, so wird dem Auftraggeber vorläufig der Eingang desselben angezeigt. Zur Verhütung von Mißverständnissen wird die Bestellung in der Auftragsbestätigung wiederholt, oder es wird dem Briefe eine Kommissionskopie beigelegt.

Ist der Auftrag sofort ausführbar, so tritt an die Stelle der Auftragsbestätigung entweder die Versandanzeige oder der Fakturenbrief oder die Rechnung.

Die Versandanzeige oder der Text des Fakturenbriefes enthält:

1. Datum und Form der Bestellung (durch Telephon, Depesche, Brief, Vertreter);
2. Datum der Ausführung und Form der Versendung;
3. Rechnungsbetrag nebst Bitte um dessen Gutschrift;
4. Abmachungen bezüglich der Zahlung;
5. Bitte um weitere Aufträge.

Die Rechnung selbst muß folgende Angaben enthalten:

1. Namen oder Firma des Absenders der Ware (Verkäufers);
2. Ort und Zeit der Ausstellung der Rechnung;
3. Namen oder Firma des Empfängers der Ware (Käufers);
4. Zeichen und Nummer sowie Art der Verpackung (Faß, Kiste, Sack etc.);

Las ofertas postales se dirigen á uno ó más clientes determinados; pero cuando tienen carácter público ó se han de mandar á muchos clientes, adquieren la forma de *circular*, por lo general, litografiada ó impresa. Constituye una forma tácita de oferta el envío de listas de precios ó de catálogos.

A las ofertas manuscritas (postales) suele acompañar el ofrecimiento de muestras ó ya el envío de las mismas por el mismo correo; y pueden adaptarse á la conveniencia de cada comprador.

Cuando se ofrece una partida determinada de mercancías detallando la cantidad, precio y condiciones de venta, el que hace la oferta está obligado á cumplirla si es aceptada, á menos que se haya reservado el derecho de disponer otra cosa añadiendo la estipulación de: «sin compromiso», «salvo estar ya vendido», etc.

c) Pedidos, órdenes.

Todo pedido debe indicar de una manera categórica, clara y exacta la calidad, cantidad y precio de la mercancía deseada. A menudo el comprador añade instrucciones relativas al embalaje, á la expedición y al modo de efectuar el pago.

Hay casas que tienen formularios impresos para hacer los pedidos, en los cuales no hay más que llenar los blancos con las variantes y condiciones de cada caso especial.

Naturalmente, se abrevia mucho la redacción de un pedido si se ha recibido ya de la misma clase igual género, diciendo: «como la del envío anterior», «de la clase y en la forma acostumbradas», etc.

d) Acuse de recibo ó ejecución de pedidos.

Cuando una orden no puede ser ejecutada inmediatamente, se acusará al acto recibo de la misma por carta ó tarjeta postal, declarando haber tomado buena nota de la misma.

Si las mercancías pedidas son enviadas sin dilación, el acuse de recibo está contenido en la factura ó en la carta de envío de la misma.

A fin de evitar toda mala inteligencia, conviene acompañar el acuse de recibo con un duplicado de la comisión con los mismos detalles expresados en el pedido, p. ej., designación exacta del género y su clase, precio, fecha de entrega ó envío, descuento, condiciones de pago, etc.

El aviso de expedición ó la carta remitiendo la factura contendrá:

1º, Fecha y modo del pedido hecho (por teléfono, telégrafo, carta, representante, etc.);
2º, Fecha y modo de expedición;
3º, Importe de la factura, cuyo asiento se pide;
4º, Estipulaciones convenidas para el pago; — y
5º, Ruego para obtener ulteriores pedidos.

Se distinguen dos clases de facturas según el comprador habite, ó nó, en la misma población que el vendedor: factura *local*, — ó factura de *consignación*.

La factura debe contener los datos siguientes:

1º, nombre ó razón social del vendedor;
2º, lugar y fecha en que se extiende;
3º, nombre ó razón social del comprador;
4º, marca, número y aspecto del embalaje (caja, barril, saco, bala, etc.);

5. Menge (Anzahl, Maß, Gewicht), Namen und Preis der Ware;
6. Beförderungsart (Bote, Fuhrmann, Post, Schiff, Bahn: Eilgut, Frachtgut);
7. Angaben über Zahlung (Anschaffung, Regulierung).

Außerdem können noch Lieferungsfristen vereinbart, Versicherung der Ware auf dem Transport vorgesehen oder Bedingungen über Rücksendung der Verpackung, Zulässigkeit von Reklamationen usw. gestellt werden.

e) Begleichung der Rechnung (Zahlung, Anschaffung, Regulierung).

Die Erlegung des Rechnungsbetrags seitens des Käufers kann nach Zeit, Form und Art verschieden sein. Die Begleichung kann erfolgen:

a) „Zug um Zug", d. h. bei Übernahme der Ware;
b) „per Kasse", d. h. innerhalb einer kurzen Frist (10 bis 30 Tage) vom Datum der Faktur ab gerechnet;
c) „auf Ziel", d. h. nach einer im voraus bestimmten Frist;
d) „gegen Einsendung des Betrags" bei der Bestellung;
e) „gegen Nachnahme" durch die Post- und Bahnverwaltung.

Bar- und Zielkauf. Erfolgt die Bezahlung der Ware „Zug um Zug" oder „per Kasse", so spricht man von „Bar- oder Kontantkauf"; ist der Kaufpreis „auf Ziel" vereinbart, so bezeichnet man das Geschäft als Zeit- oder Zielkauf.

Zahlungsmittel:

a) Bargeld (Gold, Silber oder Banknoten);
b) Wertpapiere (Wechsel, Scheck, Anweisung);
c) Waren, die in Gegenrechnung gestellt (abgerechnet, verrechnet) werden.

Zahlungsformen:

a) Entrichtung des Betrags an der Kasse gegen Quittung;
b) Aushändigung des Betrags an den Verkäufer oder an dessen Bevollmächtigten (Reisenden, Agenten);
c) Zusendung des Betrags durch Vermittlung der Post (Postanweisung, Geldbrief);
d) Übertragung der Summe von einem Konto auf das andere (Giroverkehr).

Skonto. Käufer, die das vom Verkäufer gewährte Ziel in Anspruch nehmen, haben den vollen Fakturenpreis zu erlegen.

Käufer, welche vorziehen früher zu zahlen, können in der Regel einen Preisnachlaß beanspruchen, dessen Höhe sehr verschieden ist.

Im Warengeschäft pflegt die Höhe dieses Preisnachlasses in Prozenten ausgedrückt am Kopf der Faktur angegeben zu sein und wird meist Skonto, selten Rabatt oder Dekort genannt. Der für Skonto angegebene Prozentsatz bezieht sich auf die jeweilige Zahlungsfrist.

Sind also bei einer Rechnung von 1000 Mark, die in 3 Monaten zahlbar ist, 3% Skonto angegeben, so beträgt der Preisnachlaß bei Barzahlung 30 Mark.

Diskont. Im Bankgeschäft wird auf Wechsel, die noch nicht fällig sind, ebenfalls ein Preisnachlaß als Entschädigung für die Zinsen berechnet, welche bis zur Einlösung der Wechsel laufen. Auch dieser Preisnachlaß wird nach Prozenten be-

5º, cantidad (número de piezas, peso, dimensiones ó cabida), designación y precio de la mercancía;

6º, modo de enviarse (recadero ó mozo de cuerda, carro, correo, ferrocarril á pequeña ó gran velocidad, buque); — y

7º, indicaciones para el saldo.

A menudo la factura de expedición expresa, además la fecha convenida para el recibo de la mercancía, si el porte está pagado, ó bien, si corre á cargo del consignatario, si en el precio va comprendido el seguro, si se responde, ó nó, de los riesgos, averías ó taras durante el envío, en qué condiciones se admite, ó nó, la devolución del embalaje, plazo señalado para las reclamaciones, jurisdicción en caso de litigio, etc.

e) Liquidación ó saldo de facturas ó de cuentas.

Según como se ha de efectuar el pago, hay que tener en cuenta el *tiempo*, el *lugar*, modo y la *forma* que lo caracterizan, el *descuento* ó comisión y las circunstancias referentes al acto del *cobro*.

Tiempo ó época. Los pagos se efectúan por adelantado, por reembolso, al contado ó á plazos fijos. Los «pagos *anticipados*» se verifican enviando por adelantado fondos suficientes para cubrir el importe de la factura.

Los «pagos por *reembolso*» (v. más abajo) se hacen en el momento ó antes de recibir la mercancía, y comprenden á veces, además del importe de la factura, los desembolsos hechos por el vendedor para el transporte ú otros gastos.

Los «pagos *al contado*» pueden ser «á toca-teja» ó «al contado rabioso», efectuándose en el acto mismo de recibir la mercancía; ó bien, en «*pronto* pago», en que cabe un corto aplazamiento de la fecha del saldo (p. ej., dentro de los 30 días).

Los «pagos *á plazos*» tienen lugar en fechas posteriores al recibo de la mercancía fijadas de antemano. — La modalidad del pago es en algunos casos *mixta*, debiendo el comprador remitir, p. ej., $^1/_3$ del importe al hacer el pedido, $^1/_3$ al recibir el género y $^1/_3$ á los 6 meses de la fecha de la factura de envío.

Lugar y **modo.** Sus variantes consisten:

1ª, pago en el domicilio del acreedor; (en efectivo, por «Giro mútuo» ó bancario, etc.). El giro postal no está todavía establecido en España.

2ª, cobro en el domicilio del deudor; — y

3ª, por transmisión de crédito á un banquero, á un corresponsal, por medio del viajante, por cheque, etc.

Forma. Las formas ó especies con que se verifica un pago son:

1ª, en efectivo, como monedas, billetes de banco;

2ª, en valores, como letras, cheques, talones, cupones, sellos; — y

3ª, en mercancías, en compensación del importe de facturas.

Descuento. En los pagos al contado, por reembolso ó en plazo muy breve es tán general el conceder el 2 % de descuento «por pronto pago», que la mayor parte de casas lo cuentan ya en la misma factura. En los pagos á plazo no hay tal descuento.

Además hay que distinguir:

«descuento *mercantil*», estipulado previamente, ya en cada caso y mercancía especial como rebaja hecha al comprador-vendedor al por mayor, ya establecido de una manera fija como *comisión* de agente ó representante; y consiste en un tanto por ciento del importe de la factura, independientemente de la fecha del pago; y suele rechnet und heißt Diskont. Der für Diskont angegebene Prozentsatz bezieht sich auf das Jahr.

Sind also bei einem Wechsel von 1000 Mark, der in 90 Tagen fällig ist, 3% Diskont zu berechnen, so beträgt der Preisnachlaß bei Begebung desselben 7,50 Mark.

Annahme von Geldbeträgen. Handlungsreisende sind kraft ihrer Stellung zur Erhebung von Geldern bei der Kundschaft befugt, dagegen müssen Agenten zur Entgegennahme von Zahlungen besonders bevollmächtigt sein.

Einziehung von Geldbeträgen. Fällig gewordene Rechnungsbeträge können durch Vermittlung der Post (Postaufträge, Postnachnahmekarten) eingezogen werden. — Mitunter beauftragt der Gläubiger einen Geschäftsfreund oder ein Bankhaus am Platze des Schuldners, den Betrag gegen Quittung zu erheben, nachdem er den Schuldner zuvor brieflich von diesem Schritte verständigt hat.

Überweisung. Die Begleichung des Rechnungsbetrags durch Überweisung kann nur erfolgen, wenn Käufer und Verkäufer bei demselben Bankhause Girokonto haben. Sie erfolgt durch Übertragung der vom Auftraggeber bezeichneten Summe von dessen Konto auf das Konto des andern Girokunden.

Roter Scheck. Die Reichsbank besorgt diese Übertragungen für ihre Girokontoinhaber kostenlos und in jeder beliebigen Höhe, gleichviel ob die Überweisungen auf denselben Platz lauten oder nach einem anderen Orte bestimmt sind, an dem die Bank eine Zweiganstalt unterhält.

Zu Übertragungen auf Konten an demselben oder an einem auswärtigen Bankplatze sind rote Scheckformulare bestimmt, die die Reichsbank kostenlos in Heften von mindestens 50 Stück an ihre Girokunden abgibt. Diese Scheckbücher sind sorgfältig aufzubewahren.

Weißer Scheck. Bare Abhebungen erfolgen durch weiße Schecks, welche auf eine bestimmte Firma lauten und zur Erhebung von Bargeld an den Überbringer dienen.

Doppelquittung. Bei Zahlungen für Rechnung dritter werden die Quittungen oft doppelt ausgestellt; sie tragen dann den Vermerk „doppelt für einfach gültig".

f) Empfangsbestätigungen (Empfangsanzeigen).

Der Eingang einer Geldsendung wird dem Absender vom Empfänger durch Brief oder Postkarte bestätigt. Die Empfangsanzeige gibt den Betrag, das Zahlungsmittel, etwaige Abzüge für Skonto etc. und die Verbuchung an, die das Geld gefunden hat. Sie schließt gewöhnlich mit einem Worte des Dankes und der Empfehlung zu ferneren Diensten.

ser deducido y retenido ya del importe total de las mercancías al ser éste satisfecho. Así, de una factura que importa, p. ej., 1000 pesetas, pagadera á los 90 días, con 3% de descuento, se deducen 130 ptas. — Y

«descuento *bancario*», rebaja hecha al que paga antes del vencimiento del plazo convenido; siendo proporcional al tiempo abreviado en razón del tanto por ciento de interés anual. Así, de una letra en pago de una factura que importe, p. ej., 1000 pesetas, que vence á 90 días fecha, por el 3% de descuento por interés anual, se descuentan 7,50 pesetas.

Circunstancias inherentes al cobro. Es frecuente, en vez de verificarlo directamente á la casa vendedora, que se delegue para el mismo á los viajantes ó á los representantes portadores de una autorización especial de la referida casa.

Por *reembolso.* Se encarga á la administración de correos ó á la mediación de un banquero, de un representante ó de un corresponsal. (En los correos de España y de alguna república hispano-americana no se admite todavía el reembolso ni la orden [trata] postales). Los banqueros se cobran por tarifas particulares, puestas en conocimiento de la clientela, con las condiciones ó restricciones para su mediación, por menoscabo en el cambio, etc., cierta cantidad.

Por *transferencia de crédito.* Puede ocurrir sólamente entre compradores y vendedores que tienen cuenta corriente en un mismo banco; pues éste pasa el importe al Haber de los primeros y respectivamente al Debe de los segundos.

Por *cheques «rojos».* El Banco del Imperio alemán y el Banco de Francia facultan á sus depositarios á girar sin gastos al crédito de otras cuentas corrientes de sus sucursales, facilitándoles la operación por medio de «talones de giro» impresos en papel rosado y reunidos en *carnets* (cuadernitos). Análogas funciones desempeña el Banco de España, que es también banco de emisión de billetes, que circulan por toda la Península y tiene establecidas sucursales en todas las plazas de alguna importancia mercantil.

Por *cheque* (blanco ú ordinario). Es una orden de pago á la vista á cargo de un banco en que se tiene cuenta corriente, del cual recibe el portador el importe.

f) Acuses de recibo y recibos.

Por lo regular, el destinatario avisa al mandatario por correo el recibo de la suma que importa la factura correspondiente, indicando

1º, el importe y la forma del envío;

2º, la deducción hecha por descuento, si ha lugar; — y

3º, el debido abono en cuenta.

Algunas casas grandes de comercio acompañan al envío de la suma un formulario de recibo impreso con tinta copiadora, que el destinatario devuelve provisto de su firma.

En otros casos se pone el «recibí» con la fecha y firma al pié de la misma cuenta cuando se trata de facturas locales. Tanto en uno como en otro caso, en España y en algunos estados hispano-americanos, el pagador debe pegar un timbre ó sello de recibo, de valor que varía según los países, pero siempre proporcional al importe de la cantidad recibida y con arreglo á una tasa establecida por el Fisco; el cual tiene que ser inutilizado escribiendo encima la fecha y la firma del recibo.

En los casos de cobranzas por orden ó cuenta de un tercero, el primer pagador se hace librar á veces un doble recibo, haciendo constar en el que no es original la indicación de «por duplicado».

Briefe im Warengeschäft.

Kaffee.

1. Unter dem Datum des Poststempels offerieren Blank & Co., Leipzig, durch gedrucktes Zirkular ihrer Kundschaft besonders preiswerte Kaffees.

2. Am 10. August 19 . . wiederholen Blank & Co. brieflich ihre Offerte, da das Zirkular unbeantwortet geblieben ist; gleichzeitig überreichen sie Preisliste und Proben.

3. Am 15. August 19 . . bestätigt Richard Martin, Grimma, den Empfang des Antrags vom 10. d. M. und erteilt einen Auftrag.

4. Am 17. August 19 . . zeigen Blank & Co. mittels Fakturenbriefs an, daß der Auftrag ausgeführt ist.

5. Am 28. August 19 . . schickt Richard Martin den Rechnungsbetrag abzüglich Skonto per Post ein.

6. Am 29. August 19 . . bekennen sich Blank & Co. durch Postkarte zum Empfang des Geldes.

1.

Blank & Co.,
Kaffeeimport.
Fernsprecher No. 868.

Leipzig, Datum des Poststempels.

P. P.

Infolge günstiger Abschlüsse sind wir in der Lage, Ihnen folgende Kaffees in vorzüglicher Qualität zu den beistehenden sehr vorteilhaften Preisen unter bekannten Konditionen zu offerieren:

reell breitbohnigen Rio, je nach Qualität	85— 89	Pfennig.
„ Santos Perl	72— 98	„
gewaschenen Guatemala	74— 84	„
Preanger	95—105	„
Menado	110—125	„

Wir bemerken, daß die Ende vorigen Jahres begonnene Preissteigerung langsam fortschreitet und sich besonders in den billigsten Sorten sehr bemerkbar macht. Es empfiehlt sich deshalb, mit der Bestellung nicht zu zögern.

Hochachtungsvoll

Blank & Co.

Correspondencia sobre mercancías.

Café.

1ª. En circular impresa, remitiendo para la fecha á la del estampillado de Correos, la «Compañía Colonial», de Madrid, ofrece á su clientela varias clases de café.

2ª. En 18 de marzo de 19 . . la referida Compañía reitera su oferta por carta particular á los Sres. Capella, Baró y Cía, de Barcelona, adjuntando lista de precios y muestras.

3ª. El 22 de marzo de 19 . . esta casa de Barcelona acusa á la de Madrid recibo de su oferta, mandando un pedido.

4ª. El 25 marzo 19 . . la Compañía Colonial, de Madrid, avisa que queda la orden ejecutada y envía la factura correspondiente.

5ª. El 13 abril 19 . . Capella, Baró y Cía, de Barcelona, remiten á la Compañía de Madrid el importe de la factura, deducido el descuento.

6ª. El 16 abril 19 . . la Compañía Colonial, de Madrid, acusa á Capella, Baró y Cía, de Barcelona, recibo del dinero.

1ª. (Circular).

COMPAÑÍA COLONIAL.
Madrid, Puerta del Sol, 5.
Sucursales en todas las capitales
de España y en las principales plazas
de América, Asia y Filipinas.

Madrid (fecha de la estampilla de Correos).

Muy Sr(s). nuestro(s):

Merced á la organización especial de esta compañía, que posee plantaciones y casas de comercio en los principales países productores de géneros coloniales, lo cual nos ahorra la intervención de todo intermediario, nos es dable ofrecer á Vd(s). las siguientes clases de café superiores á precio sumamente ventajoso, libres de todo gasto, puestas en la estación (ó puerto) de ésa:

Nº 133.	Puerto-Rico, bueno corriente, según su calidad,	á Pts.	269	hasta	310	los	100 kgr.
» 248.	Cuba, superior, escogido	» »	312	»	320	»	» »
» 112.	Guatemala, lavado	» »	400	»	410	»	» »
» 215.	Menado, viejo	» »	350	»	397	»	» »

Es de advertir que en el mes ppdo los precios de los cafés se han mantenido muy firmes, acentuándose un alza considerable.

Además, por una coyuntura favorable, podemos ofrecer á Vd(s). 150 kgr. té verde Suchong, 200 tercios de hierba mate paraguayo, PX., 190 sacos cacao de Guayaquil y 100 barriles de azúcar blanco H 2ª, á precios muy módicos.

En espera de sus gratas órdenes, tenemos el gusto de subscribirnos de Vd(s). attos S. S.

q. b. s. m.

la Compañía Colonial.

2.

Blank & Co.,
Kaffeeimport.
Fernsprecher No. 868.

Leipzig, den 10. August 19..

Herrn Richard Martin, Grimma.

Zu unserem Bedauern vermissen wir seit längerer Zeit Ihre geschätzten Aufträge.

Wir übersandten Ihnen heute per Post unsere soeben zur Ausgabe gelangte Preisliste für rohe und geröstete Kaffees zur gefl. Durchsicht.

Außerdem bemusterten wir Ihnen als besonders preiswert, ab hier, zu den bekannten Bedingungen:

No. 820 ff.	Menado	per $^1/_2$ kg	à	120 Pf.
„ 842 ff.	Guatemala	„ „ „	à	82 „

Es würde uns freuen, wenn diese Kaffees Ihren Beifall fänden, und Sie uns Ihre geschätzten Aufträge überschreiben wollten.

Hochachtungsvoll

Blank & Co.

3.

Richard Martin,
Kolonialwaren.

Grimma, den 15. August 19..

Herren Blank & Co., Leipzig.

Im Besitz Ihres Geehrten vom 10. d. M. danke ich Ihnen für gefl. Zusendung der Preisliste und Proben.

Für die mir bemusterten Kaffees habe ich augenblicklich keine Verwendung. Dagegen bitte ich Sie, mir als Frachtgut zu senden:

2	Sack Salem Plantagen	à	ℳ 1,10
1	„ ff. Santos reell breitbohnig	à	„ 0,65

Ich rechne auf umgehende Erledigung meines Auftrags und zeichne

hochachtungsvoll

Richard Martin.

2ª.

COMPAÑÍA COLONIAL.
Madrid, Puerta del Sol, 5.
Sucursales en todas las capitales de España y en las principales plazas de América, Asia y Filipinas.

Madrid 18 Marzo 19 . .

Sres. Capella, Baró y Cía. — Barcelona.

Muy Sres. míos: Sintiendo no habernos visto há tiempo favorecidos por sus gratas órdenes, nos permitimos dirigirles á Vdes. por este correo, separadamente, nuestra última lista de precios y muestras de cafés crudos y tostados; recomendándoles, en particular, las clases

	Nº 312,	Guatemala, lavado, al precio de	Pts.	410	los	100	kgr.
y	» 315,	Menado, viejo, escogido	» » »	366	»	»	»

puestos en la estación de ésa libres de todo gasto.

Tendríamos verdadera satisfacción en que esas calidades conviniesen á Vdes. y nos mandasen alguna orden respecto de las mismas, en la seguridad de que corresponderíamos cumplidamente á la confianza que nos dispensaran.

Entretanto nos repetimos de Vdes. afmos y attos S. S.

q. b. s. m.

P. A. de la Compañía Colonial

M. López.

3ª.

Capella, Baró y Compía.
Ultramarinos y Drogas.
Rambla del Centro, 14.

Barcelona 22 de Marzo de 19 . .

Sr. Gerente de la «Compañía Colonial». — Madrid.

Muy Sr. n/: Agradeciéndoles á Vds. el envío de sus precios corrientes y muestras de café con su atta del 10 del actual, hemos de manifestarle que en este momento no nos convienen los cafés ofrecidos. En cambio, desearíamos nos remitiese á pequeña velocidad y con portes pagados:

2 sacas	del de	Santos, escogido, superior, á razón de	315	Pts.	los	100	kgr.,
y 3	» » »	Java, ordinario, bueno, » » »	211	»	»	»	»

Confiando que nos servirán Vds. con la diligencia y esmero á que nos tienen acostumbrados, nos repetimos á sus órdenes muy attos S. S.

q. b. s. m.

Capella, Baró y Cía.

4.

Blank & Co.,
Kaffeeimport.
Fernsprecher No. 868.

Leipzig, den 17. August 19..

*Herr*n Richard Martin, Grimma.

Über den uns am 15. d. M. brieflich *erteilten Auftrag beehren wir uns Ihnen untenstehende Faktur zu erteilen, deren Betrag Sie uns mit:*

<u>ℳ 437,95</u> *gefl. gutschreiben wollen.*

Wir halten uns zu ferneren Aufträgen bestens empfohlen und zeichnen

hochachtungsvoll

Blank & Co.

Rechnung

für Herrn Richard Martin, Grimma

von

Blank & Co.

Ziel **3 Monate *oder per Kasse* mit $1^1/_4$% Skonto**
innerhalb 14 Tagen vom Tage der Ausstellung ab.

Erfüllungsort Leipzig.

Reklamationen werden nur berücksichtigt, wenn sie innerhalb 8 Tagen, vom Empfang der Ware an gerechnet, erfolgen.

Wir sandten Ihnen auf Ihre Order, Rechnung und Gefahr **ohne unsere Verantwortlichkeit für Gewichtsdifferenzen durch Bahn:**

C P	2 Bll. ff. Salem Plantagen			
5 & 6	B° 160 T^a^ 2 Ntto. 158 à 1,10 per ½ kg . . .	ℳ	347	60
B & C	1 Bll. ff. Santos breitbohnig			
3228	B° 70 T^a^ ½ Ntto. 69½ à 65 per ½ kg . . .	„	90	35
		ℳ	437	95

4ª.

COMPAÑÍA COLONIAL.
Madrid, Puerta del Sol, 5.
Sucursales en todas las capitales
de España y en las principales plazas
de América, Asia y Filipinas.

Madrid 22 Marzo 19 . .

Sres. Capella, Baró y Cª. — Barcelona.

Muy Srs. n/: En virtud de su grata orden de 15 cte, ya cumplida, les remitimos adjunta la factura correspondiente, que importa por junto

Pts. 843,75,

que esperamos se servirán abonarnos en cta.

Sin otro particular y confiando que nos seguirán honrando con sus apreciables órdenes, quedamos de Vdes. attos S. S.

q. b. s. m.

P. A. de la Compañía Colonial
M. López.

Factura

de los géneros abajo expresados, remitidos á pequeña velocidad, francos de porte, á la estación de Barcelona, por cuenta y riesgo del comitente.

Los Sres. Capella, Baró y Cía, de Barna, **deben**
á la infra Compañía Colonial, de Madrid.

No se admiten reclamaciones sino dentro de los 10 días de recibido el envío. — Las referentes á taras ó á averías pueden dirigirse directamente á la Cía de ferrocarriles, para lo cual debe examinarse el género á su llegada en la estación.

Marcas y Números	Bultos	Género.	Precio por 100 kgr.		Precio de la partida		Total	
			en pesetas y cént.				Pts.	Cts.
C. C. 26—27	2 sacas	Café Santos, escog., supr.	315	—	412	50		
C. C. 85, 86 87	3 »	» Java, bueno ordin.	211	—	351	25		
							843	75

Madrid 17/VIII/05.

P. A. de la Compañía Colonial
M. López.

5.

Richard Martin,
Kolonialwaren.

Grimma, den 28. August 19..

Herren Blank & Co., Leipzig.

Zum Ausgleich Ihrer Rechnung vom 17. d. M. übersende ich Ihnen beiliegend:

	ℳ 432,45,		
zuzüglich	„ 5,50	$1^1/_4$ % Skonto	
	ℳ 437,95,	wofür Sie mich unter gefl. Empfangsanzeige	

erkennen wollen.

Hochachtungsvoll

Richard Martin.

5ª.

Capella, Baró y Cía.
Ultramarinos y Drogas.
Rambla del Centro, 14.

Barcelona 13 de Abril 19 . .

Sr. Gerente de la Compañía Colonial. — Madrid.

Muy Sr. n/: Por saldo de su factura de 17 del corr adjuntamos:

1 billete de banco nº	12.574	de á 500 pts.	=	Pts.	500,—
3 billetes » » nºs	398.125 66.008 104.309	» » 100 »	=	»	300,—
1 libranza del Giro Mutuo por				»	26,85
Deducido 2 % por pago al contado				»	16,90
				Pts.	843,75

de cuya remesa esperamos acuse de recibo á la mayor brevedad.

Seguimos de Vd. attºs S. S.

q. b. s. m.

Capella, Baró y Cía.

6. (Postkarte.)

Herrn Richard Martin, Grimma.

Wir bekennen uns zum Empfange der uns mit Brief vom 28. August 19.. gefälligst übersandten:

ℳ 432,45, die wir nebst
„ 5,50 $1^{1}/_{4}\,\%$ Skonto Ihrem werten Konto mit
ℳ 437,95 dankend gutschrieben.

Leipzig, den 29. August 19..

Hochachtungsvoll

Blank & Co.

6ª.

COMPAÑÍA COLONIAL.
Madrid, Puerta del Sol, 5.
Sucursales en todas las capitales
de España y en las principales plazas
de América, Asia y Filipinas.

Madrid 16 abril 19 . .

Sres. Capella, Baró y Cía. — Barcelona.

Muy Srs. n/.: Conforme abajo detallamos, obra en nuestro poder su attª del 28 del ctª, lo propio que la cantidad incluída

Pts. 826,85 ec

por saldo de n/ fª de 17 del acl.

Dándoles las gracias por ello y, de antemano, por sus ulteriores órdenes, somos de Vdes. atos y afmos S. S.

q. b. s. m.

P. A. de la Compañía Colonial
M. López.

Recibo.

Su remesa del 28 cte	. . Pts.	826,85
Descuento 2 %	. . . . . «	26,85
N/fª del 17 cte	. . . . Pts.	843,75

Recibí.

P. A. de la Compañía Colonial
M. López.

Timbre
móvil.

Madrid 16/IV/19 . .

M. López.
25
céntimos.

Spielwaren.

7. Am 10. Dezember 19 . . bestellt Emil Sanders, Hannover, durch Telegramm bei R. Frank & Söhne, Sonneberg in Thüringen, 10 Dutzend Puppen.

8. Am 10. Dezember 19 . . bestätigt Emil Sanders, Hannover, dieses Telegramm brieflich.

9. Am 11. Dezember 19 . . sichern R. Frank & Söhne, Sonneberg, pünktliche Ausführung der Bestellung zu.

10. Am 17. Dezember 19 . . übersenden R. Frank & Söhne, Sonneberg, Fakturenbrief; die Puppen sind in 5 Postpaketen verschickt worden, der Rechnungsbetrag soll bei Vereinsbank, Hannover, eingezahlt werden.

11. Am 17. Dezember 19 . . beauftragen R. Frank & Söhne, Sonneberg, die Vereinsbank, Hannover, den Rechnungsbetrag bei Reichsbankstelle Erfurt für sie einzuzahlen.

12. Am 28. Dezember 19 . . benachrichtigt Emil Sanders, Hannover, die Lieferanten, daß er den Rechnungsbetrag bei Vereinsbank, Hannover, hinterlegt hat.

13. Am 28. Dezember 19 . . quittiert Vereinsbank, Hannover, auf Formular den empfangenen Rechnungsbetrag.

7.

Depesche unter dem Datum 10. Dezember 19 . .

Puppenfrank Sonneberg.

Sendet postwendend zehn Dutzend Puppen 712.

Sanders.

Juguetes.

7ª. El 5 de enero de 19 . . D. Julián Figueroa, de Cartagena (Colombia), encarga á los Sres. Aguirre é Hijos, de Valencia (España), por cablegrama un surtido de 9 gruesas de muñecas y 12 gruesas de cajas de soldados.

8ª. En la misma fecha confirma por correo este pedido acompañando la correspondiente nota.

9ª. El 21 enero 19 . . Aguirre é Hijos, de Valencia, acusan á J. Figueroa, de Cartagena, recepción de la orden, asegurando será puntualmente cumplida.

10ª. El 27 enero 19 . . Aguirre é Hijos, de Valencia, envían á J. Figueroa, de Cartagena, fª de los artículos expedidos el mismo día por la Compañía Transatlántica y delegan al banquero D. Blas Sainz, de Maracaibo, para el cobro del respectivo importe.

11ª. El 10 de febrero 19 . . la casa Aguirre ruega á D. B. Sainz, de Maracaibo, que traspase el crédito á la sucursal del Banco Anglo-hispano-americano en Panamá.

12ª. El 29 de febrero 19 . . J. Aguirre avisa á sus proveedores haber satisfecho según sus instrucciones la cuenta á la referida casa bancaria de Maracaibo, remitiéndoles,

13ª, el duplicado del recibo extendido por B. Sainz.

7ª.

WESTINDIA AND PANAMA TELEGRAPH COMPANY.
Estación de Cartagena (Colombia).

10 diciembre 19 . ., — 897 — 5,47 M. — 13. —

«Aguirrijos» —Valencia (España).

Envíenme surtidas nueve gruesas muñecas docientas cajitas soldados Trasatlántica.

Figueroa.

8.

Hannover, den 10. Dezember 19 . .

Herren R. Frank & Söhne, Sonneberg.

Ich bestätige mein heutiges Telegramm:

„Sendet postwendend zehn Dutzend Puppen 712“.

Die Ware muß spätestens am 18. d. M. hier eintreffen; andernfalls ich bitte die Zusendung zu unterlassen.

Achtungsvoll

Emil Sanders.

9.

Sonneberg, den 11. Dezember 19 . .

Herrn Emil Sanders, Hannover.

Ihren gefälligen Auftrag vom 10. d. M. auf:

10 Dutzend Puppen 712

haben wir vorgemerkt und werden Ihnen die Sendung rechtzeitig zugehen lassen.

Stets gern zu Ihren Diensten

hochachtungsvoll

p. pa. R. Frank & Söhne

R. Welter.

8ª.

Bazar de «El Siglo»
Julián Figueroa.
Cartagena
(D. de Bolívar, Rep. Columbiana).

Cartagena 5 de Enero 19 . .

Sres. Aguirre é Hijos. — Valencia (España).

Muy Sres. míos: Confirmo á Vdes. mi cablegrama de hoy, que dice:

«Envíenme surtidas nueve gruesas muñecas, docientas cajitas soldados, Trasatlántica».

Supongo habrán Vds. interpretado según mi deseo este despacho expidiéndome una colección variada de muñecas y de soldados de plomo, planos y de bulto, y de madera, con sus accesorios, conforme acostumbro á recibir de Vds., hasta el número de docenas telegrafiado, aprovechando el primer buque de la Compañía Trasatlántica española que toque ese puerto.

Saluda á Vdes. con la mayor consideración

S. S. S. S.

J. Figueroa.

9ª.

Fábrica de muñecas y almacén de juguetes.
Aguirre é Hijos.
Valencia.
Barcas, 9. — Señas telegráficas: «Aguirrijos».

Valencia 21 Enero 19 . .

Sr. D. Julián Figueroa. — Cartagena (Colombia).

Muy Sr. mío: Honrados por su grata orden de 5 del c^{te}, de la cual hemos tomado buena nota, tenemos dispuesta en una caja bien reforzada para la travesía marítima una serie escogida de muñecas de los n°s 5 al 33 incl., que suman 9 gruesas, y soldaditos de plomo combinados desde el n° 1 al 30, y de madera desde el n° 8 al 15, con los respectivos cañones, tiendas, etc., por junto 200 cajitas; para ser cargada á bordo del «Nuevitas» de la Trasatlántica, que hace escala aquí dentro de 6 días. No es necesario conocimiento, por ir el envío al cuidado particular del capitán del buque, como favor de nuestro íntimo amigo.

Disponga Vd. de sus siempre afm^{os} S. y att^{os} A.

Aguirre é Hijos.

10.

Telephon No. 2614.
Depeschenadresse: Puppenfrank.
Girokonto: Reichsbankstelle Erfurt.

Sonneberg, den 17. Dezember 19 . .

Rechnung

*für Herr*n Emil Sanders, Hannover.

von R. Frank & Söhne.

Reklamationen werden nur 8 Tage nach Empfang der Ware berücksichtigt.
Konditionen:** 4 **Monat; per Kasse mit** 3 % **Skonto, franko hier.

Kistenzeichen	*Gross*	*Dutzend*	*Stück*	*Wir senden Ihnen für Ihre Rechnung und Gefahr durch:* die Post 5 Pakete mit Adresse:	*Zahlbar in Erfurt*		
		10		Puppen 712 ℳ	3	30	—
				./. 10 % Skonto „		3	—
				ℳ		27	—
				Packung „		1	—
				Porto „		2	50
				zur gefl. Gutschrift ℳ		30	50

Den Betrag belieben Sie wie früher bei Vereinsbank Hannover für unsere Rechnung zu erlegen.

Wir bitten um baldige Erneuerung Ihrer geschätzten Aufträge und empfehlen uns

hochachtungsvoll

R. Frank & Söhne.

10ª.

Fábrica de muñecas y almacén de juguetes de Aguirre é Hijos.

Barcas, 9. Teléfono: nº 877. Dirección p. telegramas: «Aguirrijos».

Valencia 27 de Enero de 19 . .

Factura de *1 caja*, cuyo contenido se detalla á continuación, embarcada *hoy* en el vapor *español «Nuevitas»* de *la Compañía Trasatlántica española*, en este puerto, por cuenta de *D. Julián Figueroa*, de *Cartagena (Colombia)*.

Marcas y Números	Bultos y su núm.	Gruesas	Docenas	Cajitas	Obj. sueltos	Artículos	Precio por unidad Frs.	Precio por unidad Cs.	Precio por cantidad Frs.	Precio por cantidad Cs.	Precio total Frs.	Precio total Cs.
A. H.	1 Caja	9	—	—	—	Muñecas Nos 5 al 33 (por térm. medio)	260	—	2340	—		
		—	—	150	—	Soldados de plomo Nos 1 al 30	(precios	consab.)	198	—		
		—	—	50	—	Soldados de madera Nos 8 al 15	«	«	86	25		
Porte									—	—		
Camionaje y cargadores									6	55		
Embalaje (marítimo)									8	—		
									2638	80		
Descuento 2 %									52	80		
Bonificación 15 %									395	80		
						Total, neto:					2190	20

Sr. D. Julián Figueroa. — Cartagena.

Muy Sr. n/: Al pié de la presente factura nos permitimos confirmarle nuestra carta del 21 y le rogamos se sirva entregar la suma arriba calculada, Frs. 2190,20, al banquero Sr. D. Blas Sainz, de Maracaibo.

Esperando que los artículos llegarán en buen estado á sus manos y que serán de su agrado, de tal modo que nos veamos favorecidos nuevamente con sus pedidos, quedamos de V.

attos S. S.

Aguirre é Hijos.

11.

Sonneberg, den 17. Dezember 19 . .

Vereinsbank, Hannover.

Herr Emil Sanders, dort, wird demnächst für unsere Rechnung bei Ihnen einen kleineren Betrag erlegen, den Sie gefl. mit der Reichsbankstelle Erfurt zu unseren Gunsten verrechnen wollen.

Hochachtungsvoll

R. Frank & Söhne.

12.

Hannover, den 28. Dezember 19 . .

Herren R. Frank & Söhne, Sonneberg.

Zum Ausgleich der mir am 17. Dezember a. c. gesandten Rechnung erlegte ich heute bei der hiesigen Vereinsbank:

	ℳ 29,60
die Sie zuzüglich 3 % Skonto	„ —,90
mit	ℳ 30,50

zur Entlastung meines Kontos verwenden wollen.

Achtungsvoll

Emil Sanders.

13.

Vereinsbank, Hannover.

No. 116^A^ *Für* ℳ 29,60

Hannover, 28. Dezember 19 . .

Wir beehren uns, Ihnen doppelt *nur für einfach gültig anzuzeigen, daß uns heute von*

Herrn Emil Sanders, hier,

im Auftrage und für Rechnung } Ihre eigene

Mark Neunundzwanzig 60/100

erlegt wurden, welche wir Ihnen unter besonderer Aufgabe gutbringen.

Hochachtungsvoll

Herren R. Frank & Söhne, Sonneberg.

Vereinsbank.

Wilk. Klein.

11ª.

Fábrica de muñecas y almacén de juguetes.
Aguirre é Hijos.
Valencia.
Barcas, 9. — Señas telegráficas: «Aguirrijos».

Valencia 10 Febrero 19..

Sr. D. Blas Sainz. — Maracaibo.

Muy aprdº Sr. n/: Nos permitimos poner en conocimiento de Vd. que la casa Julián Figueroa, de Cartagena, ha de remitirle por el importe de una factura de géneros que le hemos suministrado:

Frs. 2190,20,

rogando á Vd. tenga la bondad de girar dicha cantidad á la Sucursal del Banco Anglo-hispano-americano en Panamá á nuestra disposición.

Le anticipamos á Vd. las gracias y seguimos á su disposición

attºˢ S. S.
Aguirre é Hijos.

12ª.

Bazar de «El Siglo».
Julián Figueroa.
Cartagena
(D. de Bolívar, Rep. Columbiana).

Cartagena 29 de Febrero 19

Sres. Aguirre é Hijos. — Valencia (España).

Muy Sres. míos: Acaba de llegarme sin avería alguna la caja facturada por Vds. el 27 de Enero. De conformidad con sus instrucciones, he girado á D. Blas Sainz, de Maracaibo, el importe de aquélla:

Frs. 2190,20;

cuya cantidad se servirán Vdes., sin más, abonarme en ctª.

Incluyéndoles el duplicado del competente recibo, me repito de Vdes.

con la mayor atención S. S.
J. Figueroa.

13ª.

Recibo

Nº 898.

EL BANCO-ANGLO-HISPANO-AMERICANO,
— DELEGACIÓN DE PANAMÁ —

ha recibido {por órden de los / por cuenta de los} *Sres. Aguirre é Hijos,* .... *Valencia (España)* .... la cantidad de *dos mil ciento noventa* francos y *20* cts., librando por duplicado el presente recibo, válido por uno solo.

Panamá 28 Febrero 19 . .

Son Frs. 2190,20.

El Delegado:
Whitehead.

Strickwaren.

14. Am 1. August 19.. bestätigt Alfred Krause, Riesa a/Elbe, der Chemnitzer Tricotagenfabrik, A.-G., Chemnitz i. S., den soeben telephonisch erteilten Auftrag auf eine Lieferung per September.

15. Am 2. August 19.. bestätigt die Chemnitzer Tricotagenfabrik, A.-G., Chemnitz i. S., diesen Auftrag.

16. Am 25. September 19.. meldet die Chemnitzer Tricotagenfabrik, A.-G., Chemnitz i. S. die Ausführung des Auftrags.

17. Am 25. September 19.. überreicht die Chemnitzer Tricotagenfabrik, A.-G., Chemnitz i. S. Alfred Krause, Riesa a/E., Faktur.

18. Am 26. September 19.. bitten Spediteure J. Schneider & Co., Chemnitz i. S., durch Postkarte, Alfred Krause, Riesa a/E., über die Ware zu verfügen.

19. Am 27. September 19.. ordnet Alfred Krause, Riesa a/E., an, ihm die Strickwaren zuzusenden.

20. Am 30. September 19.. meldet Alfred Krause, Riesa a/E., der Chemnitzer Tricotagenfabrik, A.-G., daß er den Fakturenbetrag bei der Reichsbank angewiesen habe.

21. Am 2. Oktober 19.. quittiert die Chemnitzer Tricotagenfabrik, A.-G., Chemnitz i. S., über den Empfang des Geldes.

14.

Alfred Krause.
Telephon No. 13.

Riesa a/E., den 1. August 19..

Chemnitzer Tricotagenfabrik, A.-G., Chemnitz.

Unter Bezugnahme auf die soeben gehabte telephonische Besprechung wiederhole ich hiermit den Ihnen erteilten Auftrag auf:

100 Dtzd. Strümpfe No. 246 à ℳ 3,—
150 „ „ „ 316 à „ 3,50

lieferbar per Ende September, gegen 30 Tage Ziel bei 2 % Skonto; Verpackung franko.

Die Sendung belieben Sie wie bisher zur Verfügung der Herren J. Schneider & Co., dort, zu halten, denen ich Versandauftrag erteilen werde.

Sorgfältigster Ausführung meines Auftrags, dessen umgehende Bestätigung ich mir erbitte, gewärtig, zeichne ich

hochachtungsvoll

Alfred Krause.

Géneros de punto.

14ª. El 2 de Sbre. D. Víctor Herrera, de Rosario (prov. Stª Fé, Rep. Argentina), confirma por correo su cablegrama de la misma fhª á D. Jaime Carbonell, de Mataró (prov. de Barcelona).

15ª. El 3 Sbre 19 . . D. Jaime Carbonell, Mataró, acusa recibo de la orden á D. Víctor Herrera, Rosario.

16ª. El 8 de Sbre 19 . . J. Carbonell, Mataró, participa el envío, acompañando la fª y el duplicado del resguardo de embarque.

17ª. Con igual fhª este fabricante remite á los consignatarios Srs. Pérez Hermanos, de Buenos Aires, copia de la fª y el conocimiento, con el encargo de transmitir la mercancía á V. Herrera, Rosario, mediante reembolso.

18ª. El 1º Obre. Pérez Herm^{s}. avisan á éste el arribo del género y le invitan á retirarlo á cambio de su importe.

19ª. El 4 Obre. V. Herrera, Rosario, dispuesto á verificar el pago al representante del consignatario en su localidad, ordena la reexpedición de las cajas á sus señas.

20ª. El 15 Obre. Pérez Herm^{s}, Buenos Aires, dan cuenta de su cometido y remiten á la fábrica de Mataró un cheque del Banco de La Plata por el importe del reembolso.

21ª. El 12 Nbre. J. Carbonell, Mataró, acusa recepción del cheque á Pérez Herm^{s} y del saldo de cuenta á Herrera.

14ª.

Víctor Herrera.
Lencería y Mercería.
Rosario (Stª Fé).

Rosario 2 7bre 19 . .

Sr. D. Jaime Carbonell. — Mataró.

Muy Sr. mío: Acabo de telegrafiarle por el cable que se sirva U. mandarme:

75	doc^{s}	elásticas (camisetas inter.)	de algodón,	n°s 4 al 26,	á 3 \$ doc.
60	»	calzoncillos	» »	» 15 » 24,	á 3 \$ 50 doc.
130	»	pares de calcetines	» »	» 1 » 12	á 1 \$ doc.
100	»	id. idem	» hilo, escoceses		á 3 \$ »

mediante pago al contado con 2 % dct^{o}; en la inteligencia de que si no puedo recibir el género antes de finir el otoño del actual, ha de considerar U. como nulo este pedido.

En la seguridad de que pondrá U. particular esmero en la elección y buen gusto de los artículos, le reitera su atención más distinguida

S. S. S.

Víctor Herrera.

15.

Chemnitzer Tricotagenfabrik, A.-G.,
Chemnitz.
Girokonto bei der Reichsbank.
Girokonto bei der Sächs. Bank.
Telegrammadresse: Tricotnolte.
Telephonanschluß No. 416.

Chemnitz, den 2. August 19..

Herrn Alfred Krause, Riesa a/E.

Hierdurch bestätigen wir Ihnen dankend den uns gestern erteilten Auftrag auf:

100 Dutzend Strümpfe No. 246 à ℳ 3,—
150 „ „ „ 316 à „ 3,50

per Ende September, gegen Kasse mit 2 % Skonto.

Wir werden die Bestellung sorgfältig ausführen und halten uns für ferneren Bedarf bestens empfohlen.

Hochachtungsvoll

Chemnitzer Tricotagenfabrik, A.-G.
Richard Nolte.

15ª.

Fábrica de géneros de punto.
Jaime Carbonell.

Marca de fcª: J C M

Matará 3 Setiembre 19 . .

Sr. D. Víctor Herrera. — Rosario.

Muy Sr. mío: Honrado por su cablegrama fhª de ayer, en que nos pide

75	docs.	elásticas	de algodón, nº	4 á 26,	á 3 $ doc.
60	»	calzoncillos	» »	» 15 á 24,	á 3 $ 50 doc.
130	»	pares de calcetines	» »	» 1 á 12,	á 1 $ doc.
100	»	» idem	de hilo, escoceses		á 3 $ »

con bastante premura, me he apresurado á cumplirlo escogiendo de nuestras manufacturas las que aquí más gustan por su novedad y clase, y las he hecho acondicionar debidamente en 2 cajas bien resistentes forradas de zinc. Para asegurar mejor el arribo de la mercancía á la época que Vd. desea, no habrá otro recurso que encargar á la Trasatlántica española el envío desde Barcelona al puerto de Cádiz, de donde el vapor «Aachen» del *Norddeutschen Lloyd* lo reembarcará para Buenos-Aires, en cuyo muelle los agentes de transporte Srs. Pérez hermanos quedarán encargados de hacer llegar las cajas á poder de V. y de cobrar el importe de mi fª, deducido el dctº de 2 % por pronto pago.

Deseando que nuestros artículos le dejen á Vd. del todo satisfecho y que tengan buena y rentable salida en ese mercado, quedo como siempre á las órdenes de V.

attº S. S.

J. Carbonell.

16.

Mitteilung

von

Chemnitzer Tricotagenfabrik, A.-G., Chemnitz.

(*Kopierfähig.*) Chemnitz, den 25. September 19..

An die Firma J. Schneider & Co., Chemnitz.

Sie wollen abholen und wie nachstehend expedieren:

Marke	*No.*	*Zahl*	*Kolli*	*Inhalt*	*Gewicht Kilo*		*Empfänger*	*Bemerkungen wegen Art der Beförderung Assekuranz etc.*
					Brutto	*Netto*		
A. N.	5100	1	Kiste	Strickwaren	300,—	270,—	A. Krause Riesa a/E.	p. Frachtgut ohne Assekuranz.

Diese Kiste bitten wir zur Verfügung des Herrn Alfred Krause, Riesa a. E., zu halten.

Hochachtungsvoll

Chemnitzer Trikotagenfabrik, A.-G.
Richard Nolte.

16ª.

JAIME CARBONELL. — FÁBRICA DE GÉNEROS DE PUNTO.

Mataró 8 Setiembre 19 . .

Sr. D. Víctor Herrera. — Rosario.

Muy Sr. mío: La casa naviera de Barcelona nos comunica que quedan embarcadas las cajas objeto de su pedido de V. y de la subsiguiente fª, de modo que queda realizado el envío conforme le adelantámos en mi carta de 3 del cte. Según costumbre establecida entre ns/ casas respectivas, el flete y otros gastos van pagados hasta el puerto de Buenos Aires y he delegado allí á los Srs. Pérez Hermanos para los efectos expuestos en mi referida, facilitándol copia de la presente

Factura.

Estando n/ artículos cuidadosamente embalados, no respondemos de averías por el tránsito.

Señales y Nos de los bultos	Clase y no de bultos	Peso bruto en kgr.	Peso neto en kgr.	Contenido	Precio por docena	Precio detallado	Valor total
J. C. M. 2135 2136 2137	3 cajas	998	87	75 doc. elásticas algodón nos 4—26	3 $	225 $	
				60 « calzonillos « 15—24	3 $ 50	210 $	
				130 « calcetines « 1—12	1 $	130 $	
				100 « « hilo, escocés	3 $	300 $	
							865 $
Descuento 2%							173 $
				Total			692 $

De V. attº S. S.

Jaime Carbonell.

17.

Chemnitzer Tricotagenfabrik, A.-G., Chemnitz.

Chemnitz, den 25. September 19..

Rechnung

für Herrn Alfred Krause, Riesa a/E.
von Chemnitzer Tricotagenfabrik, A.-G.

		M	₰	M	₰
Gerichtsstand Chemnitz.	Wir sandten Ihnen für Ihre werte Rechnung und Gefahr durch J. Schneider & Co., hier:				
Str.-Fol. 17. Komm.-No. 196.	100 Dtzd. Strümpfe No. 246 à	3	—	300	—
	150 „ do. „ 316 „	3	50	525	—
	Ziel 30 Tage. 2% Skonto.			825	—

Den uns am 1. August d. J. gütigst erteilten Auftrag haben wir bestens ausgeführt und die Ware aufgabegemäß zur Verfügung der Speditionsfirma J. Schneider & Co. hier gestellt.

Wir bitten, uns den obenstehenden Rechnungsbetrag von

M. 825.—

gefl. gutbringen zu wollen und uns auch fernerhin mit Ihren geschätzten Aufträgen zu beehren.

Hochachtungsvoll

Chemnitzer Tricotagenfabrik A.-G.
Richard Nolte.

Alle unsere Waren reisen ab Abgangsstation auf Gefahr des Empfängers.
Reklamationen haben innerhalb 8 Tagen zu erfolgen, andernfalls lehnen wir jede Verbindlichkeit ab.

18. (Postkarte.)

J. Schneider & Co., Chemnitz.

ersuchen um Verfügung über:

1 Kiste Strickwaren
von Sendung der Chemnitzer Tricotagenfabrik, A.-G.

Chemnitz i. S., 26./9. 19 . .

Hochachtungsvoll

J. Schneider & Co.

17^{a}.

Fábrica de géneros de punto.
Jaime Carbonell.

Marca de f^{ca}: J C / M

Mataró 8 de Setiembre 19 . .

Sres. Pérez Hermanos. — Buenos Aires.

Muy Srs. míos: Adjunto remito á Vs. duplicado de la f^{a} y del conc^{to} de 3 cajas, conteniendo manufacturas de mi f^{a} remitidas á la dirección de Vs. á bordo del «Aachen» del Norddeutscher Lloyd, á c^{ta} de D. Víctor Aguirre, Rosario; suplicando á Vs. se las reexpidan por tren de mercancías, mediante reembolso, y facultándoles además, como es natural, á resarcirse de los gastos de ferrocarril y otros desembolsos que esta comisión les ocasionare.

Entre tanto, les cargamos á Vs. en c^{ta} el importe neto de dicha f^{a}

$ 692,—,

que oportunamente me situarán en un banco de ésta.

Agradeciéndoles de antemano su mediación en este negocio, seguimos

de Vs. S. S. S.

J. Carbonell.

18^{a}.

Comisión, consignación y tránsito.
PÉREZ HERMANOS.

Montevideo 1° de 8bre 19 . .

Sr. D. Víctor Herrera. — Rosario.

Muy Sr. n/: Nos complacemos en poner en conocimiento de U. que obran en nuestro poder las 3 cajas J. C. M. n°s 2135 al 2137 enviadas á n/. señas á c^{ta} de U. por D. J. Carbonell, de Mataró; quien nos ha autorizado para remitírselas á (por) pequeña velocidad, si no dispone U. otra cosa, y para hacer efectivo el cobro de los gastos de transporte de aquí á ésa con más nuestros desembolsos, que especificamos á continuación:

Derechos de muelle, despacho y descarga	2	$	40
Lancha y estiva	2	$	
Acarreo ferroviario			
(según adjunta carta de porte)	36	$	
Corretaje y gastos menudos	2	$	70
	43	$	10
La coresp. f^{a}, de cuyos detalles le suponemos á U. enterado directamente, importa	692	$	
Por junto	735	$	10

Cantidad que, para mayor comodidad de U., puede entregar á mi agencia en ésa al tiempo que recibe V. de ella el conocimiento de embarque.

Mande U. como guste de sus att^{os} S. S.

Pérez Herms.

19. (Postkarte.)

Alfred Krause.
Telephon No. 13.

Riesa a/E., den 27. September 19.

Speditionsfirma J. Schneider & Co., Chemnitz.

Die Ihnen von der Chemnitzer Tricotagenfabrik, A.-G., für mich übergebene Kiste wollen Sie als Frachtgut an meine Adresse hier abfertigen.

Achtungsvoll

Alfred Krause.

20.

Alfred Krause.
Telephon No. 13.

Riesa a/E., den 30. September 19..

Chemnitzer Tricotagenfabrik, A.-G., Chemnitz.

Durch Reichsbankgirokonto überwies ich Ihnen heute:

	ℳ 808,50,	die Sie zuzüglich
2 % Skonto	„ 16,50	
	ℳ 825,—	

zum Ausgleich Ihrer Rechnung vom 25. d. M. verwenden wollen.
Ich bitte, mir den Empfang zu bestätigen.

Hochachtungsvoll

Alfred Krause.

19ª. (Tarjeta postal.)

Víctor Herrera.
Lencería y Mercería.
Rosario (Stª Fé).

Rosario 4 8bre 19 . .

Srs. Pérez Hermanos. — Montevideo.

Muy Srs. míos: Aprobando completamente las disposiciones tomadas por U. y D. J. Carbonell respecto de su envío anunciado, puede V. reexpedirme las cajas, si es que ya no lo ha hecho V.

Reciba V. afectuosos saludos de su attº. S. S.

V. Herrera.

20ª.

Comisión, consignación y tránsito.
PÉREZ HERMANOS.

Buenos Aires 15 de Octubre 19 .

Sr. D. Jaime Carbonell. — Mataró.

Muy Sr. n/.: En cumplimiento de n/ cometido de parte de U., tenemos el gusto de remitirle el importe de su factura de 8/IX/19 . . cobrado de D. V. Herrera, en un cheque nº 1725 del Banco de La Plata, por

$ 692,—

valor que se servirá V. abonarnos en cta.

Ya sabe V. que puede disponer para todo de sus más attºs S. S.

Pérez Herms.

21.

Chemnitzer Tricotagenfabrik, A.-G.,
Chemnitz.
Girokonto bei der Reichsbank.
Girokonto bei der Sächs. Bank.
Telegrammadresse: Tricotnolte.
Telephonanschluß No. 416.

Chemnitz, den 2. Oktober 19 . .

Herrn Alfred Krause, Riesa a/E.

Wir empfingen Ihr Geehrtes vom 30. September a. c. und haben den uns durch Reichsbank überwiesenen Betrag von:

	ℳ 808,50
zuzüglich 2 % Diskonto	„ 16,50
	ℳ 825,—

zum Ausgleich unserer Faktur vom 25. September d. J. verwendet.

Ihren weiteren Aufträgen gern entgegensehend, zeichnen wir

hochachtungsvoll

Chemnitzer Tricotagenfabrik, A.-G.
Richard Nolte.

21ª.

Fábrica de géneros de punto.
Jaime Carbonell.

Marca de f^{ca}: J C M

Mataró 12 9bre 19..

Srs. Pérez Hermanos. — Buenos Aires.

Muy Srs. míos: Recibimos su grata del 15 pp^{do}, en que incluyeron Vs. cheque por valor de

$ 692,—,

el cual le queda abonado en c^{ta}.

Agradeciéndole como se merece su diligencia, me repto

de Vs. att^{o} S. S.

J. Carbonell.

Fábrica de géneros de punto.
Jaime Carbonell.

Marca de f^{ca}: J C M

Mataró 12 N^{bre} 19..

Sr. D. Víctor Herrera. — Rosario.

Muy Sr. mío: Obra en mi poder el importe de mi f^{a} de 8 S^{bre} girado por mis comisionistas Srs. Pérez $Herm^{s}$, de Buenos Aires, quedando por lo mismo asentado en el Haber de V. el saldo de

$ 692,—.

Le repetimos las más expresivas gracias, confiando seguirá Vd. dispensándonos la confianza y favor de sus órdenes.

Mande V. de su afm^{o}. att^{o} S. S.

J. Carbonell.

Papier.

22. Am 3. November 19 . . fragt Max Arnold, Dresden, bei A. Berger & Co., Chemnitz, an, zu welchem Preis und bis wann sie einen Posten Briefpapier nach Probe liefern können.

23. Am 4. November 19 . . erklären sich A. Berger & Co., Chemnitz, bereit, die Lieferung in ca. 4 Wochen zu bewerkstelligen, und überreichen verschiedene Muster unter Angabe der Lieferungsbedingungen.

24. Am 10. November 19 . . fragen A. Berger & Co., Chemnitz, die auf Ihre Offerte vom 4./11. keine Antwort erhalten haben, an, ob ihnen die Lieferung übertragen wird.

25. Am 11. November 19 . . erwidert Max Arnold, Dresden, daß ihm der geforderte Preis zu hoch ist.

26. Am 12. November 19 . . erklären sich A. Berger & Co., Chemnitz, zu einer Preisherabminderung bereit, um den Auftrag zu erhalten.

27. Am 13. November 19 . . macht M. Arnold, Dresden, telegraphisch Gegenofferte, er verlangt Drahtantwort. Nach Eingang der letzteren erteilt M. Arnold am gleichen Tage seinen Auftrag und gibt Vorschriften über Ablieferung und Zusendung.

28. Am 13. November 19 . . übersenden Berger & Co., Chemnitz, Kommissionskopie und verlangen Vergütung des durch die Eilgutsendung entstehenden Mehrbetrags an Fracht.

29. Am 23. November 19 . . zeigen A. Berger & Co., Chemnitz, den Versand der Eilgutsendung an.

30. Am 14. Dezember 19 . . überreichen Berger & Co., Chemnitz, Faktur und Brief mit der Bitte um Gutschrift.

31. Am 10. Januar 19 . . überweist M. Arnold, Dresden, den Fakturenbetrag abzüglich 2% Skonto durch Reichsbankgiro.

32. Am 13. Januar 19 . . bekennen sich Berger & Co., Chemnitz, zum Empfange des Geldes.

22.

Max Arnold, Dresden.
Telephon No. 346.

Dresden, den 3. November 19 . .

Herren Albert Berger & Co., Chemnitz i. S.

Unter Bezugnahme auf die mir kürzlich übersandte Preisliste frage ich hiermit an, zu welchem äußersten Preis Sie mir ein Postpapier liefern

Papel.

22ª. El 17 Mayo 19.. Mariano Quintana, Barcelona (Venezuela), pregunta precios de cierta clase de papel de escribir y de imprenta que no halla en la colección de muestras facilitadas por el exportador Santiago Ríus y Pellicer, de Barcelona (España), acompañándole las respectivas muestras.

23ª. El 9 Junio 19.. Santiago Ríus, exportador español, envía contramuestras, precios, plazo y demás condiciones de entrega á su cliente venezolano.

24ª. El 31 Julio 19.. la casa Ríus de Barna, estrañada de no recibir contestación alguna á su oferta, inquiere la causa del silencio de su habitual comitente.

25ª. El 16 Agosto 19.. M. Quintana contesta que, encontrando demasiado caras las 2 clases de papel en cuestión y no resultándole ventajoso el envío á parte de otras clases de papel que necesita en pequeña cantidad, desiste de todo pedido.

26ª. El 8 Setiembre 19.. la casa española, para no perder la clientela de la venezolana, consiente en rebajar los precios, si el pedido es de consideración.

27ª. El 30 Setiembre 19.. M. Quintana telegrafía á S. Ríus, propone precios más bajos, pidiendo aquiescencia por el cable. En vista de la conformidad recibida hace el pedido por despacho telegráfico y por correo.

28ª. El 1 Nobre. 19.. S. Ríus confirma su telegrama y anuncia el envío para dentro de 2 semanas.

29ª. El 15 Nobre. 19.. la misma casa exportadora manda á su comitente la fª correspondiente y el conocimiento del efectuado embarque.

30ª. El 16 Nobre. 19.. la misma casa avisa el giro á cargo del destinatario.

31ª. El 14 Diciembre 19.. M. Quintana participa á S. Ríus haber retirado la letra.

32ª. El 10 Enero acusa éste recibo del saldo de su cuenta.

22ª.

Mariano Quintana.
Papeles al por mayor y por menor.
Objetos de escritorio.
Code: ABC. — Señas telegr.:
«Quintana».

Barcelona (E. de Bermúdez, Rep. de Venezuela) 17/V/19..

Sr. D. Santiago Ríus y Pellicer. — Barcelona (España).

Muy Sr. mío: Por más que he examinado el grande y variado surtido de muestras que con sus precios corrientes tuvo U. la amabilidad de facilitarme, no he encontrado ningún papel para cartas parecido al que está ahora muy en boga en este país, mide 13 por 22 cm., de satinado y matiz especiales y pesa 11 kgr. los mil pliegos. Desearía una clase lo más semewürden, welches dem anliegenden Muster in Satinage, Färbung und Gewicht möglichst nahe kommt, und welche Lieferzeit Sie hierfür beanspruchen.

Format 46 × 59, Gewicht ca. 18 kg per ‰ Bg., mit Wasserzeichen, bei Abnahme von ca. 1200 kg.

Hochachtungsvoll

Max Arnold.

Muster

23.

A. Berger & Co.
Telegr.-Adr. Bergerold.
Fernsprechanschlufs No. 146.

Chemnitz i. S., den 4. November 19..

Herrn Max Arnold, Dresden.

Für die uns mit Ihrem geehrten Gestrigen übermittelte Anfrage verbindlichst dankend, übersenden wir Ihnen beigeschlossen einige Muster, die der uns übersandten Papierprobe entsprechen.

Bei Entnahme von mindestens 60 000 Bogen berechnen wir Ihnen, frei Haus, Ziel 3 Monate, bar 2 % Skonto:

No. 6313 f.	weiß Velin Post,	46 × 59	‰ Bg.	16	kg	ℳ	22,—
„ 6317 ff.	„ „ „	do.	„	17/18	„	„	23,50
„ 6320 spf.	„ „ „	do.	„	15	„	„	25,—

Lieferzeit ca. 4 Wochen.

Es würde uns freuen, Ihren geschätzten Auftrag zu erhalten, und zeichnen wir in dessen Erwartung

hochachtungsvoll

A. Berger & Co.

3 Muster

jante posible en todas esas cualidades, pudiendo, sin embargo, ser otra la filigrana, marca de agua ó en pasta ó como acostumbren á llamarlo Us.

Tampoco comprende su colección muestras de papel continuo de imprimir para prensas rotatorias, que se van generalizando ya en estas comarcas. En estos momentos podría colocar una buena partida en la imprenta de un diario de ésta, del cual incluyo también muestra, ó sea, un número del mismo, para que pueda U. apreciar las dimensiones, peso y pasta del papel. Cada mes necesita una partida igual, de la que sería U. proveedor regular, así como de otras imprentas que indudablemente pasarían á ser parroquianos n/.

Al tener U. la bondad de remitirme los precios respectivos, es menester los acompañe de contramuestras para saber á punto fijo á qué atenerme.

Contando con ello á vuelta de correo, soy de U.

att° S. S.

M. Quintana.

23ª.

Santiago Ríus y Pellicer.
Representación y depósito de varias fcas de la Península.
Exportación á Ultramar.
Barcelona.
Pórticos de Xifré, 4.

Barcelona 9 de Junio de 19..

Sr. D. Mariano Quintana. — Barcelona (Venezuela).

Muy aprd° Sr. mío: En contestación á su estimada de 17 ppdo, tengo el gusto de remitirle por este correo muestras de papeles sumamente parecidos á los que Vd. desea.

De los papeles de lujo, procedentes de la acreditada fábrica de papeles de tina (de mano) de Vidal, Capellades, cuesta la marca «Corona», 9 pts. (oro), y la marca «Cataluña», 8 pts. (oro) la resma.

El papel de rollo continuo para imprenta, de la gran fábrica navarra de los Sucs de Machimbarrena (Tolosa), que puede competir en baratura con el extranjero, no puede ser más igual al de la muestra de V., conforme ve por la mía, junta á la antedicha; saliendo su precio á razón de 0,55 el kgr. Los pagos y demás condiciones son las mismas que de costumbre.

Si, como espero, me favorece V. con su grata orden, le asegura la mayor puntualidad en cumplirla S. más att° y afm° S.

Q. S. M. B.

S. Ríus.

24.

A. Berger & Co.
Telegr.-Adr. Bergerold.
Fernsprechanschlufs No. 146.

Chemnitz i. S., den 10. November 19..

Herrn Max Arnold, Dresden.

Wir beziehen uns auf unser Ergebenes vom 4. d. M. und bitten Sie uns gefl. mitzuteilen, ob Sie geneigt sind, von unserem Angebot Gebrauch zu machen.

In den nächsten Tagen gehen wir an die Anfertigung neuer Marken und müssen infolge zahlreich einlaufender Bestellungen genau disponieren, um die Lieferfristen einzuhalten.

Gefl. umgehender Erledigung unserer Anfrage gern gewärtig, zeichnen wir

hochachtungsvoll

A. Berger & Co.

25.

Max Arnold, Dresden.
Telephon No. 346.

Dresden, den 11. November 19..

Herren A. Berger & Co., Chemnitz i. S.

Im Besitz Ihrer gefl. Offerte vom 4. d. M. und in Erledigung Ihrer gestrigen Anfrage teile ich Ihnen ergebenst mit, daß mir die Qualität des unter No. 6317 bemusterten Papiers passen würde, wenn mir der Preis nicht zu hoch wäre.

Bisher habe ich bei Entnahme so bedeutender Posten nie mehr als ca. 20 ℳ per ‰ Bg., frei Haus, bei 6 Monat Ziel bezahlt; ich kann meiner Kundschaft eine Preissteigerung von ca. 17 % nicht zumuten.

Hochachtungsvoll

Max Arnold.

24ª. (Volante.)

NOTA

Al Sr. D. Mariano Quintana Barcelona (Venezuela).	SANTIAGO RÍUS Y PELLICER. Barna 31/VII/05.

Muy Sr. mío:

Confirmando á V. mi oferta del 9 pp^{do}, me tomo la libertad de suplicarle me manifieste si la ha recibido, y en caso afirmativo, á qué se debe que nada haya V. respondido á la misma.

Aprovecho la ocasión para reiterarle mis mejores deseos en servir á V., quedando á sus órdenes

att^{o} y afm^{o} S. S.

S. Ríus.

25ª.

Mariano Quintana.
Papeles al por mayor y por menor.
Objetos de escritorio.
Code: A.B.C. — Señas telegr.: «Quintana».

Barcelona (E. de Bermúdez) 16/VIII/19 . .

Sr. D. S. Ríus y Pellicer. — Barcelona (España).

Muy Sr. mío: Dispense V. no haya contestado á su grata del 9/VI del actual hasta recibir su att^{a} del 31 pp^{do}, creyendo que no tenía ya objeto el hacerlo, en vista de que los precios fijados por U. no pueden competir con los de la fabricación alemana; que en estos últimos tiempos nos han hecho conocer los activos corresponsales de la misma, sobre todo, por lo que toca al papel de imprenta, cuyo negocio tenía grandísimo interés en realizar con U., estando dispuesto á darle la preferencia en igualdad de condiciones.

Lo siento tanto más cuanto que pensaba hacer venir con el mismo envío papeles de fumar de las f^{as} de Alcoy y, en particular, de Capellades, que por ser de hilo son más del gusto de los americanos que el de la conocidísima fábrica de Tolosa (Francia) á pesar de ser los de aquélla menos delgados (finos). Además hubiera aprovechado esa coyuntura para surtirme de algunas otras clases de papeles para cartas de su muestrario y que ya me ha suministrado U. otras veces; pero, siendo estos 2 pedidos complementarios de poca cuantía, no hubiera resultado ventajoso para mis intereses encargar aparte otro envío desde Europa.

Siento vivamente que no podamos ultimar el negocio y, confiando que otra vez seremos más afortunados, le saluda muy afectuosamente S. S. S.

M. Quintana.

26.

A. Berger & Co.
Telegr.-Adr. Bergerold.
Fernsprechanschlufs No. 146.

Chemnitz i. S., den 12. November 19..

Herrn Max Arnold, Dresden.

Soeben erhalten wir Ihr geehrtes Gestriges und erlauben uns ganz ergebenst darauf hinzuweisen, daß es unter den jetzigen Umständen ganz unmöglich ist, die früheren Notierungen einzuhalten oder zum Vergleich heranzuziehen.

Es wird Ihrer Aufmerksamkeit nicht entgangen sein, daß sowohl die zur Papiererzeugung erforderlichen Rohstoffe als auch die zur Herstellung nötigen Kohlen und die den Arbeitern gewährten Löhne eine gewaltige Erhöhung, bis zu 35 %, erfahren haben.

Angesichts dieser Preissteigerung haben sich sämtliche Papierfabriken von Bedeutung dahin geeinigt, für ihre Erzeugnisse einen Preisaufschlag von mindestens 15 % eintreten zu lassen, um die Mehrausgaben für Material und Arbeitslöhne einigermaßen zu decken.

Es ist sehr zweifelhaft, ob die Preissteigerung damit zum Stillstand gekommen ist; jedenfalls haben wir bei unserer Offerte den oben angeführten Tatsachen nur sehr bescheiden Rechnung getragen.

Da wir jedoch großen Wert darauf legen, mit Ihrem geschätzten Hause in Verbindung zu treten, so ermäßigen wir hiermit unsere Offerte:

No. 6317 ff. Post von M. 23,50 auf M. 22,50 per 1000 Bg.;

die übrigen Lieferungsbedingungen bleiben unverändert.

Wir hoffen, uns durch dieses Entgegenkommen Ihren Auftrag gesichert zu haben, auf dessen gewissenhafte und schnelle Ausführung Sie rechnen dürfen.

Hochachtungsvoll

A. Berger & Co.

27.

Max Arnold, Dresden.
Telephon No. 346.

Dresden, den 13. November 19..

Herren A. Berger & Co., Chemnitz i. S.

In Beantwortung Ihres geehrten Heutigen telegraphierte ich Ihnen:

„Offerte erhalten, Gegenofferte Zwanzig Zwei, Drahtantwort."

Soeben erhalte ich Ihre Depesche:

„Akzeptieren Gegenofferte".

26ª.

Santiago Ríus y Pellicer.
Representación y depósito de varias fcas de la Península.
Exportación á Ultramar.
Barcelona.
Pórticos de Xifré, 4.

Barcelona 8 Setiembre 19..

Sr. D. Mariano Quintana. — Barcelona (Venezuela).

Muy Sr. mío: Enterado del contenido de su attª del 16 ppdo, he de manifestar á V. que el motivo de la ligera alza de precios de la producción fabril española es la elevación de los cambios con el Extrangero; puesto que, cotizándose la peseta oro, ó el franco, con 25 hasta 34 p % de daño (agio), le resulta muy dispendiosa actualmente la adquicisión de maquinaria, en su mayor parte de procedencia extrangera, y las primeras materias (en n/. ramo, las pastas de madera de Escandinavia, Alemania y de los Alpes austriacos), lo propio que el carbón de Inglaterra, preferido á menudo al nacional. No es ya tan grande la diferencia, como habrá V. ya notado, entre los papeles de trapos, cáñamo ó lino, que en abundancia hallan en el país las fas de Capellades y Alcoy.

Con todo, teniendo yo gran interés en conservar tan buen parroquiano como V., he escrito á mis proveedores para que se esfuercen en rebajar los precios respectivos en atención á que los pedidos se repetirán periódicamente, en particular á la fábrica navarra de Tolosa; todas ellas han consentido en más ó menos en reducir por excepción sus precios corrientes, y como yo por mi parte he sacrificado el tanto p % de comisión respecto de algunas partidas, me cabe la satisfacción de proponer á V. la marca «Corona» á 8,25 pts. (oro) y la «Cataluña» á 7,50 pts. la resma, y para el papel de prensa rotativa, 0,50 pts. por kgr.

Esta no insignificante reducción no dejará á buen seguro margen á la competencia extrangera que Vd. aduce y me conservará la continuación de sus valiosas órdenes en todas las clases en que V. trata. En espera de las mismas, queda de V.

S. atto S. S.
S. Ríus.

27ª.

Mariano Quintana.
Papeles al por mayor y por menor.
Objetos de escritorio.
Code: A B C. — Señas telegr.: «Quintana».

Barcelona (Bermúdez) 30/IX/19..

Sr. D. S. Ríus y Pellicer. — Barcelona (España).

Muy Sr. mío: En vista de su fvdª de 8 del cte, esta mañana le he puesto el siguiente cablegrama:

«Ofrezco siete 'Cataluña' cincuenta imprenta. Telegrafíeme».

Recibida á última hora contestación de V. por el cable:

«Aceptado»,

Indem ich Ihnen für Ihr Entgegenkommen verbindlichst danke, bitte ich nunmehr, für mich in Nota zu nehmen:

ca. 1200 kg # 6317 Velin Post, 46 × 59 cm, ‰ Bogen = 18 kg
à ℳ 22,— per 1000 Bogen,

frei Haus, 3 Monate Ziel oder 2 % Skonto.

Aus Ihrem Schreiben vom 10. d. M. entnehme ich, daß Sie mit der Herstellung sofort beginnen können.

Ich bitte, mir ca. 20 000 Bogen sofort nach Fertigstellung per Eilgut, den Rest per Frachtgut zugehen zu lassen.

Gefl. Auftragsbestätigung gern entgegensehend

hochachtungsvoll

Max Arnold.

28.

Auftragsbestätigung

von A. Berger & Co., Chemnitz i. S., an Herrn Max Arnold, Dresden.

Chemnitz i. S., den 13. November 19..

Lager No.	*Menge*	*Benennung*	*Format in cm*	*Gewicht in kg f. 1000 Bg.*	*Preis f. 1000 Bg.*	*Wasserzeichen*	*Lieferzeit und Bedingungen*
6317	ca. 1200 kg	ff. weiß Velin Post	46 × 59 flachliegend	17—18 kg per 1000 Bg.	ℳ 22	M. A.	sofort nach Fertigstellung, frei Haus

Für vorstehenden Auftrag verbindlichst dankend, bemerkten wir uns, daß Sie die ersten 20 000 Bogen als Eilgutsendung zu erhalten wünschen.

Wir werden unsern Spediteur, Herrn F. Lehmann, dort, veranlassen, Ihnen die Frachtdifferenz in Rechnung zu stellen, vorausgesetzt daß Sie diesem Vorschlag zustimmen.

Hochachtungsvoll

A. Berger & Co.

puede V. enviar por mi c^{ta} á mi consabido consignatario en Colón:

200 resmas papel tina, 13 por 22 cm., satinado y matiz s^{n} muestra, 11 kgr., «Cataluña», á 7 pts. (oro).
5000 kgr. papel p. rotativa, según muestra, á 0,50 pta. (oro).

Además, en calidad, precio y condiciones iguales á los de las siguientes clases de papel que me ha suministrado V. varias veces:

3 resmas papel blanco veteado, de 8 kgr. en 8°, con orlas, empaquetadas en resmillas de á 20 cuadernillos.
2 resmas papel blanco rayado (cuadrícula) de 10 kgr., empaquetadas de igual modo.
2 resmas papel blanco acanalado, con orlas.
6 » » » apergaminado
y 100 gruesas libritos papel de fumar, hilo, sin cola absolutamente.

Todos los papeles de cartas deben ser perfectamente glaseados. Procure V. se halle todo pronto en mi poder, pues hace suma falta. Por su importe puede V. girar á m/cg^{o} á la v/.

Con la mayor consideración, sigo

su afm^{o} S. S.

Mariano Quintana.

P. D. Añada Vd. al pedido un resma doble papel blanco cuadriculado de 7 kgr., con cuadrícula algo mayor de 1 cm., y 3000 pliegos papel agarbanzado para ilustraciones, n° 5b.
También desearía muestras de papel de impresión azul, rosado y verde.

28ª.

Santiago Rius y Pellicer.
Representación y depósito de varias f^{cas} de la Península.
Exportación á Ultramar.
Barcelona.
Pórticos de Xifré, 4.

Barcelona 1° de Noviembre 19 . .

Sr. D. Mariano Quintana. — Barcelona (Venezuela).

Muy Sr. mío: De acuerdo con los telegramas que se han cruzado entre nosotros, he encargado á la f^{ca} de los Suc. de Machimbarrena, Tolosa, el papel para prensa rotativa de la anchura y calidad deseada. Los papeles de la f^{ca} de Vidal, Capellades, me serán enviados uno de estos días, por haber actualmente existencia de los mismos. De los demás, la tengo también en mi almacén.

Calculo que para la fh^{a} en que estará listo el papel de imprenta, á saber, dentro de un 2 semanas, estaré en posesión de la carta en que V., según costumbre general, habrá confirmado sus despachos telegráficos, en la cual probablemente V. habrá especificado los papeles de fumar y de escribir que pensaba V. encargarme, según ha escrito V. anteriormente.

Sin más por hoy, hasta mi próxima, sigo

su más att^{o} S. S.

S. Ríus.

29.

Mitteilung

von	*an*
A. Berger & Co., Chemnitz i. S.	*Herrn* Max Arnold, Dresden.

Durch Herrn F. Lehmann, dort, ließen wir soeben als Eilgut:

M. A. 1220/1221 2 Kisten Postpapier

an Sie abgehen.

Faktura folgt nach Erledigung des ganzen Auftrags. Inzwischen empfehlen wir uns

Chemnitz i. S.,
den 23. November 19..

hochachtungsvoll
A. Berger & Co.

29ª (Volante).

NOTA

Al Sr. D. Mariano Quintana Barcelona (Venezuela).	DE SANTIAGO RÍUS Y PELLICER. Barcelona 15 Nbre 19 . .

Muy Sr. mío:

Al acusarle recibo de su grata del 30 ppdo, me alegro mucho de que me haya sido dado cumplir dentro del plazo que anuncié en mi anterior todas sus aprbls órdenes, conforme verá V. por la corrspte fª y el concmto que incluyo.

Dándole las más expresivas gracias por sus pedidos, cuya ejecución confío le dejará completamente satisfecho y animará á honrarme con otros en lo venidero, queda como siempre á sus órdenes

su attº y afmº S.

S. Ríus.

SANTIAGO RÍUS Y PELLICER.
Representación y depósito de varias fcas de la Península.
Exportación á Ultramar.

Barcelona. — Pórticos de Xifré, 4.

Cuenta

de géneros embarcados por orden y riesgo del
Sr. D. *Mariano Quintana, Barcelona* (Venezuela)

en el vapor «*Ciudad Condal*» *de la* «*Compañía Trasaslántica española*», cap. *Sr. Jiménez*, consignados *f. o. b. i. f.* á los Srs. *Palau & Madrenas*, en *Colón* (*Istmo Panamá*); pagadera á *3 d/v* mediante 2 p% dcto.

Marca Nos	Bultos y su no	Peso en kgr bruto	Peso en kgr neto	Géneros	Precios en pts. oro (francos) por unidad	por partida	Total
S. R. P.							
3009	2 cajas	540	492	200 resmas, papel tina, sn nota de pedido	7 —	1400 —	
3010	1 fardo	5035	5000	5000 kgr. papel de imprenta, id. id.	0 50	2500 —	
				3 resmas papel blanco veteado, id. id.	12 —	36 —	
3011	1 caja	368	347	2 » » » acanalado, id. id.	12 50	25 —	
				6 » » » apergaminado, id. id.	14 —	84 —	
				Embalajes resistentes pª travesía marítima		43 —	
							4088 —
				Descuento 2 p % . , ...			81 75
							4006 25

Barcelona 15 Noviembre 19 . .

S. Ríus.

30.

A. Berger & Co.
Telegr.-Adr. Bergerold.
Fernsprechanschlufs No. 146.

Chemnitz i. S., den 14. Dezember 19..

Herrn Max Arnold, Dresden.

Wir beehren uns, Ihnen umstehend Rechnung über unsere Sendungen vom 23. XI. und vom 14. XII. zu überreichen.

Den Betrag derselben:

M 1343,40,

bitten wir uns gefl. gutzuschreiben und sehen Ihren weiteren Aufträgen gern entgegen.

Hochachtungsvoll

A. Berger & Co.

Chemnitz i. S., den 14. Dezember 19..

Rechnung

für Herrn Max Arnold, Dresden,

von A. Berger & Co., Chemnitz i. S.

Zahlbar: Ziel 3 Monate oder mit 2 % Skonto gegen bar.

Bogen	*No.*			
60 000	6317	Sandten per Eilgut 2 Kisten M. A. 1220/1221		
	„	„ „ Frachtgut 4 „ G. K. 377—380		
		ff. weiß Velin Post, 46 × 59 cm, 18 kg per 1000 Bg.		
		à M 22,—	1320	00
		Verpackung	23	40
		M	1343	40

30ª.

Santiago Ríus y Pellicer.
Representación y depósito
de varias fcas de la Península.
Exportación á Ultramar.
Barcelona.
Pórticos de Xifré, 4.

Barcelona 16 Nbre 19 . .

Sr. D. Mariano Quintana. — Barcelona (Venezuela).

Muy Sr. mío: Confirmándole la mía de ayer, acompañada de la fª y el cmto del efectuado embarque, me permito comunicar á V., según me tiene facultado, que por el importe de la misma (deducido el 2 p $^{0}/_{0}$)

Frs. 4006,25

me he permitido girar á s/cgº y á 3 d/v., por medio de la Sucursal del «Crédito Lionés» en ésta.

Siempre á sus órdenes, queda de V. attº y S. S.

q. b. s. m.

S. Ríus.

31.

Max Arnold, Dresden.
Telephon No. 346.

Dresden, den 10. Januar 19..

Herren A. Berger & Co., Chemnitz i. S.

Durch die Reichsbank überweise ich Ihnen heute:

	ℳ 1316,50, welche Sie	
zuzüglich	„ 26,90	2 % Skonto von ℳ 1343,40

zur Begleichung Ihrer Rechnung vom 14. v. M. verwenden wollen.

Hochachtungsvoll

Max Arnold.

32.

A. Berger & Co.
Telegr.-Adr. Bergerold.
Fernsprechanschlufs No. 146.

Chemnitz i. S., den 13. Januar 19..

Herrn Max Arnold, Dresden.

Sie überwiesen uns durch Reichsbank:

	ℳ 1316,50,	die wir unter
Zuschlag von	„ 26,90	2 % Skonto
	ℳ 1343,40	dankend zum Ausgleich unserer

Rechnung vom 14. v. M. verwendeten.

Ihnen unsere weiteren Dienste bestens gewidmet haltend, zeichnen wir

hochachtungsvoll

A. Berger & Co.

31ª.

Mariano Quintana.
Papeles al por mayor y por menor.
Objetos de escritorio.
Code: A B C. — Señas telegr.:
«Quintana».

Barcelona (E. de Bermúdez) 14/XI/19 . .

Sr. D. Santiago Ríus. — Barcelona (España).

Muy Sr. mío: Mucho le agradezco su celo y cuanto ha hecho para poder servirme á pesar de las dificultades con que ha tropezado U. y que reconozco, quedando muy complacido, así de sus att^{as} del 1°, 15 y 16 pp^{do}, como de los géneros que ya obran en mi poder. Le felicito también por la prontitud en el envío.

No me estraña que por la precipitación hija de mi urgencia haya resultado alguna inexactitud. Así, en vez de 6 resmas papel apergaminado me remite U. sólo 4, por lo cual le ruego me abone la diferencia en c^{ta}. Por el contrario, paso á su Haber el importe de 2 resmas papel azul que han venido sin ser pedidas, con las cuales, sin embargo, me quedo.

Al acto de su presentación, he satisfecho su L/ por

Frs. 4006,25

como saldo de su f^{a} del 15/XI.

Esté seguro de que recurrirá á U. para cuanto se le ocurra de ese país y le saluda afectuosamente S. S. S.

M. Quintana.

32ª.

Santiago Ríus y Pellicer.
Representación y depósito
de varias f^{cas} de la Península.
Exportación á Ultramar.
Barcelona.
Pórticos de Xifré, 4.

Barcelona 10 de Enero de 19 . .

Sr. D. Mariano Quintana. — Barcelona (E. de Bermúdez).

Muy $aprd^{o}$ Sr. mío: En posesión de su afectuosa del 14 pp^{do}, le agradezco á V. como se merece la buena acogida que, como en otras ocasiones, ha dispensado á mi firma, y las excelentes disposiciones y confianza que manifiesta á mi favor.

Sin otro particular, soy de V. att^{o} y afm^{o} S.

q. b. s. m.

S. Ríus.

Wein.

33. Ende September 19.. verständigt Robert Wenk, Weingutsbesitzer in Mainz, seine Kundschaft durch Rundschreiben über die Ernteaussichten und bietet seine Weine an.

34. Am 15. Oktober 19.. sendet Robert Wenk, Mainz, an Bloch & Kramer Bremen, Weinproben und Probenverzeichnis.

35. Am 20. Oktober 19.. bitten Bloch & Kramer, Bremen, um eine zweite Probesendung.

36. Am 22. Oktober 19.. schickt Robert Wenk, Mainz, die gewünschten Proben und bittet um baldige Bestellung.

37. Am 28. Oktober 19.. bestellen Bloch & Kramer, Bremen, 60 Hektoliter Wein nach Probe, unter Angabe der Lieferungs- und Zahlungsbedingungen.

38. Am 3. November 19.. übersendet Robert Wenk, Mainz, Rechnung über den bestellten Wein und bittet, den Betrag auf sein Reichsbank Giro-Konto zu überweisen.

39. Am 3. Dezember 19.. senden Bloch & Kramer, Bremen, Scheck auf die Bremer Bank; sie erklären, warum sie diesen Zahlungsmodus vorziehen.

40. Am 5. Dezember 19.. quittiert Robert Wenk, Mainz, über den Empfang des Geldes und bittet um fernere Aufträge.

33.

Robert Wenk.
Weingutsbesitzer,
Weingroſshandlung.
Reichsbank-Giro-Konto.

Mainz, Ende September 19..

P. P.

Die diesjährige Weinernte verspricht einen nach Menge und Güte zufriedenstellenden Ertrag. — Die Trauben haben sich infolge des warmen, trockenen Wetters der letzten Wochen kräftig entwickelt, so daß auch die billigen und mittleren Preislagen blumig und mild ausfallen dürften.

Die Frühjahrsfröste haben bei dem gesunden Stand unserer Weinberge wenig, und in geschützten Lagen nur ganz vereinzelt geschadet. Auch der Menge nach steht deshalb eine gute Durchschnittsernte zu erwarten. Zur Versendung gelangen von jetzt ab die umstehend verzeichneten Tafelweine.

Vinos y Aceites.

33ª. El 1º de $\overline{\text{Sbre}}$ 19 . . Rafael Cisneros, cosechero de Sevilla, hace circular por su clientela una revista sobre el aspecto de los viñedos y precios probables después de la próxima cosecha.

34ª. El 10 $\overline{\text{Obre}}$ 19 . . dicho cosechero sevillano remite á Domingo Valcárcel, de Madrid, muestras de vinos de la nueva cosecha.

35ª. El 15 $\overline{\text{Obre}}$ 19 . . D. Valcárcel, Madrid, pide otras muestras y pregunta á la casa de Sevilla si tiene relaciones en Barcelona y Tarragona, de las que él carece, para la remisión de vinos de mesa tintos de aquellas provincias.

36ª. El 19 $\overline{\text{Obre}}$ 19 . . R. Cisneros contesta afirmativamente, manda las muestras deseadas y concede una rebaja en pedidos ó partidas de 6 docˢ de botellas.

37ª. El 26 $\overline{\text{Obre}}$ 19 . . D. Valcárcel, Madrid, se hace venir vinos y aceite, dando instrucciones para el transporte y la cobranza.

38ª. El 1º $\overline{\text{Nbre}}$ 19 . . R. Cisneros extiende fª de los caldos mandados, prefiriendo para el saldo de la misma una carta-orden sobre su plaza.

39ª. El 30 $\overline{\text{Nbre}}$ 19 . . D. Valcárcel, Madrid, no tiene inconveniente en la forma de pago propuesta y así lo verifica.

40ª. El 3 $\overline{\text{Dbre}}$ 19 . . R. Cisneros acusa recibo del saldo.

33ª. (Circular).

Rafael Cisneros.
Cosechero de vinos y aceites.
Sevilla,
Calle de las Sierpes, 3.

Sevilla 1º de Setiembre 19 . .

Sr(s). (D.) . . . .

Muy Sr(s). mío(s): Fiel á mi costumbre de informar á mi clientela del aspecto que presentan los viñedos y olivares, cada año por esta época, adelantando juicio aproximado sobre la actitud que con mayor probabilidad presentará el mercado de los respectivos caldos, me permito dirigir á V(s). un ejemplar de mi boletín, presumiendo lo leerá(n) V(s). con interés.

A las lluvias de la primavera ha seguido un tiempo seco muy favorable para la madurez de la uva, pero sin dejarla crecer mucho; de manera que, si bien la vendimia no será tan abundante como la del año pasado, el mosto será más rico, y el vino resultante, de mayor cuerpo, con más grados alcohométricos, fino aroma y paladeo exquisito.

También prometen los olivos, y aunque está lejana todavía la recolección, si no sobreviene ningún pedrisco como el del principio de este verano, no podremos quejarnos de la producción en la cosecha de aceitunas ni de su producto.

Merced á mis dilatadas propiedades en las comarcas de Jerez de la Frontera y de San Lúcar de Barrameda, me hallo en el caso de poder adelantar precios de competencia, como luego detallo. En cuanto á los aceites, mis grandes olivares en Osuna, en esta provincia, y los procedimientos modernísimos de

Ich bin überzeugt, daß sie zu Ihrer vollen Zufriedenheit ausfallen werden; besonders die besseren Marken haben mir bereits zahlreiche anerkennende Äußerungen eingebracht.

Proben stehen auf Wunsch unentgeltlich und portofrei gern zu Diensten.

Ihren gefl. Aufträgen entgegensehend, empfehle ich mich Ihnen

hochachtungsvoll

Robert Wenk.

34.

Robert Wenk.
Weingutsbesitzer,
Weingrofshandlung.
Reichsbank Giro-Konto.

Mainz, den 15. Oktober 19..

Herren Bloch & Kramer, Bremen.

Unter Bezugnahme auf unsere langjährige angenehme Geschäftsverbindung und im Anschluß an mein Rundschreiben vom September gestatte ich mir, Ihnen einige Proben der jetzt zum Versand kommenden leichten Tafelweine einzusenden.

Ich gebe mich der angenehmen Hoffnung hin, daß diese selbst gepflegten, haltbaren und äußerst preiswerten Weine Ihren vollen Beifall finden und Sie veranlassen werden, auch in diesem Jahre Ihre Weinbestände bei mir zu ergänzen.

Hinsichtlich der Preise tat ich das denkbar Mögliche; für Naturreinheit, Haltbarkeit und Bekömmlichkeit übernehme ich volle Bürgschaft.

Sie würden mir durch baldige Mitteilung Ihrer gefl. Entschließung einen Gefallen erweisen; es ist anzunehmen, daß ein großer Teil der Ihnen bemusterten und sehr beliebten Marken bald geräumt sein wird.

Ich sehe gütiger Zuwendung Ihrer Aufträge gern entgegen und sichere Ihnen im voraus sorgfältigste Bedienung zu.

Hochachtungsvoll

Robert Wenk.

1 Probenverzeichnis.

refinación que he adoptado, me producen un aceite que, como V(s) sabe(n), es tan claro y más sabroso que el de la Provenza.

Vino de Jerez, añejo, m^{ca} común, seco ó dulce á elección	á Pts.	3,50	la botella de á litro.	
Vino de Jerez «Pedro Jiménez» . .	» »	5,75	id.	id.
Vino de Málaga, moscatel	» »	4,—	id.	id.
Vino tinto ó de mesa	» »	180,	el hectólitro.	
Coñac «Cisneros»	» »	5,—	la botella de á $^3/_4$ litro.	
Aguardiente anisado	» »	3,—	id.	id.
Aceite superior, perfectamente clarificado	» »	6,50	kgr.	

Por los envases devueltos *dentro de los 3 meses* siguientes á la fh^a de la f^a, con *porte pagado,* limpios y en buen estado para nuevo y pronto uso, abono el 50% de su coste s^n m/f^a; á excepción de los cascos del aceite, que van comprendidos en el precio de aquél.

He de advertir á V(s) que más adelante no me considero obligado á librar á dichos precios, por lo que toca á los vinos, aunque no fuera sino por razón del natural aumento que tienen los vinos nuevos á los pocos meses de salir del lagar.

Mi casa es conocida por no vender vinos sino puros, sin ninguna clase de mezcla, y pongo grandísimo empeño en conservar dicha reputación.

Poniendo á su disposición todas las muestras que V(s) quiera(n), gratis y francas de porte, me ofrezco á V(s) att^o S. S.

q. b. s. m.

Rafael Cisneros.

34ª.

Rafael Cisneros.
Cosechero de vinos y aceites.
Sevilla,
Calle de las Sierpes, 3.

Sevilla 10 Octubre 19 . .

Sr. D. Domingo Valcárcel. — Madrid.

Muy Sr. mío: Me permito remitir á V. con esta fh^a por la Agencia de transportes y encargos Camps y $C^{ía}$, de ésta, una cajita que contiene muestras de vinos de la nueva vendimia, á razón de los precios indicados en la circular que le dirigí el 1° pp^{do}.

Conforme ya le predije, el mercado manifiesta tendencia marcada al alza por no haber sido la cosecha muy abundante, si bien es su calidad de mucho superior á la del año pasado. Por lo tanto, en interés de V., le recomiendo que, si piensa hacer alguna compra, no demore el realizarlo, aprovechando la ventaja de precios relativamente demasiado bajos y que, como ya dije, no debo ni puedo sostener más tarde.

Aguardando, pues, verme favorecido por sus órdenes, que serán escrupulosamente ejecutadas, me repito de V. af^{mo} A. y att^o S. S.

q. b. s. m.

Rafael Cisneros.

35.

Bloch & Kramer,
Bremen.

Bremen, den 20. Oktober 19..

Herrn Robert Wenk, Mainz.

Wir erhielten Ihren Brief vom 15. d. M., auch die darin angezeigten Proben sind uns zugegangen.

Der mit No. 2435 bezeichnete Wein ist recht angenehm, wenn auch ein wenig herb im Geschmack; er würde sich für die Ansprüche unserer Kundschaft besser eignen, wenn die Farbe etwas dunkler wäre.

Wir fragen ergebenst an, ob Sie uns eine im Geschmack ähnliche Marke von etwas kräftigerer Färbung anstellen können, und bitten um billigste Preisnotierung.

Hochachtungsvoll

Bloch & Kramer.

36.

Robert Wenk,
Weingutsbesitzer,
Weingrofshandlung.
Reichsbank-Giro-Konto.

Mainz, den 22. Oktober 19..

Herren Bloch & Kramer, Bremen.

In umgehender Erledigung Ihrer gefl. Anfrage vom 20. d. M. übersende ich Ihnen einige weitere Proben, die Ihren Wünschen bezüglich der Farbe entsprechen dürften.

Die Preise habe ich äußerst niedrig gestellt, entgegenkommend würde ich Ihnen bei Bestellung von mindestens 5000 Litern den Wein franko

35ª.

«La Bodega»
Domingo Valcárcel.
33, Arenal, 33.

Madrid 15 Octubre 19 . .

Sr. D. Rafael Cisneros. — Madrid.

Muy Sr. mío y amigo: A su oportuno tiempo llegaron á mi poder su attª del 15 c/ y las muestras de vino tinto nuevo. A pesar de lo que éste promete ya, como no soy bodeguero ó almacenista al por mayor, sino detallista, no me convienen vinos que, por no haber acabado su fermentación, no pueden entregarse inmediatamente al consumo.

Como, por otra parte, los vinos andaluces del año suben muy pronto de valor, pues no tardan en convertirse en generosos, con el aumento de valor consiguiente, no me conviene el adquirir el vino de mesa en esas comarcas. Además, el paladar de los madrileños se ha ido inclinando á los vinos de gusto análogo al de los de Burdeos y Borgoña, como los suministran ya iguales á éstos algunas bodegas de Aragón y de Cataluña. Si tuviese V., por lo tanto, ocasión de proporcionarme vinos de esa catadura, se lo agradecería á V. infinito.

Por hoy me limitaré, pues, al Pedro Jiménez y al moscatel de Málaga, de los cuales tomaría partida si redujese V. algo los precios. Lo mismo digo del aceite, debiéndose tener en cuenta que hoy día los aceites refinados de Olesa de Monserrat y del Campo de Tarragona rivalizan en calidad y precio con los sevillanos.

En espera de su resolución, queda de V. attº amigo y S. S.

q. b. s. m.
D. Valcárcel.

36ª.

Rafael Cisneros.
Cosechero de vinos y aceites.
Sevilla,
Calle de las Sierpes, 3.

Sevilla 19 Octubre 19 . .

Sr. D. Domingo Valcárcel. — Madrid.

Muy aprdº amigo y Sr. mío: En deferencia á su estimada de 15 c^{te} y á nuestras antiguas relaciones, accedo en rebajar el Pedro Jiménez á 5,75 pts. y el moscatel Málaga á 4,50, á condición de que no se trate de partidas de menos de 25 hectólitros, 6 doc^{s} botellas ó 20 kgr. de aceite.

Ya tendrá V. en consideración que, siendo mis precios de suyo tán bajos en comparación con los de los principales cosecheros, representa mucho esa

Bremen liefern, wenn Zahlung innerhalb 30 Tagen nach Empfang der Ware ohne irgendwelche Abzüge für Skonto erfolgt.

Es würde mich besonders freuen, Ihren Auftrag recht bald entgegennehmen zu können.

Hochachtungsvoll

Robert Wenk.

37.

Bloch & Kramer,
Bremen.

Bremen, den 28. Oktober 19..

Herrn Robert Wenk, Mainz.

Wir empfingen Ihren Brief vom 22. d. M. nebst angebogenem Probenverzeichnis.

Der mit No. 11 ausgezeichnete 99er Laubenheimer paßt uns von den übersandten Proben am besten.

Wir bitten, uns davon zu senden:

60 Hektoliter in Halbstückfässern franko

hier, zahlbar 30 Tage nach Empfang, ohne Abzug, zum Preise von ℳ 50 per 100 Liter.

Ihrer umgehenden Versandanzeige gern entgegensehend

hochachtungsvoll

Bloch & Kramer.

pequeña rebaja, debida sólo á mis muchos deseos en complacer á V. particularmente.

Esperando, pues, sus gratas órdenes, me repito su afm° A. y att° S.

q. b. s. m.

Rafael Cisneros.

P. D. En cuanto á los vinos de mesa tintos y claretes, puede V. dirigirse, refiriéndose á esta S/C á la «Compañía Riojana», Logroño; para los tintos de Cariñena, á D. Gil Rey, Zaragoza; los Burdeos, á los Sres. Canals y Borrell, de Barcelona, y para los tintos de mucho cuerpo, casi negros, del Priorato, á D. José Comas y Vidal, de Reus.

37ª.

«La Bodega».
Domingo Valcárcel.
33, Arenal, 33.

Madrid 26 Octubre 19..

Sr. D. Rafael Cisneros. — Sevilla.

Muy Sr. mío y amigo: De acuerdo con s/atª de 19 del cte, sírvase Vd. mandarme

6 cestos de á 24 botellas de Pedro Jiménez
5 cajas » » 12 » moscatel Málaga — y
300 kgr. aceite superfino, en tonel,

á los precios convenidos, por la vía y forma que le acomode á V. y más económica me resulte, á 90 días vista.

Le doy á V. las más expresivas gracias por haberme facilitado tán desinteresadamente las direcciones de los cosecheros de la Rioja, Aragón y Levante, con la autorización de citar su importante casa á los que quieran informes respecto de la mía. No dude V. que por todo lo demás continuaré comitiéndole mis pedidos.

Sigo de V. afm° A. y att° S. S.

q. b. s. m.

Domingo Valcárcel.

38.

Giro-Konto
bei der Reichsbank.

Drahtnachrichten:
Weinwenk, Mainz.

RECHNUNG

für Herr*en* *Bloch & Kramer*, *Bremen*,

von **Weingutsbesitzer Robert Wenk.**

Mainz, den 3. November 19..

Sandte Ihnen laut Auftrag *vom 28. Oktober* für Ihre werte Rechnung und Gefahr *durch Rheinische Transport-Gesellschaft William Egern & Co., Mainz, frei:*

Nummer	*Liter*	*Ziel 80 Tage gegen meine Tratte*		*Preis für 100 Liter*	*Betrag*	
R. W. 24/35	6000	*99er Laubenheimer.*	*M*	50	3000	—

☛ 12 Fässer gefl. frei zurück. ☚

Ich hoffe, daß diese probetreu ausgeführte Sendung zu Ihrer vollsten Zufriedenheit ausfällt und Ihnen recht bald Anlaß zu, weiteren Bestellungen gibt.

Den Rechnungsbetrag von M 3000,— bitte ich mir durch Überweisung auf mein Reichsbank-Giro-Konto zugehen zu lassen.

Hochachtungsvoll

Robert Wenk.

Bezugsbedingungen: Erfüllungsort für Lieferung und Zahlung ist Mainz. — Ziel 3 Monate, für Barzahlung 2 % Skonto. — Die Zusendung geschieht auf Gefahr des Auftraggebers. — Die Fässer werden spundvoll und in gutem Zustande versandt; sie kommen zum Selbstkostenpreis in Ansatz und werden zu dem berechneten Preise wieder gutgeschrieben, wenn sie innerhalb vier Wochen franko Mainz in gutem Zustand zurückgeschickt werden.

Gibt eine Lieferung dem Empfänger Anlaß zu Klagen, so ist mir sofort Nachricht zu geben. — Beschwerden, die später als 3 Wochen nach Ankunft des Weines erfolgen, bleiben durchaus unberücksichtigt.

38ª.

Rafael Cisneros.
Cosechero de vinos y aceites,
Sevilla,
Calle de las Sierpes, 3.

Sevilla 1º de Noviembre 19 . .

Sr. D. Domingo Valcárcel. — Madrid.

Muy Sr. mío:

DEBE Vd. por los caldos detallados á continuación p/s/O de 28/X/19 . ., enviados á su domicilio, por tren de mercancías (pequeña velocidad), pagaderas en Sevilla

Marca. Números	Bultos y su nº	Cantidad	Producto	Precio en ptas. y cénts. p/ unidad	p/ partida	Total
R. C. S. 22 á 27	6 cestas	144 botellas	Vino Jerez, mca Pedro Jiménez	5,75	828,—	
28 á 32	5 cajas	60 «	« Málaga, moscatel	4,50	270,—	
33	1 barrica	300 kgr. (Peso bruto: 365)	Aceite sevillano, refinado	6,50	1950,—	
						3048,—
	Envases					24,—
	Embalaje					39,—
	Descuento					
			Por junto (s. e. ú. o.)			3211,—

En la confianza de que no me lo tomará V. á mal y para no perder tiempo en reparar mi olvido en no advertirle que en las circunstancias consabidas y después de la sensible rebaja en los precios, éstos habían de entenderse *sin descuento,* me he atrevido á modificar las condiciones de pago propuestas por V., deseando me sitúe V. fondos *en Sevilla* y, con preferencia, mediante una sencilla carta-orden de pago.

Suplicándole me dispense, me subscribo con la mayor estima attº S. y afmº A.

q. b. s. m.

R. Cisneros.

39.

Bloch & Kramer,
Bremen.

Bremen, den 3. Dezember 19..

Herrn Robert Wenk, Mainz.

In höflicher Erwiderung Ihres Briefes vom 3. November 19.. bedauern wir, dem darin ausgesprochenen Wunsche hinsichtlich der Regulierung Ihres Guthabens nicht entsprechen zu können, da wir nicht Girokunden der Reichsbank sind.

Es ist bei uns Geschäftsgepflogenheit, die Rechnungen unserer Lieferanten durch Schecks auf die Bremer Bank, hier, zu begleichen.

Sie erhalten deshalb über die Ihnen gutkommenden:

M 3000,—

beigeschlossen einen Scheck auf eben genanntes Bankhaus.

Wir bitten um gefl. Gutschrift unter Anzeige.

Hochachtungsvoll

Bloch & Kramer.

1 Scheck
auf Bremer Bank.

«La Bodega».
Domingo Valcárcel.
33, Arenal, 33.

39ª.

Madrid 30 Nbre 19..

Sr. D. Rafael Cisneros. — Sevilla.

Muy Sr. mío y amigo: Correspondería mal á la deferencia que me ha mostrado V. en todo caso y, en particular, en el presente, si opusiera yo el menor reparo á la modificación introducida en la cabecera de s/fª de 1º del cte, introduciendo una excepción de la regla establecida por esta S/C para con todos sus proveedores.

En recíproca, reconocerá V. lo equitativo de la siguiente reclamación respecto del envío de aceite. En su fª se supone á cada casco

un peso bruto de	365 kgr.
á deducir por tara y casco . . .	65 »
quedando líquidos	300 kgr.

Y habiéndose pesado escrupulosamente en la romana-báscula de la estación y en la de garita de consumos, según certificado que acompaño, resulta que

la barrica pesa sólo	291 kgr.
y deducidos por casco y tara . .	65 »
el peso neto recibido es de . . .	226 kgr.

lo cual arroja un déficit de 74 kgr. de aceite, que importan Pts. 494,— á restar del la suma total de la factura. Es de advertir la particularidad de que la barrica ha llegado bien acondicionada, llena y sin apariencia de derrame que hubiese ocasionado el aumento de la tara; de modo que por esta vez (¡caso raro!) no tiene la culpa de la merma la Compañía ferroviaria del Mediodía.

Substraída esta diferencia, le incluyo á V. una carta-orden por Pts. 2714,— por saldo definitivo de s/fª.

Recomendándole sólo por el buen órden me acuse recibo en conformidad, soy siempre de V. attº y afmº S. y A.

q. s. m. b.

D. Valcárcel.

Adjunto { certificado
carta-orden.

(Carta-orden de pago.)

«La Bodega»
Domingo Valcárcel.
33, Arenal, 33.

Madrid 30 Noviembre 19..

Sres. Egozcue y Villarrutia. — Sevilla.
Plaza de la Constitución, 2.

Muy Sres. míos: En virtud de la presente y sin más aviso, se servirá V. pagar al dador de la misma, D. Rafael Cisneros, de ésa, la cantidad de dos mil setecientas diecisiete pesetas en efectivo, que anotará V. en cta al débito de éste su attº y S. S.

q. b. s. m.

D. Valcárcel.

Son: Pts. 2717.

40.

Robert Wenk.

Weingutsbesitzer,
Weingroſshandlung.
Reichsbank-Giro-Konto.

Mainz, den 5. Dezember 19..

Herren Bloch & Kramer, Bremen.

Ihrem Schreiben vom 3. d. M. entnahm ich:

M 3000,—

in 1 Scheck auf die Bremer Bank, Bremen, wofür ich Sie unter üblichem Vorbehalt bestens dankend erkannt habe.

Sobald die Fässer zurück sind, werde ich den Betrag zum Ausgleich der Rechnung vom 3. November 19.. verwenden.

Ich hoffe, daß Sie sich bei fernerem Bedarf gern meiner erinnern werden, und empfehle mich

hochachtungsvoll

Robert Wenk.

40ª.

Rafael Cisneros.
Cosechero de vinos y aceites,
Sevilla,
Calle de las Sierpes, 3.

Sevilla 3 Diciembre 19 . .

Sr. D. Domingo Valcárcel. — Madrid.

Muy aprdo. Sr. mío: Mucho es de agradecer la fácil aquiescencia á mi pretensión, remitiéndome con su grata del 30 ppdo por carta-orden Pts. 2717,— que he llevado al crédito de s/cta.

No debiendo aplazar la presente dado su objeto, no hay tiempo hábil para averiguar la causa de la diferencia en el contenido líquido de la barrica de aceite; pero desde luego admito la deducción proporcional de la suma anotada, aunque no me constara por el certificado, que podía V., mi antiguo y recto amigo, omitir para con quien, como yo, conoce su probidad á todo evento.

Ya sabe V. que puede disponer en todo y por todo de su attº S. y S. A.

q. b. s. m.

R. Cisneros.

Kunstblumen.

41. Die Anmeldung des Geschäftsreisenden der Fabrik künstlicher Blumen, Gebrüder Werner, München, erfolgt durch Postkarte mit Firma ohne weiteren Text.

42. Am 10. Mai 19.. berichtet der auf der Tour befindliche Reisende der Firma Gebrüder Werner über die geschäftlichen Ergebnisse der letzten Tage und übersendet einen Orderzettel, der die Kommissionsnummer 413 trägt.

43. Am 15. Mai übersenden Gebrüder Werner, München, Rechnung an Anna Lange, Regensburg; den Betrag erheben sie bei der Zusendung durch Postnachnahme.

44. Am 15. Mai bestätigen Gebrüder Werner, München, ihrem Reisenden den Reisebericht vom 10. Mai nach Freising; sie beauftragen ihn, Erkundigung über eine Kundin einzuziehen.

41.

Datum des Poststempels.

Reise-Avis

von

Gebrüder Werner,

Fabrik künstlicher Blumen.

Frühlings-Str. 9. München. Frühlings-Str. 9.

42.

Gebrüder Werner,
Kunstblumenfabrik.

Regensburg, den 10. Mai 19..

Herren Gebrüder Werner, München.

Ich empfange soeben Ihr gestriges Schreiben, dessen Inhalt ich mir dienen lasse, und schätze Sie im Besitz meiner Briefe vom 8. und 9. d. M. nebst Anlagen: Kommissionsnoten No. 407—412.

Flores artificiales.

41ª. La Sra. Vdª de Elizalde, Bilbao, da noticia del fallecimiento de su esposo, cuyos negocios continúa, y en la misma circular avisa la próxima visita de su viajante comisionado.

42ª. El 5 Mayo 19.. El viajante Germán Ducazcal desde Quito da informe minucioso de sus gestiones posteriores á su último relato.

43ª. El 15 Junio 19.. La casa de Bilbao envía por paquete postal á Valentina Blanco, Guayaquil, los artículos anotados por el viajante, reembolsándose parte de los atrasos.

44ª. El 15 Julio 19.. La misma casa de Bilbao, recibida la carta de su viajante, le encomienda compruebe los informes recibidos respecto de algún parroquiano.

41ª. (Circular.)

Camila Aramburu, Vdª de Elizalde.
Surtido de plumas y de flores artificiales de las primeras fábricas de Viena y París.
Bilbao, Jardines, 5,

Bilbao (fecha del estampillado de Correos).

Sr($^{a}_{ita}$) D(^{a}) ....

Muy Sr(a) mí(a): Tengo el vivo sentimiento de comunicarle la pérdida de mi Esposo, Heriberto Elizalde (q. e. p. d).

Este doloroso suceso no alterará la marcha ulterior de los negocios de esta S/C, llevados á cabo por el mismo personal, poniéndome yo al frente de ella, y girando en mi nombre y por mi c^{ta}.

Su principal dependiente durante muchos años, D. Germán Ducazcal Goicorretea, que se halla tanto como el que más al corriente de todas las operaciones de la casa, pasó á ser su apoderado y viajante y está recorriendo las Américas. Calculo que hacia primeros de Mayo pasará por ésa, no dejando de visitar á V. Le ruego, pues, le dispense benévola acogida, en la seguridad de que sus buenas prendas personales, actividad é inteligencia facilitarán y fomentarán las buenas relaciones entre V. y mi casa, á la cual espero seguirá honrando con su confianza y el favor de sus órdenes como hasta aquí.

Me ofrezco á V. muy att^{a} y S. S. S.

Camila Aramburu.

42ª.

Gran Hôtel del Ecuador
Quito.

Quito 5 de Mayo 19..

Sra. Dª Camila Aramburu, Vdª de Elizalde. — Bilbao.

Muy Sra. mía y de toda mi consideración: Al recibir su apreciada de 2/IV del ac^{l}, le confirmo las mías que salieron con los vapores-correos del 10 y 25 pp^{do}, acompañadas de los boletines de comisión n°s 309, 310 y 311.

Leider war es mir nicht möglich, bei Fräulein Lange, hier, Zahlung für unsere letzte Sendung zu erlangen. Da diese Kundin ein sehr gutes Geschäft am Platze macht, empfehle ich, den neuen Auftrag (Orderzettel No. 413) gleichwohl auszuführen und bei Zusendung den Betrag der rückständigen Rechnung durch Postnachnahme mit zu erheben. Fräulein Lange ist mit diesem Vorschlag, durch welchen ja ein weiteres Risiko nicht entsteht, einverstanden.

An Kasse vereinnahmte ich:

bei Ottilie Haller	ℳ 312,50
„ Klara Otto	„ 133,—
die ich mit	ℳ 445,50

bei der hiesigen Reichsbankstelle einzahlte.

Bei Fräulein Weber konnte ich trotz aller Bemühungen keinen Auftrag erlangen. Ihr Geschäft ist schnell bei der besseren Kundschaft beliebt geworden und erfreut sich lebhaften Zuspruchs. Für die nächste Tour hat sie mir eine größere Bestellung fest zugesagt.

Im allgemeinen ist das Geschäft flau, wenig Kauflust.

Meine Adresse von Freitag bis Sonntag: Amberg (Drei Könige).

Orderzettel 413

Hochachtungsvoll ergebenst

Karl Berger.

Komm.-No. 413.

Gebrüder Werner,
München.

Lieferbar per sofort.

Nachnahme zuzüglich des früheren Rechnungsbetrags.

Fräulein Anna Lange, Regensburg.

1007	20	Gros	à	2,60 ℳ
1114	10	„	à	—,80 „
1170	10	„	à	2,10 „
1301	10	Dtzd.	à	2,60 „
780	6	Stück	à	1,— „
172	6	„	à	—,90 „

Al desembarcar en Guayaquil, me he apersonado con Dª Valentina Blanco para ver de saldar cuentas con ella; pero no ha habido medio de obtener más que promesas para dentro de breve plazo, porque se halla momentáneamente abrumada por apremiantes atenciones. Sin embargo, según las confidencias fidedignas que he recibido, dicha casa no es de dudosa solvabilidad, y, como además suele hacernos cuantiosos pedidos, no sólo no hay que temer por el cobro de lo atrasado, sino que soy de parecer que se le sirva el pedido nota nº 312. Recabado, no obstante, el consentimiento para que le sea expedido mediante reembolso, á fin de no aumentar la suma que nos adeuda. No olvidar las *3 declaraciones consulares* en francés *bien especificadas,* pesos neto y bruto, que deben ir con cada paquete postal.

En lo sucesivo, respecto de casas americanas que no sean de primísimo rango, convendrá adoptar la costumbre de los exportadores europeos: para envíos de cierta cuantía, el reembolso, y para los paquetes postales, el acompañar fondos con el pedido. No habiendo aquí, como en muchos de estos países, posibilidad de obtener giros para pequeñas sumas, no queda otro recurso que el remitirlas, certificadas ó como valores declarados en billetes del «Banco del Ecuador», equivaliendo un sucre (1 $) á 2,50 pts., ó billetes de los respectivos bancos nacionales teniendo en cuenta la diferencia de papel y oro.

Al pasar por las poblaciones correspondientes, he cobrado

de Dª Dolores Moreno, Cuenca, . . .	62 $ 35
» Remedios Guzmán, Loja, ...	45 $
y » Luisa Murillo, Latacunga, ...	37 $ 25
	144 $ 60, que le in-

cluyo en L/del referido Banco.

Respecto de la señorita ultimamente citada, para poder hacer efectiva dicha cantitad, tuve que acceder á descontarle 4 $ 50, objeto de la reclamación que recordará V. hizo acerca de la factura de fines de enero.

Dada la dificultad de adquirir nuevas direcciones de comercios de n/ ramo en la mayor parte de naciones latino-americanas, no se maravillará V. de que también aquí haya encontrado algunas de las que no teníamos noticias todavía y que le iré reseñando á medida que las visite; entre ellas, goza de mucha parroquia la de Gosálvez é Hija, en ésta; la cual, teniendo á la vista mis muestrarios y lista de precios, me ha prometido para mi nuevo viaje hacerme pedido de mucha consideración, lo cual no ha verificado ahora por estar muy surtida de género.

Para mediados del mes que viene pienso desembarcar en el Callao para pasar á Lima, Arequipa y Mollendo; de donde me llegaré á la Paz y Sucre; luego recorreré los mercados chilenos, deteniéndome particularmente en Valparaíso y Santiago; y de ahí atravesaré los Andes para dirigirme á Córdoba (Rep. Argentina), donde me aguardan Isidoro Aguirre y Cª para que examine unos lotes de *plumas de avestruz,* que para el año entrante me ha ofrecido á precios sumamente ventajosos, como no se conocen en España; de modo que estimo muy beneficiosa su adquisición, tanto más cuando se trata de un cliente que se provee también de la casa de V.

43.

München, den 15. Mai 19..

Gebrüder Werner.

Rechnung für Fräulein Anna Lange, Regensburg.

Sie empfangen für Ihre werte Rechnung und Gefahr durch Post:

1 Kistchen G. F. M. No. 5643

20	Gros	Maiblumen	1007	à 2,60	ℳ 52,—
10	„	Veilchen	1114	à —,80	„ 8,—
10	„	Vergißmeinnicht	1170	à 2,10	„ 21,—
10	Dtzd.	Rosen	1301	à 2,60	„ 26,—
6	Stück	Zweige	780	à 1,—	„ 6,—
6	„	„	172	à —,90	„ 5,40
		Porto	. . . .		„ —,60
		Kiste	. . . .		„ —,75
					ℳ 119,75
				2%	„ 2,40
				netto	ℳ 117,35

durch Nachnahme.

Wir sandten Ihnen heute mit gleicher Post die uns durch unseren Herrn K. Berger gütigst bestellten Waren in bester Ausführung und hoffen gern, daß die Sachen Ihren vollen Beifall finden. Ihrem Wunsche gemäß ging die Sendung per Nachnahme in Höhe von ℳ 182,85 an Sie ab, womit zugleich unsere Rechnung vom 18. Dezember 19.. beglichen ist.

Sollten Sie noch etwas in Agraffen, Posen, Straußfedern etc. benötigen, so stehen wir Ihnen auch mit Auswahlsendungen jederzeit gern zu Diensten.

Wir bitten Sie, uns bei neuem Bedarf mit Ihren weiteren Aufträgen zu beehren, und zeichnen

hochachtungsvoll

Gebrüder Werner.

☞ Nach Muster bestellte Ware wird nicht zurückgenommen. Reklamationen, welche später als 3 Tage nach Empfang der Ware gemacht werden, können wir nicht berücksichtigen. ☜

Entre tanto puede dirigirme sus cartas y cablegramas á este Hôtel, que queda encargado de hacérmelos seguir. En Lima pararé en la Fonda de José Mª Martínez, Amazonas, 106, y en Valparaíso, en el «Hôtel de la Unión», Cochrane, 92.

Saluda á V. con la mayor atención

su afmº S. S.

G. Ducazcal

Adjuntos { L/por 144 $ 60.
Nota nº 312.

43ª.

La Sra. Dª *Valentina Blanco*,
Almacén de modas, cintas, plumas y flores, Guayaquil,

se servirá satisfacer *por reembolso*, según pedido y trato cerrado con D. G. Ducazcal, apoderado y viajante de la casa

C. Aramburu, Vdª de Elizalde, Bilbao,

por 5 paquetes, expedidos por este correo, que contienen lo siguiente:

Marcas	Núm.	Docenas	Especificación	Peso en kgr. neto	Peso en kgr. bruto	Precio	Importe
C. A. B.	71	1	Ramos de violetas nº 3 . .	2,20	3,—	3 $ 50	3 $ 50
»	72	1	Idem no-me-olvides nº 1	2,10	3,—	3 $ —	3 $ —
»	73	2	Idem rosas nº 9 . . .	2,40	3,—	3 $ 75	7 $ 50
»	74	2	Idem hortensias nº 1 . .	2,30	3,—	3 $ 50	7 $ —
»	75	3	Ramas de adianto (culantrillo)	2,40	3,—	2 $ —	6 $ —
			Por junto				27 $ —
			Embalajes			6 $ 25	
			Franqueo			4 $ —	
			Cobranza á domicilio			1 $ 80	12 $ 05
			Total				39 $ 05

Muy apble. Sra. mía:

Al importe de esta fª	39 $ 05
me he permitido cargar el 50 p % de los atrasos q. devengamos de V.	17 $ 20
de modo que habrá V. satisfecho por el . . . . alcance total . .	46 $ 25

Me dispensará V. me haya tomado esa libertad, pues así, de una manera poco sensible, se vá poniendo al corriente en las cuentas; y por

44.

Gebrüder Werner,
Kunstblumenfabrik.

München, den 15. Mai 19..

Herrn Karl Berger, z. Z. Freising.

Ihrem Briefe vom 10. d. M. entnahmen wir:

Orderzettel No. 413,

den wir sofort erledigten. Wir bemerkten uns, daß Sie bei der Reichsbankstelle Regensburg

M 445,50

für uns erlegten, die wir Ihrem Reisekonto gutschrieben.

Die Ihnen seitens „Kreditreform“ über Wwe. Müller/Straubing erteilte Auskunft lautet ungleich günstiger als die im Original beifolgende Mitteilung der Auskunftei Schimmelpfeng.

Wir bitten, die Sache eingehend zu prüfen und uns ausführlich mitzuteilen, was Sie selbst von der Kreditwürdigkeit der betreffenden Firma halten.

Ab morgen adressieren wir: „Drei Könige“, Amberg.

Achtungsvoll

Gebrüder Werner.

otra parte, siendo nueva mi firma para mis proveedores de Viena y París, he de estar preparada á toda exigencia, restañando una infinidad de descubiertos pendientes en mi caja que datan, como el de V., de fecha algo lejana.

He distribuído entre estos paquetes, donde hayan cabido, algunas muestras de plumas, guarniciones y broches para sombrero.

Esperando que seguirá esta S/C honrándose con la preferencia de sus órdenes, queda de V. att^a^ y afm^a^ S. S.

Camila Aramburu.

44ª.

Camila Aramburu, Vdª de Elizalde.
Surtido de plumas y de flores artificiales de las primeras fábricas de Viena y París.
Bilbao, Jardines, 5.

Bilbao 15 de Julio de 19..

Sr. D. Germán Ducazcal Goicorretea. — Callao.

Muy Sr. mío: Obran en mi poder su grata del 10 pp^do^, su boletín de comisión nº 312 y la letra de 144 $ 50 que abonamos en la c^ta^ de la Sra. Blanco, de Guayaquil.

Celebro el éxito de sus diligentes gestiones; y apruebo la ruta que ha emprendido V. para llegar de paso á La Concepción (Argentinia) á fin de negociar las mencionadas plumas de avestruz, que podrían muy bien convenirme.

A su llegada á Santiago de Chile tenga á bien confrontar el boletín de informaciones que le incluyo, el cual me ha sido proporcionado por la «Confidencia Mercantil Internacional», con el objeto de que me manifieste el parecer de V. acerca de la casa Juana Rey de la Cierva, de esa capital, y si es prudente concederle el crédito que desea.

Mi próxima se la dirigiré al hôtel que V. me indica.

Sin más por hoy, sigo de V. S. S.

C. Aramburu.

Adjunto:
Bol. de información.

Leinwand.

45. Die Westfälische Leinenweberei, Gesellschaft mit beschränkter Haftung in Bielefeld, zeigt durch Zirkular an, daß sie für die Provinz Westfalen einen neuen Agenten, Felix Bertram, Minden, bestellt hat.

46. Am 11. März 19.. übersendet Felix Bertram, Minden, der von ihm vertretenen Firma die ersten Aufträge.

47. Am 12. März 19.. bestätigt die Westf. Leinenweberei, Bielefeld, den Eingang der Orders und stellt ihrem Agenten verschiedene Lagerware zu billigerem Preise an.

48. Am 14. März 19.. empfiehlt der Agent die ihm angestellten Waren als Gelegenheitskauf an Max Ernst, Herford.

49. Am 15. März 19.. fordert Max Ernst, Herford, eine Preisherabminderung und Hinausschiebung des Zahlungstermins.

50. Am 16. März 19.. bedauert Felix Bertram, Minden, im Preise nichts nachlassen zu können, gewährt aber 3 Monat Ziel und verlangt umgehende Entschließung.

51. Am 18. März 19.. bittet Max Ernst, Herford, um Zusendung der Ware.

52. Am 20. März 19.. überreicht die Weberei Bielefeld dem Käufer die Rechnung.

53. Am 1. Mai 19.. sendet Max Ernst, Herford, den Rechnungsbetrag abzüglich 2% Skonto ein.

54. Am 2. Mai 19.. bestätigt die Weberei Bielefeld den Empfang des Geldes und bittet um fernere Aufträge.

45.

Bielefeld, Datum des Poststempels.

P. P.

Wir beehren uns, Ihnen die ergebene Mitteilung zu machen, daß wir uns veranlaßt gesehen haben, einen Wechsel in der Leitung unseres Mindener Hauses vorzunehmen, und von nun ab

Herrn Felix Bertram

mit der Führung unserer Geschäfte in der Provinz Westfalen beauftragt haben.

Genannter Herr wird Ihnen demnächst unsere neuesten Musterbücher vorlegen, um Ihre Aufträge darauf entgegenzunehmen.

Hochachtungsvoll

Westfälische Leinenweberei, G. m. b. H.
Albert Hess.

Telas.

45ª. El 20 Diciembre 19.. la «Fabril Algodonera», Sabadell, anuncia por una circular impresa á sus corresponsales en la República de Méjico que ha otorgado la representación exclusiva para todos aquellos Estados norteamericanos á D. Alejo Rodríguez, domiciliado en la capital.

46ª. El 13 Enero 19 . . Alejo Rodríguez, Méjico, envía á sus representados copia de las primeras notas de comisión.

47ª. El 1º Febrero 19 . . la compañía de Sabadell da cuenta de los pedidos llegados y ofrece varios saldos disponibles á precios reducidos.

48ª. El 19 Marzo 19 . . el representante de Méjico ofrece estas partidas á Marcelo Negre, de Veracruz.

49ª. El 21 Marzo 19 . . Marcelo Negre, Veracruz, solicita reducción y prórroga en el pago.

50ª. El 24 Marzo 19 . . A. Rodríguez deniega la rebaja en el precio, pero concede para la prolongación del plazo 90 días, requiriendo decisión á vuelta de correo.

51ª. El 28 Marzo 19 . . M. Negre, Veracruz, dispone que se le mande el género.

52ª. El 5 de Abril 19 . . la «Fabril Algodonera» de Sabadell extiende fª al comprador.

53ª. El 26 de Mayo 19 . . Negre, Veracruz, remite á la casa de Sabadell el importe de su cta, reteniendo un tanto p%, por adelantar el pago.

54ª. El 14 Junio 19 . . la Compañía de Sabadell acusa recibo del saldo.

45ª.

«La Fabril Algodonera»,
Sociedad en comandita.
Hilados, tejidos y estampados.
Cuenta corriente en el Banco de España.
Sabadell.
Señas telegr.: «Filotextil».

Sabadell . . de . . . . 19 . .

Sr(s). (D.) . . . . — . . . .
(EE. UU. de Méjico, N.A.)

Muy Sr(s). mío(s):

Me cabe la satisfacción de poner en conocimiento de V(s). que acabamos de nombrar representante exclusivo de esta compañía para toda esa República á

D. Alejo Rodríguez, Méjico, Capuchinas, 9,

quien no dejará de someter al examen de V(s). nuestros muestrarios y mantenerles al corriente de todas las novedades de nuestros artefactos. Constituyen n/ especialidad los tejidos para *forros* para sastre, así de caballeros como de señoras; produciendo una de ns/ fábricas, la de Tarrasa, imitaciones y mezclillas de seda para dicho uso. Ya sabe(n) V(s) que Sabadell y Tarrasa, centros

46.

Minden, den 11. März 19..

An die

Westfälische Leinenweberei, G. m. b. H., Bielefeld.

Soeben von meiner ersten Tour zurückgekehrt, überreiche ich Ihnen in der Anlage die mir gewordenen Aufträge 1—4 zur gefl. Erledigung.

Hochachtungsvoll

Felix Bertram.

4 Orders

productores de larga fecha conocidos en las Américas, son principalmente importantes centros de fabricación de *paños*, y los compradores de éstos, lo son también de n/ forros.

En obsequio de n/ representante y en el nuestro, lo propio que en ventaja para los intereses de V(s)., esperamos que le distinguirá(n) con sus importantes órdenes, con igual seguridad de ser servido(s) con el mismo esmero y puntualidad que se si se dirigiese(n) á esta compañía, en cuyo nombre tengo el honor de saludar á V(s). con la mayor consideración y ser S. S. S.

q. b. s. m.

El Director:
Pascual Vilaregut.

46ª.

Alejo Rodríguez,
Representante de la
«Fabril Algodonera» sabadellense.
México,
Capuchinas, 9.

México 20/XII/19 . .

Sr. Director de la Sociedad. — Sabadell (prov. Barcelona).

Muy distinguido Sr. mío: Tengo el gusto de estrenar mi cometido, después de mi primer viaje por Puebla, León, Veracruz, Guadalajara, Potosí, Mérida, Campeche, Mazatlan y Tampico, incluyéndole las notas de pedido n^{os} del 1 al 9.

Mis comitentes me encargan le recomiende la mayor prontitud en su despacho.

Soy con la mayor atención y celo, su agradecido

S. S. S.

Alejo Rodríguez.

Anexo: 9 notas.

47.

Westfälische Leinenweberei,
G. m. b. H.

Bielefeld, den 12. März 19..

Herrn Felix Bertram, Minden.

Ihrem Gestrigen entnahmen wir Aufträge 1—4, die wir vorschriftsgemäß erledigen.

An Lager befinden sich:

230 Dtzd. ungeklärte rein leinene Jacquard-Handtücher, 50 × 130, Qualität 111,

die wir bei Abnahme des Postens mit 6,75 netto Kasse abgeben, und

12 Stück geklärtes Hausleinen, 79 breit, Qualität 180.

Diese Stücke sind etwas streifig ausgefallen, wir geben sie Ihnen mit ℳ 3,50 per Stück unter Liste an die Hand.

Da der Fehler kaum bemerkbar ist, dürfte es Ihnen nicht schwer fallen, Nehmer zu finden.

Achtungsvoll

Westfälische Leinenweberei, G. m. b. H.
Albert Hess.

48.

Minden, den 14. März 19..

Herrn Max Ernst, Herford.

Soeben wurden mir von meinem Hause ca. 230 Dtzd. ungeklärte rein leinene Jacquard-Handtücher, 50 × 130, Qualität 111, zu dem außerordentlich billigen Preise von ℳ 6,75 netto Kasse bei Abnahme des ganzen Postens angestellt.

Das Sortiment besteht aus 5 Mustern.

Da ich aus dem früheren Briefwechsel mit Ihrer w. Firma ersehe, daß Sie öfter ähnliche Qualitäten von uns bezogen haben, so erlaube ich mir, Ihnen diesen äußerst vorteilhaften Posten als Gelegenheitskauf zu empfehlen, und übersende Ihnen je ein Probedutzend durch Post.

Ebenso offeriere ich Ihnen einen Rest von 180 St. gebleicht rein leinen Damasttischtüchern, 130 × 170, Qualität 96, in einem Dessin, die ich Ihnen äußerst à ℳ 6,25 netto Kasse liefern würde.

Auf Wunsch könnte ich Ihnen zum Dessin passende Servietten, 65 × 65, zu ℳ 11,75 netto Kasse, abgeben.

Ihrer gefl. umgehenden Entscheidung sehe ich gern entgegen und zeichne

hochachtungsvoll

Felix Bertram.

47ª.

«La Fabril Algodonera»,
Sociedad en comandita.
Hilados, tejidos y estampados.
Cuenta corriente en el Banco de España.
Sabadell.
Señas telegr.: «Filotextil».

Sabadell 1º de Febrero de 19 . .

Sr. D. Alejo Rodríguez. — Méjico.

Muy Sr. mío: Le felicitamos á V. al par que nos congratulamos por el buen éxito de su primera campaña. Las 9 notas de comisión contenidas en su apblᵉ del 13 ppᵈᵒ han sido distribuídas á las respectivas dependencias para su inmediata ejecución, de la cual daremos aviso á V. oportunamente. Sírvase V. hacer observar al comitente de las sargas que el precio dado se entiende en surtido, pero no entresacando del mismo los colores más caros, los cuales cuestan 5 p⁰/₀ más.

Procure V. dar salida á unas partidas de alpacas nº 74, lustrinas nº 216, tartanes nº 12 y satenes nº 51, que se han ido quedando en almacén, las cuales cederíamos al precio de saldos ó restos con 40 p⁰/₀ rebaja. En igual concepto desearíamos colocar cuanto antes unas 300 doc. de servilletas adamascadas, nº 77, de 69 cm. en cuadro, y unas 35 piezas de tela para sábanas de 1 m 55 cm., ancho 1 m 80, nº 13, que han quedado casi arrinconadas desde la época en que nuestro predecesor se dedicaba á este ramo fabril; pudiendo V. ofrecer la docª de servilletas á 4 $ 75 oro, y la tela, á 60 centavos el metro.

Si tiene V. ocasión de presentarlas á una subasta, martillo ó remate, tal vez consigamos deshacernos de esos restos sin grave daño.

De V. attº S. S.

q. b. s. m.

por la Dirección,
Pascual Vilaregut.

48ª.

Alejo Rodríguez,
Representante de la
«Fabril Algodonera» sabadellense.
México,
Capuchinas, 9.

México 19/III/19 . .

Sr. D. Marcelo Negre. — Vera-Cruz.

Muy Sr. mío y de mi aprecio: Habiendo surtido á U. á menudo de lencería la «Compañía Fabril» sabadellense, que tengo ahora el honor de representar aquí, me permito enviarle muestras de unas servilletas y de tela para sábanas de una sola pieza, que podría ponerle al reducido precio de 4 $ 75 y 0 $ 60 oro respectivamente. Como U. ve, se trata de un negocio de ocasión, que bajo toda probabilidad se apresurará U. á aprovechar, dada la mucha salida que para esas manufacturas tiene en esa plaza su muy acreditada casa.

Esperando verme favorecido por sus gratas nuevas á la mayor brevedad, saluda á V. atentamente su S. S. S.

A. Rodríguez.

49.

Max Ernst, Herford. Herford, den 15. März 19..

Herrn Felix Bertram, Minden.

Im Besitz Ihrer gefl. Offerte vom 14. d. M. bin ich nicht abgeneigt, den angestellten Posten Handtücher zu übernehmen, wenn Sie mir dieselben mit ℳ 6,60 überlassen und außerdem 3 Monat Ziel gewähren.

Mein Lager in Tischzeug ist hinreichend sortiert; ich bedaure deshalb für Ihre weitere Offerte keine Verwendung zu haben.

Umgehender Antwort gern gewärtig, zeichnet

hochachtungsvoll

Max Ernst.

50.

Minden, den 16. März 19..

Herrn Max Ernst, Herford.

Im Besitze Ihres gestrigen Schreibens bedauere ich, Ihnen nach nochmaliger Kalkulation das Handtuch nicht anders als zu ℳ 6,75 erlassen zu können. Dagegen bin ich bereit, Ihnen diesen Preis ausnahmsweise netto 3 Monat, anstatt netto Kasse anzustellen.

Ich bitte um Ihre umgehende Erklärung, da ich die Handtücher auch anderweit angestellt habe.

Hochachtungsvoll

Felix Bertram.

49ª.

Marcelo Negre.
Lencería.
513, Portal de Flores, 513.
Vera-Cruz.

Vera-Cruz 21/III/19 . .

Sr. D. Alejo Rodríguez. — México.

Muy Sr. mío: No me viene mal su oferta de 19 c[te], aunque estoy todavía provisto de una de las dos manufacturas en cuestión.

Tomaría 100 doc[s] servilletas y 30 piezas tela (que presupongo medirán cada una 50 m. como las que hasta aquí he recibido de la f[ca] de Sabadell), si no valiesen más que 4 $ la doc. y 0 $ 50 el metro. Además desearía que, como la mayor parte de mis proveedores, me concediesen Us. un plazo de 90 días para los pagos.

Reciba V. cordiales saludos de

su at[o] S. S.
M. Negre.

50ª.

Alejo Rodríguez,
Representante de la
«Fabril Algodonera sabadellense.»
México,
Capuchinas, 9.

México 24/IV/19 . .

Sr. D. Marcelo Negre. — Vera-Cruz.

Muy aprd[o] Sr. mío: En posesión de su estimada del 21 del c[te], conociendo yo de mucho tiempo acá los negocios y costumbres de mi principal, me creo capacitado para aceptar la disminución de precio que V. propone respecto de las servilletas; pero estoy en la convicción de que aquél rechazaría toda rebaja, por insignificante que fuera, tocante á la tela para sábanas, pues, áun dejando á un lado que es un artículo de venta muy común, constante y fácil, el precio á que se le pone, atendido á la calidad excelente, es extraordinariamente barato.

Por lo demás, seguro de que la diferencia mínima de 50 á 60 centavos no será obstáculo para cerrar el trato con V., me he tomado la libertad de escribir con esta fecha á la compañía fabril haciendo el encargo de ambos géneros en firme, para no dejar escapar el vapor-correo que sale esta tarde para Europa.

Agradeciéndole de antemano su aprobación, de la cual no dudo, sigo á sus órdenes

afm[o] y att[o] S. S.
A. Rodríguez.

51.

Max Ernst, Herford. Herford, den 18. März 19..

Herrn Felix Bertram, Minden.

Im Besitze Ihres Briefes vom 16. d. M. ersuche ich Sie, mir als Frachtgut:

230 Dtzd. Handtücher à 6,75 ℳ netto 3 Monat,

in Qualität und Farbe genau der mir am 14. d. M. durch die Post zugegangenen Probe entsprechend, zu übersenden.

Umgehender Erledigung gern gewärtig, zeichne ich

hochachtungsvoll

Max Ernst.

52.

Westfälische Leinenweberei.

Gesellschaft mit beschränkter Haftung.

Bielefeld, den 20. März 19..

Rechnung

für Herrn Max Ernst, Herford.

W. S. W. 1113—1116	230	*Wir sandten Ihnen in* gewöhnlicher *Fracht durch* Spediteur Otto Müller, hier, in 4 Kisten: Dtzd. 50 × 130 ungekl. Jacquard-Handtücher . . . . Dtzd. 30 Tage 2% / 90 „ netto.	6,75	1552	50

51ª. (Volante).

NOTA

Al Sr. D. Marcelo Negre, México.	DE ALEJO RODRÍGUEZ Vera-Cruz 28/IV/19 . .

Muy Sr. mío y de mi aprecio: Ha hecho U. muy bien en adelantarse á mis deseos haciendo el pedido, según me participa con fecha 24 c^{te}, para ganar tiempo.

No me resta más que, confirmado el pedido con las presentes líneas, repertirme de V. afmº S. S.

M. Negre.

52ª.

LA FABRIL ALGODONERA,

Sociedad en comandita. — Capital: 2 000 000 pts.

Hilos, tejidos y estampados. Especialidad: forros para caballeros y señoras.

Sabadell.

Señas telegr.: «Filotextil».

FACTURA

de los subsiguientes géneros, encargados por el Sr. *D. Marcelo Negre, Vera-cruz,* por mediación de n/ representante, en *Méjico, D. Alejo Rodríguez,* con fh^{a} 24 marzo 19 . ., embarcados á bordo del vapor «*Marseille*» de la *Compª gral trasatlánt. francesa,* el *4 abril, f. o. b* y *c. i. f.,* por c^{ta} y riesgo del comitente.

La disconformidad fundada y demostrada en el acto de recibir n/ mercancías nos obliga sólo á q. nos sean dejadas de c^{ta}, sin aceptar ninguna otra responsabilidad ni indemnización.
Tampoco respondemos de valores entregados á n/ representantes y viajantes, que no presenten n/ autorización para recibirlos p/n/c^{ta}.

Marca: F. A. S.	Bultos y su nº	Cantidad	Género	Precio en oro ($ mejicanos) p/ unidad	p/ partida	total
Nº 4161	1 Caja	100 docs	Servilletas adamascadas nº 77, 69 cm.	4,—	400,—	
« 4162	1 «	30 piezas	Tela de sábanas, nº 13, 180 cm.	30,—	900,—	
						1200,—
Sin Descuento						
Embalaje sólido p/ Ultramar			. . . .	. . .	. . .	35,—
			Por junto	. . .	. . .	1235,—

Sabadell 5 Abril 19 . .

El Director:

P. Vilaregut.

53.

Max Ernst, Herford. Herford, den 1. Mai 19..

An die

Westfälische Leinenweberei, G. m. b. H., Bielefeld.

Zum Ausgleich Ihrer Rechnung vom 20. März a. c. überreiche ich Ihnen beiliegend:

	ℳ 1521,45	in bar, die Sie mir
zuzüglich	„ 31,05	2 % Skonto
mit	ℳ 1552,50	gutbringen wollen.

Hochachtungsvoll

Max Ernst.

Beiliegend:	ℳ 1520,—	in Papiergeld
	„ 1,45	in Briefmarken
	ℳ 1521,45	

54.

Westfälische Leinenweberei, G. m. b. H. Bielefeld, den 2. Mai 19..

Herrn Max Ernst, Herford.

Ihrem gestrigen Schreiben entnahmen wir:

	ℳ 1521,45	in bar, die wir
zuzüglich	„ 31,05	2 % Skonto
mit	ℳ 1552,50	

zum Ausgleich unserer Rechnung vom 20. März d. J. verwendeten.

Ihren ferneren Aufträgen uns bestens empfohlen haltend, zeichnen wir

hochachtungsvoll

Westfälische Leinenweberei, G. m. b. H.
Albert Hess.

53ª.

Marcelo Negre.
Lencería.
513, Portal de Flores, 513.
Vera-Cruz.

Vera-Cruz 26/V/19 . .

Sr. Director de la Fabril Algodonera. — Sabadell (Barcelona).

Muy Sr. mío: obran en mi poder los géneros facturados por U. con fha 5 ppdo, y aunque solicité un plazo de 90 días, habiéndoseme presentado coyuntura propicia para obtener con beneficio una L/ á la vista sobre el Banco de Londres, nº 4153, por valor de

£ 375/, equivalentes á $ 1500,—,

se la remito adjunta para saldo de mi descubierto, que importa, deducido el interés de 4 p% correspondiente á los 3 meses que he anticipado el pago respecto del vencimiento convenido, 1194 $ 75; sobrando $ 305,—, que se servirá U. abonar en m/cta para ulteriores encargos ó á mi disposición.

Sin otro particular, saluda á U. con la mayor atención

S. S. S.
M. Negre.

54ª.

La «Fabril Algodonera,»
Sociedad en comandita.
Hilados, tejidos y estampados.
Cuenta corrienta en el Banco de España.
Sabadell.
Señas telegr.: «Filotextil».

Sabadell 14 de Junio de 19 . .

Sr. D. Marcelo Negre. — Vera-Cruz.

Muy Sr. mío: Conforme en todo con el contenido de su aprble de 26 ppdo, sentamos en el Haber de s/c/cte . . . . $ 1500,—
para saldo de n/ fa y quedando el resto á su disposición . . $ 305,—

Con expresivas gracias, le devolvemos atentamente sus afectuosos saludos y queda de Vd. S. S.

q. b. s. m.
El Director:
Pascual Vilaregut.

Erkundigung und Mahnung.

55. Am 6. April 19.. ersucht Emil Held in Braunschweig die Firma Rudolf Reh in Wolfenbüttel um baldige Einsendung eines fälligen Rechnungsbetrags.

56. Am 6. April 19.. erkundigt sich Emil Held in Braunschweig bei seinen Geschäftsfreunden A. Feller & Co., Wolfenbüttel, nach der Kreditwürdigkeit seines Schuldners.

57. Am 9. April 19.. empfehlen A. Feller & Co., Wolfenbüttel, energisches Vorgehen gegen den Schuldner.

58. Am 10. April 19.. zeigt Emil Held, Braunschweig, seinem Schuldner an, daß er den Rechnungsbetrag zuzüglich Verzugszinsen und Spesen durch Postnachnahme erheben werde.

59. Am 13. April 19.. schickt Emil Held, Braunschweig, Postnachnahmekarte über den Rechnungsbetrag an Rudolf Reh in Wolfenbüttel ein.

60. Am 16. April 19.. verlangt Emil Held, Braunschweig, zur Vermeidung gerichtlicher Klage Zahlung.

61. Am 17. April 19.. schlägt Rudolf Reh, Wolfenbüttel, vor, sein von Falb & Co., Helmstedt, indossiertes Akzept in Zahlung nehmen zu wollen.

62. Am 18. April 19.. erklärt sich Emil Held, Braunschweig, mit dieser Form der Anschaffung einverstanden.

63. Am 20. April 19.. übersendet Rudolf Reh, Wolfenbüttel, das Akzept und bittet um Entlastung.

64. Am 21. April 19.. bekennt sich Emil Held, Braunschweig, zum Empfang des Wechsels und quittiert unter dem üblichen Vorbehalt über seine Forderung.

55.

Emil Held, Braunschweig. Braunschweig, den 6. April 19..

Herrn Rudolf Reh, Wolfenbüttel.

Bei Durchsicht meiner Bücher finde ich Ihr Konto noch immer mit dem Betrag meiner Rechnung vom 15. Oktober v. J.

ℳ 496,75 per 15./12. v. J.

belastet.

Unter dem 15. Februar d. J. erlaubte ich mir bereits, Sie auf den rückständigen Posten aufmerksam zu machen; eine Antwort ist mir nicht zugegangen.

Da das Ihnen eingeräumte Ziel seit längerer Zeit überschritten ist, ersuche ich Sie um recht baldige Begleichung dieser Summe und zeichne

achtungsvoll

Emil Held.

Reclamación de créditos. Cobranzas.

55ª. El 12 Febrero 19.. el Sr. D. F. de P. Rubio, León, reclama á S. Goya, Béjar, un pago atrasado.

56ª. El 15 Febrero 19.. el mismo ganadero de León pide á B. Roig, de Béjar, informes sobre la solvabilidad de su deudor.

57ª. El 18 Febrero 19.. el Sr. Roig aconseja mucha prudencia y energía respecto de S. Goya.

58ª. El 21 Febrero 19.. el Sr. Rubio previene al fabricante de Béjar que va á disponer del alcance girando á su cargo.

59ª. El 25 Febrero 19.. S. Goya contesta con subterfugios y suplica aplazamiento del pago.

60ª. El 28 Febrero 19.. el Sr. Rubio apremia á la fábrica de Béjar, amenazándola con recurrir á diligencias judiciales.

61ª. El 3 Marzo 19.. S. Goya propone arreglar su cta merced á una letra aceptada por él.

62ª. El 6 Marzo 19.. el ganadero de León se manifiesta conforme con el arreglo propuesto por el fabricante de Béjar, á condición de que la letra lleve el endoso de B. Roig ú otro banquero de Béjar.

63ª. El 10 Marzo 19.. el Sr. Goya remite letra provista de su aceptación y del aval deseado.

64ª. El 13 Marzo 19.. F. de P. Rubio, León, extiende recibo de la remesa con las salvedades consiguientes.

55ª.

Francisco de Paula Rubio.
León.

Leon 12 Febrero 19..

Sr. D. Salvador Goya. — Béjar.

Muy Sr. mío: Según es costumbre en esta S/C, á primeros de Enero, hecho el balance de todas m/ctas á fin del año espirado, sometí á la aprobación de V. el extracto de s/ctª, que arroja un saldo á mi favor de

Pts. 1592,65,

interesándole que me avisase su conformidad y añadiendo que cualquiera cantidad á buena cuenta que me remesase, me vendría muy al caso en aquellos momentos.

Teniendo todavía que cubrir parte de aquellas obligaciones y hacer frente á giros á m/cta y á corto vencimiento, que acaban de avisarme en estos días, me veo en la necesidad de reunir todos mis fondos disponibles; y por esto me tomo la libertad de recordar á Vd. ese asunto, acompañando duplicado de m/fª, por si se le hubiese extraviado la original, de la que tiene V. satisfecha una parte.

Sintiendo de veras importunarle, es de Vd. con la más afectuosa consideración S. S. S.

q. b. s. m.

F. de P. Rubio.

56.

Emil Held, Braunschweig. Braunschweig, den 6. April 19..

Herren A. Feller & Co., Wolfenbüttel.

Ich gestatte mir heute, Ihre Gefälligkeit in Anspruch zu nehmen, indem ich Sie bitte, mir über den Ruf und die Kreditwürdigkeit der auf dem beiliegenden Zettel verzeichneten Firma eine möglichst genaue Auskunft zu erteilen.

Der in Frage Stehende ist ein langjähriger Kunde meines Hauses und hat früher stets pünktlich reguliert. Eine ihm bereits im Februar d. J. übersandte Mahnung hat er dagegen unbeantwortet gelassen. Das Objekt beträgt annähernd 500 *M*.

Sie wollen sich diskretester Benutzung Ihrer gefl. Mitteilungen versichert halten.

Zu Gegendiensten stelle ich mich Ihnen stets gern zur Verfügung.

Hochachtungsvoll

Emil Held.

Anlage
1 Adresse.

57.

Feller & Co., Wolfenbüttel. Wolfenbüttel, den 9. April 19..

Herrn Emil Held, Braunschweig.

Im Besitz Ihres Briefes vom 6. d. M. teilen wir Ihnen zu gefl. diskreter Benutzung und ohne jede Gewähr unsererseits mit, daß in neuerer Zeit öfter über langsame Zahlung der in Frage stehenden Firma geklagt wird.

Es scheint, daß der sonst sehr tüchtige und fleißige Inhaber sich über seine Kräfte an industriellen Unternehmungen beteiligt hat, deren Rentabilität zu wünschen übrig läßt.

In Ihrem Interesse dürfte es liegen, energisch vorzugehen, damit Ihnen nicht bei der immerhin gefährdeten Lage andere zuvorkommen.

Zur Zeit ist es recht wohl möglich, daß die sehr wohlhabenden Verwandten Ihres Schuldners etwas für ihn tun.

Wir stellen ergebenst anheim, von vorstehender Auskunft, ohne jede Verbindlichkeit unsererseits, den Ihnen geeignet erscheinenden Gebrauch zu machen, und rechnen auf Ihre Verschwiegenheit.

Hochachtungsvoll

A. Feller & Co.

56ª.

Francisco de Paula Rubio
León.

León 15 Febrero 19..

Sr. D. Buenaventura Roig. — Béjar.

Muy Sr. mío y aprdº amigo: Contando con su amistad y secreto, me dirijo á V. solicitando informes de D. Salvador Goya, fabricante de paños, de ésa, cuyo silencio prolongado, á pesar de las repetidas reclamaciones de mi crédito, empieza ya á inquietarme.

Aunque se trata de una casa acaudalada y que goza de buena reputación y crédito, como pueden haber cambiado las circunstancias, creo del caso informarme seriamente del grado de confianza que merece la expresada casa á los ojos de V., quien posee numerosas relaciones en esa plaza; asegurándole que haré de su franca confidencia el uso más discreto y que me alegraré mucho de que pueda serle yo útil en recíproca.

Le ruego que disimule la molestia, que de antemano le agradece de todas veras

su attº S. y afmº A.

q. b. s. m.

F. de P. Rubio.

57ª.

Buenaventura Roig,
Banquero.

Béjar 18 Febrero 19..

Sr. D. Francº de P. Rubio. — León.

Estimado amigo y Sr. mío: Contesto á su attª de 15 del c/ con sóbre sin membrete, certificado y expresando «en sus propias manos», á fin de precaver extravío ó indiscreción.

Siento saber que V. es acreedor de la fábrica de S. G. de ésta, puesto que, según averiguaciones particulares mías, da señales de hallarse bastante agobiado, reembolsando á duras penas alguna de sus aceptaciones y renovando otras. A lo que parece, la causa de sus apuros ha sido el demasiado arrojo en sus especulaciones y acaso también el fausto en los gastos privados, que le han llevado al abuso de su extenso crédito.

Es de aconsejar, pues, que antes de que S. G. se declare en suspensión de pagos, agote V. todos sus recursos en apremiarle, siendo probable que con ayuda de su opulenta familia el Sr. G. podrá reembolsarle á V. su descubierto.

Conociendo á fondo el carácter de V., no quiero ofenderle con la advertencia ociosa de que lo apuntado va sin responsabilidad (que absolutamente no existe) de mi parte, ni la de que destruya la presente y ni la de que me encomiendo á su discreción.

Siempre dispuesto á complacerle, mande como guste de su attº y afmº S. y A.

q. b. s. m.

B. Roig.

58.

Emil Held, Braunschweig. Braunschweig, den 10. April 19..

Herrn Rudolf Reh, Wolfenbüttel.

Da Sie meine Briefe vom 15. Februar und 6. April d. J. unbeantwortet gelassen haben, ersuche ich Sie hierdurch, den fälligen Rechnungsbetrag zuzüglich ℳ 8,25 Verzugszinsen à 5 %

mit ℳ 505,—

nunmehr innerhalb 3 Tagen zu begleichen.

Sollte ich bis zum 13. April d. J. nicht im Besitze des Geldes sein, so werde ich den Betrag zuzüglich 65 Pfennig Postgebühr durch Postnachnahme bei Ihnen einziehen lassen.

Zur Vermeidung von Weiterungen und Kosten wollen Sie meine Abgabe bei Vorkommen pünktlich einlösen.

Achtungsvoll

Emil Held.

59. (Postnachnahmekarte.)

Vorderseite.

10 Pf.	5 Pf.
Vorzeige-gebühr.	Porto.

Nachnahme: 505 ℳ 65 Pf.
wörtlich: Fünfhundertfünf ℳ 65 Pf.

Absender: Emil Held, Braunschweig.

Herrn Rudolf Reh

in

Wolfenbüttel.

(*Rückseite.*)

Quittung über Mark 505,65

Von Herrn Rudolf Reh, Wolfenbüttel, mit Bezugnahme auf mein Schreiben vom 10./4. d. J.

Fünfhundertfünf Mark 65 Pf.

empfangen zu haben, bescheinige ich hiermit

Braunschweig, den 14./4. 19..

Emil Held.

Falls aus irgend einem Grunde die Einlösung beim ersten Vorzeigen nicht erfolgt, so bleibt die Karte noch 6 Tage beim Postamt liegen und kann bis dahin deren Einlösung bewirkt werden.

58ª.

Francisco de Paula Rubio.
León.

León 21 Febrero 19 . .

Sr. D. Salvador Goya. — Béjar.

Muy Sr. mío: Después de mis reiteradas súplicas, reclamando con tanta cortesía como razones de urgencia bien motivadas, no comprendo como ha dejado Vd. de contestar á mi última de 12 del c^{te}.

A la verdad, no sé qué pensar de su silencio ante mis justas reconvenciones; pero, no pudiendo diferir más el saber á que atenerme y hacer frente á los descubiertos, le manifiesto que, si no tiene V. por conveniente satisfacer á vuelta de correo el resto de mi alcance, me consideraré facultado á girar por dicho importe á cargo de V.

Soy S. att^o S. S.

q. b. s. m.
F. de P. Rubio.

59ª.

Salvador Goya.
Gran fábrica de paños, mantas y fieltros.
Béjar.

Béjar 25 Febrero 19 . .

Sr. D. Fr^{co} de P. Rubio. — León.

Muy Sr. mío: Dispense V. que, abrumado por perentorias ocupaciones, no haya contestado antes sus tres últimas cartas. Además tendrá V. en consideración que en mi remesa de fondos por parte del importe de la factura cuyo total reclama V., no debí incluir las lanas lavadas ni los merinos, que no sé si están de conformidad, porque no los he retirado todavía de poder del consignatario de V. en ésta.

Su anterior condescendencia conmigo me hace esperar el favor de que me dé tiempo para examinar las expresadas partidas, sobre lo cual le haré á V. con el alcance inmediatamente.

Me repito de V. att^o S. S.

q. b. s. m.
S. Goya.

60.

Emil Held, Braunschweig. Braunschweig, den 16. April 19..

Herrn Rudolf Reh, Wolfenbüttel.

Soeben erhalte ich meine Postnachnahmekarte vom 13. d. M. unbezahlt zurück.

Da Sie weder zahlen noch meine Zuschriften beantworten, so sehe ich mich nunmehr gezwungen, gerichtliche Klage gegen Sie anzustrengen.

Ich bedaure, daß unsere mehrjährige Geschäftsverbindung in so unerquicklicher Weise abgebrochen wird, aber Sie werden mir wohl zugeben, daß die Schuld nicht an mir liegt.

Achtungsvoll

Emil Held.

Einschreiben.

61.

Rudolf Reh, Wolfenbüttel. Wolfenbüttel, den 17. April 19..

Herrn Emil Held, Braunschweig.

Ich bitte sehr um Entschuldigung, daß ich Ihre verschiedenen Zuschriften und Mahnungen unbeantwortet ließ und dadurch Ihren Entschluß veranlaßte, klagbar gegen mich zu werden.

Ich habe in der letzten Zeit und ohne mein Verschulden schwere Verluste gehabt, die ich, um größeres Unheil zu verhüten, sofort decken mußte; dadurch bin ich verhindert worden, meinen laufenden Verpflichtungen gerecht zu werden.

Um der mir angedrohten gerichtlichen Klage vorzubeugen, hat sich mein Schwager, Herr W. Falb, alleiniger Inhaber der Firma A. Falb & Co. in Helmstedt, bereit erklärt, ein 3 Monat-Akzept, das ich Ihnen zur Deckung meiner Schuld von ℳ 496,75 zuzüglich Spesen und Zinsen einsenden würde, mit seinem Giro zu versehen.

Der Name der genannten Firma bürgt Ihnen für pünktlichen Eingang des Wechselbetrags; ich gebe mich deshalb der Hoffnung hin, daß Sie auf meinen Vorschlag eingehen und mich damit von einer schweren Sorge befreien werden.

Ich sehe Ihrer gefl. Zustimmung postwendend entgegen und werde Ihnen dann mein Akzept umgehend einsenden.

Hochachtungsvoll

Rudolf Reh.

Einschreiben.

60ª.

Francisco de Paula Rubio.
León.

León 28 Febrero 19..

Sr. D. Salvador Goya. — Béjar.

Muy Sr. mío: Me sorprende la peregrina idea que emite V. con fecha 25 del cte. Consumada la venta, en lo cual V. convino, la mercancía quedó á su disposición desde la fecha de mi factura, y siendo de su cuenta el retirarla cuando le plazca, el depositario de dichas lanas vino á ser desde aquel día comisionario de V. y nó mío.

Tómese la molestia, si es menester, de consultar el artº 372 del Código de Comercio y, sobre todo, su propia equidad; y convendrá conmigo en que el no haber recogido las lanas en cuestión, como en las ventas anteriores, apenas estaban contratadas, no es razón seria para aplazar indefinidamente el pago.

Por consiguiente, si en vez de evasivas semejantes, no recibo dentro de 8 días una respuesta categórica y formal de V., delegaré en mi procurador de los tribunales la cobranza de ese descubierto.

En la esperanza de que no me pondrá Vd. en ese extremo, quedo attº S. S.

q. b. s. m.

F. de P. Rubio.

61.ª

Salvador Goya.
Gran fábrica de paños, mantas y fieltros.
Béjar.

Béjar 3 de Marzo de 19..

Sr. D. Frco de Paula Rubio. — León.

Muy Sr. mío: Admito las razones que alega V. con fecha 28 del ppdo; pero reconocerá V. conmigo que la casa más bien cimentada puede atravesar pasajeramente apurados trances que la reduzcan á la necesidad de invocar la benevolencia y la confianza de los acreedores.

Decidido á cubrir como hasta aquí todas mis obligaciones, le remito adjuntas dos L/ con mi aceptación, que vencerán á los 6 y 9 meses respectivamente; dentro de cuyo plazo cuento á mi vez con ingresos vencidos de mis deudores. Si prometía yo cancelar esa deuda en término más breve, me expondría á engañar á V. y á engañarme, no haciendo honor á mi firma.

Presumiendo que esta solución le dejará á V. satisfecho y no habrá necesidad de llevar el asunto al juzgado tras tantos años de amigables relaciones entre nosotros, sigue de Vd. attº S. S.

q. b. s. m.

S. Goya.

Anexas:
Dos Letras.

62.

Emil Held, Braunschweig. Braunschweig, den 18. April 19..

Herrn Rudolf Reh, Wolfenbüttel.

Den mir soeben mit Ihrem Gestrigen eingeschrieben zugehenden Vorschlag bin ich unter folgenden Bedingungen anzunehmen bereit:

Sie senden mir umgehend ein 3 Monat-Akzept in Höhe des seit 15./12. v. J. offenen Fakturenbetrags von ℳ 496,75, zuzüglich Verzugszinsen bis zum Fälligkeitstag des Akzeptes und meiner Auslagen für Porti.

Dieses Akzept muß das Giro der Firma A. Falb & Co. in Helmstedt tragen und spätestens bis 22. d. M. in meinen Händen sein.

Achtungsvoll

Emil Held.

63.

Rudolf Reh, Wolfenbüttel. Wolfenbüttel, den 20. April 19..

Herrn Emil Held, Braunschweig.

Für das mir mit Ihrem Geehrten vom 18. d. M. gewährte Entgegenkommen spreche ich Ihnen meinen verbindlichsten Dank aus.

In der Anlage überreiche ich Ihnen mein Akzept auf:

ℳ 512,70 per 20./7. d. J. mit Giro A. Falb & Co.

laut unten folgender Aufstellung.

Ich bitte um Empfangsbestätigung und Entlastungsanzeige.

Hochachtungsvoll

Rudolf Reh.

Fakturenbetrag per 15./12. v. J.	ℳ 496,75
Zinsen 15./12.—20./7. d. J., 215 Tage à 5 % . . .	„ 14,85
Portoauslagen	„ 1,10
per 20./7. d. J.	ℳ 512,70

Einschreiben.

62ª.

Francisco de Paula Rubio.
León.

León 6 de Marzo 19 . .

Sr. D. Salvador Goya. — Béjar.

Muy Sr. mío: Largo es el plazo de la letra aceptada y remitida por V. con su attª del 3 c/; sin embargo, para no agravar los apuros en que dice V. se halla momentáneamente y para que no piense que he perdido la confianza que merece su acreditada casa, acepto ese arreglo. En cambio, espero que en consideración á las circunstancias expresadas en mis anteriores escritos, no tendrá V. inconveniente en facilitarme el descuento de la letra antes de su vencimiento en cualquier banco, transmitiéndomela de nuevo por vía de endoso y con el aval de un banquero, como D. Buenaventura Roig, de ésa, ó cualquier otro que le sea más asequible.

Así, pues, le devuelvo su aceptación á fin de que llegue á mis manos provista de los requisitos indicados antes de una semana.

Esperando ese nuevo esfuerzo de V., queda attº S. S.

q. b. s. m.

F. de P. Rubio.

Adjuntas:
Dos L/ aceptadas.

63ª.

Salvador Goya.
Gran fábrica de paños, mantas y fieltros.
Béjar.

Béjar 10 Marzo 19 . .

Sr. D. Francº de P. Rubio. — León.

Muy Sr. mío: Bien penetrado del contenido de su apdª del 6 cte y abundando también en los buenos deseos de V. en ultimar pronto la transacción, admito su propuesta y le envío la L/ á 90 d/v, por Pts. 700,—
y » á 6 ms/v, » » 802,65

que juntas cubren el importe pendiente, esto es, Pts. 1592,65, aceptadas por mí y endosadas por Eusebio Cardenal, de ésta.

No he recurrido á ninguna casa bancaria para la fianza prestada á mi firma, porque como á V. no se le oculta, es más conveniente para el crédito de la misma recurrir á un pariente, como lo es mi hermano político Eusebio, acaudalado rentista y depositario del Banco de España.

Recomendándole el asiento de regla en mi ctª, saluda á V. atentamente

S. S. Q. B. S. M.

Salvador Goya.

Certifíquese.
2 L/ supradichas.

64.

Emil Held, Braunschweig. Braunschweig, den 21. April 19..

Herrn Rudolf Reh, Wolfenbüttel.

Ihrem Einschreibebrief, datiert vom 20. April d. J., entfaltete ich:

M 512,70 per 20./7. d. J., mit Giro A. Falb & Co.,

die ich, Eingang vorbehalten, zum Ausgleich meiner Rechnung vom 15. Oktober 19.. verwende.

Achtungsvoll

Emil Held.

64ª.

Francisco de Paula Rubio.
León.

León 13 de Marzo de 19 . .

Sr. D. Salvador Goya. — Béjar.

Muy Sr. mío: Aprobando su modo de obrar y retiradas de su grata de 10 del cte sus dos aceptaciones avaladas por D. Eusebio Cardenal, que suman

Pts. 1592,65,

queda saldado, con el alcance parcial sobre el último envío de lanas desengrasadas y merinos, la totalidad de mi cta correspondiente y hecha la debida anotación en la c/c de V., con las salvedades de rúbrica. Celebro haya llegado á buen término nuestra transacción y sigo á sus órdenes atto y afmo S.

q. b. s. m.

F. de P. Rubio.

B. Das Bankgeschäft.

Da die Banken (Bankiers, Bankhäuser) den Geldverkehr vermitteln, das Geld aber der Wertmesser und zugleich das allgemeine Tauschmittel für alle übrigen Waren ist, so sind alle diejenigen, die das Handelsgewerbe betreiben, auf den Verkehr mit der Bank angewiesen.

Eigengeschäfte; Kommissionsgeschäfte. Der Bankier macht teils Geschäfte für eigene Rechnung (Proper-, Eigengeschäfte); teils handelt er im Auftrag und für Rechnung seiner Kommittenten (Kommissionsgeschäfte).

Kassaverkehr; Verrechnungsverkehr. Beschränkt sich der Verkehr zwischen Kommittent und Bankier auf einzelne Geschäfte, die sofort beglichen werden, so bezeichnet man diese Geschäfte als Einzel- oder Kassegeschäfte. Werden die Geschäfte nicht sofort beglichen, sondern gebucht oder verrechnet, so spricht man von Verrechnungsverkehr. Der Verrechnungsverkehr ist entweder Giroverkehr oder Kontokorrentverkehr.

Giroverkehr. Der Giroverkehr setzt ein ständiges Guthaben des Kunden auf dem für diesen Verkehr geführten Konto (Girokonto) voraus. Dem Girokonto werden bare Einlagen, die der Kontoinhaber für eigene Rechnung macht oder die für seine Rechnung gemacht werden, sofort gutgeschrieben. Außerdem besorgt die Bank das Inkasso der ihr vom Kontoinhaber quittiert übergebenen Wechsel, Anweisungen, Rechnungen und sonstiger Wertpapiere für dessen Rechnung und schreibt ihm die Beträge nach Eingang gut.

Der Kontoinhaber kann jederzeit über sein Guthaben verfügen. Seine sämtlichen Abhebungen sowie alle bar oder durch Verrechnung für ihn eingehenden Beträge werden in ein Kontogegenbuch eingetragen. Die Girogelder werden von den Banken spesenfrei verwaltet, aber gewöhnlich nicht oder doch nur sehr niedrig verzinst. Der Giroverkehr ist ein reines Kassiergeschäft, Anlaß zu Briefwechsel ist selten gegeben.

Kontokorrentverkehr. Der Kontokorrentverkehr setzt ein ständiges Guthaben des Kontoinhabers nicht voraus, sondern dieser nimmt in der Regel den Kredit seines Bankiers in Anspruch.

Der Kredit heißt gedeckt (gedeckter Kredit, Realkredit), wenn der Bankier ein Unterpfand (Deckung) für seine Vorschüsse in Händen hat.

Der Kredit heißt ungedeckt (Blankokredit, Personalkredit), wenn der Bankier lediglich auf persönliches Vertrauen hin Vorschüsse gewährt.

Wird ein gedeckter oder ungedeckter Kredit in der Form gewährt, daß der Bankier die Wechsel akzeptiert, die der Kontoinhaber auf ihn zieht oder auf ihn ziehen läßt, so spricht man von Akzeptkredit.

Der Kontokorrentverkehr ist sehr mannigfaltig; gleichwohl kann ein großer Teil des Briefwechsels durch Formulare erledigt werden, da sich gewisse Geschäftsvorfälle ständig wiederholen.

Kaufleute, die nicht im Kontokorrentverkehr mit einem Bankier stehen, werden die Vermittelung eines solchen gleichwohl in Anspruch nehmen, wenn es sich handelt um:

1. Begebung von Wechseln gegen Zinsenabzug,	Diskontwechsel;
2. Vermittelung von Auszahlungen durch Wechsel,	Kommissionsrimessen;
3. Vermittelung von Einziehungen durch Wechsel,	Kommissionstratten;
4. Vermittelung bei Einlösung von Wechseln,	Domizilwechsel;
5. Vermittelung im Notfall (Intervention),	Notleidende Wechsel.

B. Operaciones bancarias.

Los banqueros compran y venden el dinero bajo cualquier forma que se presente. El dinero, objeto de su comercio, y en particular la moneda, son, pues, á la vez medida de evaluación y mercancía intermediaria de todo trueque ó cambio. Por lo mismo, los comerciantes difícilmente pueden prescindir de la mediación de los banqueros.

Negocios en cuenta propia y en comisión. Unas veces el banquero opera por su propia cuenta personal; otras en comisión, es decir, por orden y cuenta de otra persona.

Negocios al contado y en cuenta. Los primeros están constituídos por las operaciones bancarias que se liquidan inmediata y aisladamente. Los segundos son operaciones cuya liquidación definitiva está emplazada para dentro de un término fijo ulterior y comprenden las de cuenta corriente sobre depósitos á la vista, y las de cuenta corriente con réditos (interés).

Las ***cuentas corrientes por depósitos á la vista*** *ó mediante cheques,* como ya su nombre lo indica, suponen fondos depositados en el banco por el cliente, el cual puede disponer de los mismos sin previo aviso; y su alcance varía por las nuevas entregas del imponente, tenedor ó titulario, por los cobros efectuados por cuenta del mismo y por el importe de los valores entregados para su descuento; lo propio que por las cantidades retiradas en efectivo por el imponente ó tenedor y por los pagos por cuenta de éste efectuados por el banquero, sea mediante cheque, sea á la vista de facturas de mercancías.

Así toda extracción como todo ingreso, sea en efectivo, sea por órdenes de giro (cheques rosa), sea por cheques ordinarios, son inscritos en un *carnet*, cuadernito ó libro talonario de banco. Los fondos depositados por el tenedor de la cuenta mediante cheques no rentan sino un interés mínimo ó absolutamente ninguno; en cuyo caso el banquero representa meramente el papel de depositario-cajero. Esta clase de negocios no dan lugar á correspondencia alguna.

Cuenta corriente con intereses. Cuando el banquero adelanta fondos á los clientes que le ofrecen las necesarias garantías materiales y morales, en la cuenta corriente se lleva el interés ya en el *Debe,* ya en el *Haber,* según la marcha y el caso.

El crédito se llama «*cubierto*» ó «*real*» si el banquero posee en garantía material títulos, efectos públicos, hipotecas, etc. (pignoración); y «*personal*», «*crédito al descubierto*» ó «*en blanco*», si descansa únicamente en la confianza moral del banquero en su cliente.

A veces el importe del crédito concedido se va retirando mediante una serie de disposiciones ó mandatos á cargo del banco aceptados por éste.

Las operaciones en cuenta corriente intervienen á diario en el movimiento mercantil de todos los ramos, facilitándolo y fomentándolo poderosamente. Por lo mismo, motivan gran parte de la correspondencia habitual de las casas bancarias, tán extensa, que suelen éstas tener formularios impresos para casi todas sus comunicaciones (avisos, recibos, ó documentos de crédito, etc.).

Los comerciantes **no tenedores de cuenta corriente** también recurren, no obstante, á los bancos para las operaciones siguientes:

1ª, Negociación de efectos mediante descuento:	«Descuento de valores»;
2ª, Pagos por medio de giros por cuenta de tercero:	«Remesas p/O y cta»;
3ª, Cobro por giros por cuenta de un tercero:	«Cobros p/cta»;
4ª, Domiciliar giros p/cta de tercero:	«Efectos á domicilio»;
y 5ª, Intervención por falta de aceptante ó de pago:	«Protestos».

Briefe im Bankgeschäft.

Diskontwechsel.

Bei Begebung von Wechseln vor ihrem Verfalltag (Diskontierung) werden die Zinsen (Diskont) für die noch verbleibende Laufzeit des Wechsels von der Wechselsumme gekürzt.

Die Bank, welcher Wechsel zur Diskontierung angeboten werden, kauft dieselben entweder für eigene Rechnung, oder sie vermittelt den Verkauf.

Werden einem Bankhaus Wechsel zur Diskontierung angeboten, so sind zur ordnungsgemäßen Erledigung des Geschäfts folgende drei Briefe erforderlich:

1. Der Wechselverkäufer an die Bank; Zusendung des Diskontwechsels.
2. Die Bank an den Wechselverkäufer; Übermittelung des Gegenwerts.
3. Der Wechselverkäufer an die Bank; Empfangsbestätigung.

65. Am 10. November 19.. übersendet C. Nestel, Ettlingen, an die Rheinische Kreditbank, Karlsruhe, einen Wechsel zur Diskontierung und bittet, ihm den Betrag durch Postanweisung zu übermitteln.

66. Am 12. November 19.. sendet die Rheinische Kreditbank den Wechselerlös unter Abrechnung an C. Nestel, Ettlingen.

67. Am 14. November 19.. bekennt sich C. Nestel, Ettlingen, zum Empfang des Geldes.

65.

Ettlingen, den 10. November 19..

Rheinische Kreditbank, Karlsruhe.

Anbei übersende ich Ihnen eingeschrieben:

ℳ 356,30 per 31. Januar n. J. auf A. Stieler, dort,

mit der Bitte, diesen Wechsel in Diskont zu nehmen und mir den Gegenwert durch Postanweisung zugehen zu lassen.

Hochachtungsvoll

C. Nestel.

Correspondencia bancaria.

Descuento de efectos.

Entiéndese por «*descontar*» un valor mercantil entregar el producto líquido al endosante ó cedente antes del vencimiento de aquél, previa deducción del premio ó interés («*descuento*»).

El banquero puede practicar el descuento, ya á título de comisión, ya por cuenta propia.

Esta negociación realizada por medio de correspondencia requiere las tres fases de cartas siguientes:

1ª, del cedente al banco:	Remisión del efecto;
2ª, del banquero al cedente:	Remisión del producto líquido; — y
3ª, del cedente al cesionario:	Acuse de recepción.

65ª. El 2 abril 19.. B. Ulzurrún, Gijón, remesa al Banco del Imperio, Berlín, tres letras sobre Hamburgo y una sobre Londres, para que se las descuente.

66ª. El 5 abril 19.. El Banco del Imperio, Berlín, remite á su comitente de Gijón el producto líquido.

67ª. El 8 abril 19.. El Sr. Ulzurrún acusa recibo.

65ª.

Benito Ulzurrún,
Banquero.
Gijón, Jovellanos, 9.
Apartado: 98. — Telegramas: «Bulzurru».

Gijón 2 de Abril de 19..

Sr. Director del Banco del Imperio alemán. — Berlín.

Muy Sr. mío y de toda mi consideración:

Inclusas hallará V. 3 primeras de cambio de

Mcs. 500,—
» 200,— } al 1/V, á cgº de Argüelles y Cía, Hamburgo.
» 2000,—

M. 2700,—, que adeudo en ctª á ese Banco, sin perjuício.

También es adjunta L/ de £ 1500, á 30 d/v, á cgº de Conde y Jover, Londres, cuyo producto, en la mejor negociación, se servirá V. abonar en ctª de

S. attº y afmo S.

B. Ulzurrún.

Adj.: 4 L/

66.

Rheinische Kreditbank,
Karlsruhe.

Karlsruhe, den 12. November 19..

Herrn C. Nestel, Ettlingen.

Für den uns mit Ihrem Schreiben vom 10. d. M. übermittelten Wechsel:

<u>ℳ 356,30</u> per 31./I. n. J.

übersenden wir Ihnen durch Postanweisung:

	ℳ	351,25,	welche Sie
zuzüglich	„	3,85	5 % Diskont 78 Tage
	„	—,90	¼ % Provision
	„	—,30	Porto
	ℳ	356,30	

zur Begleichung dieser Angelegenheit verwenden wollen.

Hochachtungsvoll
Wechselkasse
der
Rheinischen Kreditbank.
Lenz. Müller.

66ª.

Deutsche Reichsbank. Berlín 5 Abril 19..

Sr. D. Benito Ulzurrún. — Gijón.

Muy Sr. mío:

Favorecido por su grata de 2 del acl he negociado su papel según las notas acompañantes, produciendo

RM. 2 692,42 la L/s/Hamburgo, de M. 2700,—
» 30 545,60 la L/s/Londres, de £ 1500/.
RM. 33 238,02 en suma, valor al 22 cte, que acredito á V. en cta, con las reservas de costumbre.

De Vd. attº y afmº S. S.

P. A. del Director:
Wegener.

Incl.: Factura.

DEUTSCHE REICHSBANK.

Relación (ó Factura) de los giros que con fhª 2/IV remite á descontar D. Benito Ulzurrún, de Gijón.

Núm.	Girante	Librado	Plazo (Días)	Principal	Cambio
998	B. Ulzurrún Gijón	Argüelles & Cía Hamburgo	al 1/V	2700,— mcs.	—
	A deducir:	Timbre alemán . . .	. .	1,50 »	
		Intereses á 3 p%, 23 d/.	. .	5,40 »	
		Corretaje $^1/_4$ p‰ . .	. .	0,68 »	
		Comisión	. .	— »	
		Líquido, valor mañana:	. .	2692,42 mcs.	
999	B. Ulzurrún Gijón	Conde y Jover Londres	8/d/V	30 545,60 £	20,40
	A deducir:	Timbre		— »	
		Intereses á $2^1/_2$ p% .		46,75 »	
		Corretaje $^1/_4$ p‰ .		7,65 »	
		Comisión		— »	
		Líquido, valor mañana:		30 545,60 £	
		Total:		**33 238,02 £**	

La comisión de 1 p‰ se cargará al cerrar el extracto de cuenta semestral.

Berlín 5/IV/19..

P. A. del Director:
Wegener.

67.

Ettlingen, den 14. November 19..

Rheinische Kreditbank, Karlsruhe.

Die mir durch Postanweisung als Gegenwert für meine Rimesse übersandten:

ℳ	351,25	verwende ich zuzüglich
„	5,05	Diskont und Spesen
ℳ	356,30	

zu Ihrer Entlastung.

Hochachtungsvoll

C. Nestel.

67ª.

Benito Ulzurrún,
Banquero.
Gijón, Jovellanos, 9.
Apartado: 98. — Telegramas: «Bulzurru».

Gijón 8 Abril 19..

Sr. Director del Banco del Imperio alemán. — Berlín.

Muy distinguido Sr. mío:

En posesión de su attª de 5 del ctᵉ, que incluía la factura detallando la negociación encargada por mí, veo por la misma que ha mirado por mis intereses, de lo cual le doy á V. mil gracias.

He pasado al débito en S/ctª

M. 33 238,02,

mientras avisaré á su oportuno tiempo cómo dispongo de dicha suma ó de la que represente el finiquito.

Me repito de V. attº y afmº S. S.

B. Ulzurrún.

Kommissionswechsel.

Soll eine Schuld außerhalb des Kontokorrentverkehrs durch Vermittlung eines dritten (Bankier oder Geschäftsfreund) durch Wechsel beglichen werden, so sind zur ordnungsgemäßen Erledigung der Remittierung und der Trassierung je sechs Briefe erforderlich.

Die Remittierung einem Bankhaus zu übertragen wird vorteilhaft sein, wenn demselben gleichzeitig Deckung durch Trassierung gewährt werden kann.

In diesem Falle beauftragt der Auftraggeber die Bank, Rimessen an seinen Gläubiger (Kommissionsrimessen) zu machen, und ermächtigt sie gleichzeitig, sich für den Rimessenbetrag auf einen seiner Schuldner durch Tratte (Kommissionstratte) zu erholen.

Kommissionsrimessen.

1.	Der	Schuldner	an den	Vermittler;	Auftrag zu remittieren.
2.	„	Schuldner	„ „	Gläubiger;	Rimessenavis.
3.	„	Vermittler	„ „	Gläubiger;	Zusendung der Rimessen.
4.	„	Vermittler	„ „	Schuldner;	Ausführungsanzeige (Antwort zu 1).
5.	„	Gläubiger	„ „	Vermittler;	Empfangsanzeige (Antwort zu 3).
6.	„	Gläubiger	„ „	Schuldner;	Gutschrift der Rimessen (Antwort zu 2).

Kommissionstratten.

1.	Der	Schuldner	an den	Gläubiger;	Auftrag zu trassieren.
2.	„	Schuldner	„ „	Vermittler;	Trattenavis.
3.	„	Gläubiger	„ „	Vermittler;	Bitte um Inschutznahme.
4.	„	Gläubiger	„ „	Schuldner;	Ausführungsanzeige (Antwort zu 1).
5.	„	Vermittler	„ „	Gläubiger;	Zusage der Inschutznahme (Antwort zu 3).
6.	„	Vermittler	„ „	Schuldner;	Belastung für die Trassierung (Antwort zu 2).

68. Am 2. Juli 19.. ersuchen Ritter & Co., Chemnitz, die Kreditbank, Leipzig, an Feller & Sohn, Bremen, rund 6000 Mark ca. 2 Monat laufende Rimessen zu machen.

69. In demselben Briefe weisen Ritter & Co., Chemnitz, die Kreditbank, Leipzig, an, sich unter Diskontberechnung auf Gebrüder Roth, Dresden, per ult. Juli für den Rimessenbetrag zu erholen.

70. Am 2. Juli 19.. verständigen Ritter & Co., Chemnitz, die Firma Feller & Sohn, Bremen, davon, daß ihr durch Kreditbank, Leipzig, Rimessen im Betrage von ca. 6000 Mark zugehen werden, und bitten um Gutschrift auf Einkaufskonto.

Giros pago, ó cobro, por cuenta de tercero.

Sin ser titular de cuenta corriente, se puede utilizar ventajosamente la intervención de un banco si se combina el pago de una deuda con el cobro de un crédito.

Entonces el banquero encargado de esta operación es á la vez librado y librador por cuenta agena.

La remesa, lo mismo que la trata, por cuenta, requiere 6 cartas sucesivas; pero, como el comitente es el mismo, las 2 primeras y las 2 últimas se hallan reunidas en una sola carta.

Remesas por cuenta de tercera persona.

1ª, Deudor (comitente) al intermediario (banco):	Orden de hacer remesa al acreedor.
2ª, Deudor al acreedor:	Aviso de la remesa.
3ª, Banco (intermediario) al acreedor:	Envío de la remesa.
4ª, Acreedor al banco:	Acuse de recepción.
5ª, Acreedor al deudor:	Aviso de la ejecución. — Y
6ª, Banco al deudor (comitente):	Detalle de la negociación.

Tratas por cuenta de tercera persona.

1ª, Comitente al banco (intermediario):	Orden de trata.
2ª, Comitente al librado:	Aviso de la trata.
3ª, Banco al librado:	Aviso de la trata.
4ª, Librado al banco:	Aceptación de la trata.
5ª, Librado al comitente:	Aviso de la operación. — Y
6ª, Banco al comitente:	Detalle de la negociación.

68ª. El 2 julio 19 . . Patricio Escosura, de La Coruña, ruega á la «Sociedad de Crédito mutuo», de Alicante, remita á Jesús Rovira, de Denia, 6000,— pts., por su cuenta, papel á unos 2 meses.

69ª. En la misma carta el mismo comitente faculta á la referida Sociedad para reembolsarse el crédito adelantado, mediante descuento, á cargo de los Hijos de Rodrigo Cané, de Orihuela.

70ª. En la misma fecha el mismo comitente informa á Jesús Rovira, Denia, que por ctª de aquél la Sociedad de Crédito, Alicante, le hará remesa de 6000 pts. aproximadamente, y le ruega pase á su crédito esta partida.

71. Am 2. Juli 19.. verständigen Ritter & Co., Chemnitz, Gebrüder Roth, Dresden, davon, daß sie die Kreditbank ermächtigt haben, auf sie zu ziehen.

72. Am 3. Juli 19.. macht die Kreditbank, Leipzig, an Feller & Sohn, Bremen, Rimessen für Rechnung von Ritter & Co., Chemnitz.

73. Am 3. Juli 19.. benachrichtigt die Kreditbank, Leipzig, Gebrüder Roth, Dresden, davon, daß sie für Rechnung von Ritter & Co., Chemnitz, Tratte auf sie abgegeben habe.

74. Am 4. Juli 19.. erklären sich Gebrüder Roth, Dresden, der Kreditbank, Leipzig, gegenüber bereit, die auf sie abgegebenen Kommissionstratten zu honorieren.

75. Am 4. Juli 19.. erklären sich Gebrüder Roth, Dresden, der Firma Ritter & Co., Chemnitz, gegenüber bereit, die von der Kreditbank, Leipzig, ausgeschriebene Tratte zu schützen.

76. Am 5. Juli 19.. bestätigen Feller & Sohn, Bremen, der Kreditbank, Leipzig, den Empfang der Kommissionsrimessen.

77. Am 5. Juli 19.. zeigen Feller & Sohn, Bremen, Ritter & Co., Chemnitz, an, daß sie ihnen die von der Kreditbank, Leipzig, übersandten Rimessen per Verfall auf Einkaufskonto gutgeschrieben haben.

78. Am 5. Juli 19.. übersendet die Kreditbank, Leipzig, an Ritter & Co., Chemnitz, Abrechnung über die nach Bremen gemachten Rimessen.

79. In demselben Brief zeigt die Kreditbank, Leipzig, Ritter & Co., Chemnitz, an, daß sie sich auftragsgemäß für den Betrag ihrer Rimessen auf Gebrüder Roth, Dresden, erholt hat.

68. 69.

Ritter & Co.
Spinnerei und Weberei,
Chemnitz.

Chemnitz, den 2. Juli 19..

Kreditbank, Leipzig.

Hierdurch ersuchen wir Sie, für unsere Rechnung an die Firma Feller & Sohn, Bremen, Schüsselkorbstr. 12, Rimessen mit ca. zwei Monaten Laufzeit im annähernden Betrag von

ℳ 6000, i. W. Sechs Tausend Mark

zu machen.

Für den Gegenwert belieben Sie sich unter Abrechnung auf die Herren Gebrüder Roth, Dresden, per ult. Juli zu erholen.

Hochachtungsvoll

Ritter & Co.

71ª. En la misma fecha el mismo comitente da aviso á los H. de R. Cané, Orihuela, del giro á su cargo por medio de la antedicha Sociedad.

72ª. El 3 julio 19 . . la Sociedad de Crédito, Alicante, remite p/O y ctª de Escosura, La Coruña, 2 efectos á J. Rovira, Denia.

73ª. En la misma fecha y el mismo banco avisa á los Hijos de R. Cané, Orihuela, el giro á s/cgº p/O y ctª de P. Escosura, de La Coruña.

74ª. El 4 julio 19 . . contestan los H. de R. Cané á dicho establecimiento de crédito que aceptan el giro avisado.

75ª. En la misma fecha el mismo librado asegura á P. Escosura, La Coruña, la aceptación de la libranza del banco de Alicante.

76ª. El 5 julio 19 . . J. Rovira, Denia, se dirige al banco extendiendo recibo de las remesas.

77ª. En la misma fecha el mismo Rovira da noticia á P. Escosura, Coruña, que le ha acreditado en ctª las remesas de la Sociedad de Alicante.

78ª. En la misma fecha esta Sociedad de Crédito remite á P. Escosura, La Coruña, la fª de remesas hechas p/s/ctª.

79ª. En la misma carta el mismo banco notifica al mismo comitente de La Coruña que ha girado á cgº de los H. de Cané, Orihuela, para cubrirse de dichas remesas.

68ª y 69ª.

Patricio Escosura.
Conservas de pescado y mariscos.
La Coruña.

La Coruña 2 de Julio de 19 . .

Sr. Director de la «Sociedad de Crédito mutuo». — Alicante.

Muy Sr. mío: Tendrá V. la bondad de remitir á D. Jesús Rovira, de Denia, seis mil pesetas,

Pts. 6000,—

á debitar en m/c, mediante L/ á unos 2 meses.

Y para recobrarse ese crédito, puede V. disponer de su importe á cgº de los Srs. Hijos de Rodrigo Cané, de Orihuela, á quienes prevengo hoy para que hagan honor á la disposición de V.

Aguardando el detalle de la negociación, me subscribo de V. atº y afmº S. S.

q. b. s. m.

P. Escosura.

70.

Ritter & Co.
Spinnerei und Weberei,
Chemnitz.

Chemnitz, den 2. Juli 19..

Herren Feller & Sohn, Bremen.

Im Verfolge unseres gestrigen Schreibens teilen wir Ihnen ergebenst mit, daß wir die Kreditbank, Leipzig, beauftragten, Ihnen mittelsichtige Rimessen im Betrage von ca. 6000 ℳ zugehen zu lassen.

Wir bitten, diese Anschaffung unserem Einkaufskonto wie üblich gutzubringen, und zeichnen

hochachtungsvoll

Ritter & Co.

71.

Ritter & Co.
Spinnerei und Weberei,
Chemnitz.

Chemnitz, den 2. Juli 19..

Herren Gebrüder Roth, Dresden.

Ihr gestriges Schreiben überbrachte uns Rechnungsauszug per ult. Juni, dessen Saldo wir gleichförmig mit:

ℳ 9530,— zu unseren Gunsten

vortrugen.

Heute ermächtigen wir Kreditbank, Leipzig, ca. 6000 ℳ per ult. Juli auf Sie abzugeben, die Sie gefl. bei Vorkommen zu Lasten unserer Rechnung honorieren wollen.

Hochachtungsvoll

Ritter & Co.

70ª.

Patricio Escosura.
Conservas de pescado y mariscos.
La Coruña.

La Coruña 2 de Julio de 19 . .

Sr. D. Jesús Rovira. — Denia.

Muy aprdo. Sr. mío:

Después de confirmarle la mía de ayer, participo á V. que he delegado á la «Sociedad de Crédito mutuo» de Alicante para la remesa en papel á unos 2 ms/v á favor de V.,

Pts. 6000,—;

valor que se servirá V. abonar en m/c por saldo de la suya, con las salvedades de rúbrica.

Siempre de V. atº S. S.

q. b. s. m.

P. Escosura.

71ª.

Patricio Escosura.
Conservas de pescado y mariscos.
La Coruña.

La Coruña 2 Julio 19 . .

Srs. Hijos de Rodrigo Cané. — Orihuela.

Muy Sres. míos: El extracto de m/c/c con Vdˢ hasta fines del pdº semestre, que con su estª de anteayer tengo á la vista, arroja á mi favor un saldo de

Pts. 9530,— que hallo conforme.

De esa suma me he permitido disponer

Pts. 6000,—

pª giro á cgº de Vs. á la O/ de la «Sociedad de Crédito mutuo» de Alicante, pª fin del ctᵉ.

Recomendando esa disposición á su favorable acogida, y deseando que la liquidación del semestre entrante dé un resultado todavía más elocuente de n/ frecuentes y beneficiosas relaciones, sigo de Vs. attº A. y afᵐᵒ S. S.

P. Escosura.

72.

Kreditbank, Leipzig.

Leipzig, den 3. Juli 19..

Herren Feller & Sohn, Bremen.

Im Auftrag und für Rechnung der Herren Ritter & Co., Chemnitz, überreichen wir Ihnen anbei:

ℳ 3615,30 per 25. August d. J., auf Wolf & Co., dort,
„ 2352,70 „ 31. „ „ „ „ Fr. Härtel, dort,

mit der Bitte, uns den Empfang zu bestätigen.

Hochachtungsvoll

p. pa. Kreditbank
L. Kühn. H. Krause.

73.

Kreditbank, Leipzig.

Leipzig, den 3. Juli 19..

Herren Gebrüder Roth, Dresden.

Auf Veranlassung der Herren Ritter & Co., Chemnitz, erlaubten wir uns, heute auf Sie:

ℳ 5954,90 per 31. Juli d. J., O/E.

abzugeben.

Wir bitten, diese Tratte bei Vorkommen zu Lasten der obengenannten Firma zu honorieren.

Hochachtungsvoll

p. pa. Kreditbank
L. Kühn. H. Krause.

72ª.

Sociedad de Crédito mutuo.
Agencia de Alicante.

Alicante 3 Julio 19 . .

Sr. D. Jesús Rovira. — Denia.

Confirmación de la mía fhª:
Acuse de recibo de su atª de:

Muy Sr. mío: P/O y ctª de D. Escosura, de La Coruña, incluímos en la prtᵉ, certificada,

Pts. 3615,30 al 25/VIII prxº, cgº/Srs. Guerra y Paez, de ésa, y
» 2352,70 al 31/VIII » » D. Sebastián Luque, «
Pts. 5968,—,

de cuyo valor se servirá V. acusarnos recibo.
Tengo el gusto de ofrecerme de V. atº y S. S.

El Delegado de la Sociedad
Martín Vargas Ponce.

Certifíquese.

73ª.

Sociedad de Crédito mutuo.
Agencia de Alicante.

Alicante 3 Julio 19 . .

Srs. Hijos de Rodrigo Cané. — Orihuela.

Confirmación de la mía fhª:
Acuse de recibo de su atª de:

Muy Sres. míos: P/O y ctª de D. P. Escosura, de La Coruña, acabamos de librar

Pts. 5954,55, á cgº de Vs., á m/O, á fin del ctᵉ.

No dudando dispensarán buena acogida á esta libranza, saluda á Vs. atentamente S. S. S.

El Delegado de la Sociedad
Martín Vargas Ponce.

74.

Gebrüder Roth,
Kommission u. Spedition.
Dresden.

Dresden, den 4. Juli 19..

Kreditbank, Leipzig.

Die mit Ihrem geehrten gestrigen Schreiben avisierte Tratte:

ℳ 5954,90 per 31. Juli d. J.

werden wir bei Vorkommen zu Lasten der Herren Ritter & Co., Chemnitz honorieren.

Hochachtungsvoll

Gebrüder Roth.

75.

Gebrüder Roth,
Kommission u. Spedition.
Dresden.

Dresden, den 4. Juli 19..

Herren Ritter & Co., Chemnitz.

Wir besitzen Ihr geschätztes Schreiben vom 2. d. Mts.
In Übereinstimmung damit zeigt uns Kreditbank, Leipzig, soeben an, daß sie

ℳ 5954,90 per ult. Juli

auf uns abgegeben hat.
Wir werden diese Tratte bei Verfall zu Ihren Lasten einlösen.

Hochachtungsvoll

Gebrüder Roth.

74ª.

Colmado y Ultramarinos.
Hijos de Rodrigo Cané.
Orihuela.

Orihuela 4 de Julio de 19 . .

Sr. Delegado de la «Sociedad de Crédito mutuo» en Alicante.

Muy Sr. n/: En atención á su apble. de ayer, esté V. seguro de que acogeremos debidamente s/L por Pts. 5954,55 á fin del q. cursa, por débito á D. P. Escosura (La Coruña).

Somos sus afectísimos S. S.

q. b. s. m.

Hijos de R. Cané.

75ª.

Colmado y Ultramarinos.
Hijos de Rodrigo Cané.
Orihuela.

Orihuela 4 Julio 19 . .

Sr. D. Patricio Escosura. — La Coruña.

Muy apdo. Sr. n/: Ahora mismo nos avisa la Agencia de la «Sociedad de Crédito mutuo» de Alicante la disposición p/ctª de V., según nos previene en atª de 2 ctᵉ llegada esta mañana, en descargo del importe de S/fª de las latas de sardinas, langosta, langostines y salmón, barrilitos de escabeche y toneles de arenques y otras salazones,

Pts. 5954,55 L/ á fin del ctᵉ, á n/cgº.

Después de atendida con puntualidad, será esa cantidad asentada en el débito de V.

Agradecemos sinceramente sus buenos deseos y por n/ parte le aseguramos que no desaprovecharemos ninguna ocasión pª q. n/ relaciones sean más frecuentes y beneficiosas aún.

Mande de sus afmᵒˢ A. y S.

q. b. s. m.

Hijos de R. Cané.

76.

Feller & Sohn,
Export und Import.

Bremen, den 5. Juli 19..

Kreditbank, Leipzig.

Ihrem Schreiben vom 3. d. M. entfalteten wir:

ℳ 3615,30	per	25./VIII.	d. J.
„ 2352,70	„	31./VIII.	d. J.

hier, welche wir zugunsten der Firma Ritter & Co., Chemnitz, verwenden.

Hochachtungsvoll

Feller & Sohn.

77.

Feller & Sohn,
Export und Import.

Bremen, den 5. Juli 19..

Herren Ritter & Co., Chemnitz i. S.

Wir besitzen Ihr Schreiben vom 2. d. M. und erhielten soeben von der Kreditbank, Leipzig, die darin avisierten Rimessen:

ℳ 3615,30	Val. 25. August d. J.,
ℳ 2352,70	Val. 31. August d. J.,

welche wir wie vorstehend Ihrem Einkaufskonto E. V. gutschrieben.

Hochachtungsvoll

Feller & Sohn.

76ª.

Aceites.
Jesús Rovira.
Denia, Pl. Mayor, 2.

Denia 5 Julio 19 . .

Sr. delegado de la «Sociedad de Crédito mutuo» en Alicante.

Muy Sr. mío: Su atª de 3 del ctᵉ encierra

Pts. 3615,30	al	25/VIII	prxº	sobre	ésta	
« 2352,70	»	31	»	»	»	»
Pts. 5968,—						

valor que, según las instrucciones, que se sirve V. darnos, acreditamos en la ctª de D. P. Escosura, de la Coruña, con las salvedades de costumbre.

De Vd. muy attº S. S. q. b. s. m.

J. Rovira.

77ª.

Aceites.
Jesús Rovira.
Denia, Pl. Mayor, 2.

Denia 5 Julio 19 .

Sr. D. Patricio Escosura. — La Coruña.

Muy Sr. mío: Me apresuro gustoso á noticiar á V. que, en conformidad con su grata de 2 del ctᵉ y en saldo de mi fª sobre mi envío de *aceite* para las conservas de la factoría de V., acabo de recibir de la «Sociedad de Crédito mutuo», Alicante, dos remesas,

Pts. 3615,30 }
« 2352,70 } Pts. 5968,— sobre esta plaza.

que, salvo perjuicio, abono en la ctª de V. y agradezco.
Ya sabe que le aprecia sinceramente S. S. y atº S.

Q. B. S. M.

J. Rovira.

78. 79.

Kreditbank, Leipzig.

Leipzig, den 5. Juli 19..

Herren Ritter & Co., Chemnitz i. S.

In Ausführung Ihres geschätzten Auftrags vom 2. d. M. haben wir für Sie an die Herren Feller & Sohn, Bremen:

ℳ 3615,30 per 25. August }
„ 2352,70 per 31. August } Bremen

angeschafft und belasten Sie hierfür laut untenstehender Abrechnung mit:

ℳ 5928,45 per 3. Juli d. J.

Zum Ausgleich dieser Forderung entnahmen wir aufgabegemäß auf die Herren Gebrüder Roth, Dresden:

ℳ 5954,90 per 31. Juli d. J.,

wofür wir Sie wie untenstehend mit:

ℳ 5928,45 per 3. Juli d. J.

erkannten.

Stets gern zu Ihren Diensten zeichnen wir

hochachtungsvoll

p. pa. Kreditbank

L. Kühn. H. Krause.

Rechnung.

Guthaben.

Tratte auf Dresden:

	ℳ 5954,90	per 31./7.,
·/·	„ 23,45	Diskont 27 Tage, $5^1/_4$ %.
	ℳ 5931,45	
	„ 3,—	Stempel
	ℳ 5928,45	Val. 3./7.

Schuld.

Rimessen nach Bremen:

			Tage	Nr.
	ℳ 3615,30	per 25./8.	52	1880
	„ 2352,70	„ 31./8.	57	1341
	ℳ 5968,—			3221
·/·	„ 47,—	$5^1/_4$ % Diskont.		
	ℳ 5921,—			
	„ 7,45	$^1/_8$ % Provision von ℳ 5968,—		
	ℳ 5928,45	Val. 3./7.		

78ª y 79ª.

Sociedad de Crédito mutuo.
Agencia de Alicante.

Alicante 5 Julio 19 . .

Sr. D. Patricio Escosura. — La Coruña.

Confirmación de la mía fhª:
Acuse de recibo de su atª de:

Muy Sr. mío: En cumplimiento de s/O fhª 2 cte, he remitido á D. Jesús Rovira, Denia, al 25/VIII prxº, Pts. 3615,30

y « 31 « « « 2352,70

Por lo tanto, cargamos en la ctª de V.

Pts. 5968,—.

En cambio, hemos girado sobre Orihuela á cgº de los Srs. Hijos de Rodrigo Cané, valor al 31 cte, Pts. 5954,55

para reembolso de esta Sociedad y abono de V. á la par;

Pts. 5927,25

valor al 3 cte, según relación-factura adjunta.

Quedo como siempre á sus órdenes, atº S. S.

Por Delegación de la Sociedad
M. Vargas Ponce.

SOCIEDAD DE CRÉDITO MUTUO. — AGENCIA DE ALICANTE.

Relación-Factura.

Debe				Haber			
Valor en pts.	Vencimiento	Días	Ds × cap.	Valor en pts.	Vencimiento	Días	Ds × cap.
3615,30	25/VIII	53	1916	5954,55	31/VII	28	
2352,70	31 «	59	1388				
5968,—			3304				
Descuento 5 1/4 % 48,20				Descuento 5 1/4 % 24,30			
5919,80				5930,25			
Comisión: 1/8 % de Pts. 5968,— 7,50				Timbre móvil 3,—			
5927,35	3/VII			5927,25	3/VII		

Domizilwechsel.

Für die Begebbarkeit eines Wechsels ist es wichtig, daß derselbe an einem größeren Platze, womöglich an einem Bankplatz zahlbar gestellt ist.

Bei Wechseln, welche auf kleinere Plätze lauten, wird deshalb häufig ein Bankhaus an einem größeren Platze als Zahlstelle (Domizil) vorgeschrieben.

Die Domizilierung von Wechseln außerhalb des Kontokorrentverkehrs erfordert zur ordnungsgemäßen Erledigung folgende sechs Briefe:

1.	Der Domiziliant an den Domiziliaten;	Anfrage über Domizilbedingungen.
2.	„ Domiziliat an den Domizilianten;	Angabe der Domizilbedingungen;
3.	„ Domiziliant an den Domiziliaten;	Avis des Domizilwechsels;
4.	„ Domiziliat an den Domizilianten;	Bitte um rechtzeitige Deckung.
5.	„ Domiziliant an den Domiziliaten;	Zusendung der Deckung;
6.	„ Domiziliat an den Domizilianten;	Rücksendung des quittierten Wechsels.

80. Am 2. Juni 19.. fragt Joseph Braun, Spandau, bei dem Bankhaus Lang & Co., Berlin, an, zu welchen Bedingungen es bereit sein würde, ihm die Domizilierung seiner Wechsel zu gestatten.

81. Am 3. Juni 19.. teilen Lang & Co., Berlin, der Firma Joseph Braun, Spandau, ihre Bedingungen für die Domizilierung mit.

82. Am 12. Juni 19.. zeigt Joseph Braun, Spandau, der Firma Lang & Co., Berlin, an, daß er eine von Paul Herz, Potsdam, per 10. Oktober auf ihn abgegebene Tratte mit Accept versehen bei ihnen, Lang & Co., Berlin, domiziliert habe.

83. Am 13. Juni 19.. erwidern die Domiziliaten, daß sie von der Domizilierung Kenntnis genommen haben, und bitten um rechtzeitige Anschaffung.

84. Am 7. Oktober 19.. übersendet der Acceptant den Domiziliaten Deckung.

85. Am 10. Oktober 19.. bekennen sich die Domiziliaten zum Empfang der Barsendung und überreichen das eingelöste Accept.

80.

Joseph Braun,
Kolonialwaren und
Landesprodukte.

Spandau, den 2. Juni 19..

Herren Lang & Co., Berlin.

Ich bitte, mir umgehend mitzuteilen, zu welchen Bedingungen Sie mir gestatten würden, meine Accepte bei Ihnen zu domizilieren.

Deckung würde ich Ihnen stets rechtzeitig zugehen lassen.

Hochachtungsvoll
Joseph Braun.

Domicilio de efectos.

Para dotar de vida y circulación bancaria á un efecto y disminuir los gastos de su negociación, el librado que tiene su domicilio en una población sin importancia comercial, suele designar que sus letras son pagaderas en el domicilio de un banquero establecido en un centro mercantil: esto es lo que se llama «*domiciliar*» aquellos efectos.

Si el librado no tiene cuenta corriente en el banco indicado por domicilio del pago, se ha de poner de acuerdo con el aludido banquero sobre las condiciones para domiciliar dicho pago.

Para llegar á ese acuerdo median cartas sobre los 6 asuntos siguientes:

1º,	Del librado al domiciliante:	Pregunta sobre las condiciones
2º,	Del domiciliante al librado:	Exposición de las condiciones
3º,	Del librado al domiciliante:	Aviso de giro domiciliado
4º,	Del domiciliante al librado:	Recobro para el pago
5º,	Del librado al domiciliante:	Envío de fondos
y 6º,	Del domiciliante al domiciliado:	» de la libranza pagada.

80ª. El 2 junio 19.. Segismundo Nogueras, Burgos, inquiere bajo qué condiciones el banquero Tomás Goyeneche, Valladolid, consentiría servir de domicilio de sus créditos y pagos.

81ª. El 3 junio 19.. T. Goyeneche, Burgos, informa de las condiciones de domiciliación á S. Nogueras, Burgos.

82ª. El 12 junio 19.. Nogueras previene al banquero Goyeneche que le ha indicado como domicilio de un pago.

83ª. El 13 junio 19.. el banquero Goyeneche responde á Nogueras que ha tomado nota de dicha indicación y que le haga fondos para ponerse á cubierto.

84ª. El 7 Obre. 19.. S. Nogueras envía esos fondos.

85ª. El 10 Obre. 19.. Goyeneche libra recibo y envía la letra recogida á S. Nogueras.

80ª.

Segismundo Nogueras.
Fca de pastas para sopa.
Burgos.

Burgos 2 junio 19..

Sr. D. Tomás Goyeneche. — Valladolid.

Muy Sr. mío: Proveyéndome de harina á menudo de las fábricas de esa plaza, le agradecería que á vuelta de correo me manifestase V. las condiciones establecidas por su acreditada casa para domiciliar en ella mis pagos.

Sin otro particular, me ofrezco á V. attº S. S.

S. Nogueras.

81.

Bank- und Wechselgeschäft
Lang & Co., Berlin W.,
Kanonier-Str. 2.
Reichsbank-Girokonto.
Telegrammadresse: Langbank.

Berlin, den 3. Juni 19..

Herrn Joseph Braun, Spandau.

Im Besitz Ihrer gestrigen Anfrage erklären wir uns gern damit einverstanden, daß Sie Ihre Accepte bei uns zahlbar stellen.

Wir würden Ihnen $^1/_4$ $^0/_0$ Domizilprovision sowie Selbstauslagen berechnen, wobei wir voraussetzen, daß uns Deckung spätestens zwei Tage vor Verfall zugeht.

Hochachtungsvoll

p. pa. Lang & Co.
E. Frey.

82.

Joseph Braun,
Kolonialwaren und
Landesprodukte.

Spandau, den 12. Juni 19..

Herren Lang & Co., Berlin.

Unter Bezugnahme auf Ihr gefl. Schreiben vom 3. d. M. zeige ich Ihnen an, daß ich mir heute gestattete, mein Accept:

ℳ 645,30 per 10./10. d. J., ausgestellt von Paul Herz, Potsdam,

bei Ihnen zu domizilieren.

Ich bitte, hiervon gefl. Vormerkung zu nehmen. Deckung werde ich Ihnen prompt zugehen lassen.

Hochachtungsvoll

Joseph Braun.

83.

Bank- und Wechselgeschäft
Lang & Co., Berlin W.,
Kanonier-Str. 2.
Reichsbank-Girokonto.
Telegrammadresse: Langbank.

Berlin, den 13. Jnni 19..

Herrn Joseph Braun, Spandau.

Ihr gestriges Schreiben ist in unseren Händen. Wir bemerkten uns, daß Sie:

ℳ 645,30 per 10./10. d. J., Aussteller Paul Herz, Potsdam,

bei uns domiziliert haben, und sehen rechtzeitiger Anschaffung gern entgegen.

Hochachtungsvoll

p. pa. Lang & Co.
E. Frey.

81ª.

Tomás Goyeneche,
Banquero.
Valladolid, Platerías, 7.

Valladolid 3 de junio 19..

Sr. D. Segismundo Nogueras. — Burgos.

Muy Sr. mío: En posesión de su atª de ayer, tendré mucho gusto en entrar en relaciones con su apblᵉ casa.

Las condiciones inquiridas por V. son como sigue:

1ª. Envío de fondos antes del vencimiento del pago p/s/ctª.

2ª. Comisión de $^1/_4$ p $^0/_0$ del importe de las aceptaciones; siendo su mínimo 0,50 pta. por pago.

y 3ª. Reembolso de los gastos.

Esperando que estas estipulaciones le convendrán, quedo á la disposición de V.

attº S. S.

Tomás Goyeneche.

82ª.

Segismundo Nogueras.
Fca de pastas para sopa.
Burgos.

Burgos 12 de junio 19..

Sr. D. Tomás Goyeneche. — Valladolid.

Muy Sr. mío: Admitidas las condiciones que se sirvió comunicarme el 3 del ctᵉ, he domiciliado en su aprble. casa la L/ 645,30 pts. aceptada por mí, que vence el 10 Obrᵉ prxº, emitida por D. Lino Pando del Valle, de esa plaza.

Los fondos para resarcirse V. llegarán á sus manos en tiempo oportuno.

Me repito de V. atº S. S.

S. Nogueras.

83ª.

Tomás Goyeneche,
Banquero.
Valladolid, Platerías, 7.

Valladolid 13 junio 19..

Sr. D. Segismundo Nogueras. — Burgos.

Muy Sr. mío:

Enterado del objeto de su atª de ayer, queda domiciliada en esta S/C la L/de Pts. 645,30, al 10/X prxº, O/de L. Pando, de ésta.

Confiando recibir el reembolso el 8 Obrᵉ proxº á más tardar, sigo su atº y S. S. S.

Tomás Goyeneche.

84.

Joseph Braun,
Kolonialwaren und
Landesprodukte.

Spandau, den 7. Oktober 19..

Herren Lang & Co., Berlin.

Ich beziehe mich auf mein Schreiben vom 12. Juni d. J. und überreiche Ihnen beigeschlossen zur Deckung meines Acceptes:

ℳ	645,30	per 10. Oktober d. J.,
„	2,70	Provision und Porti
ℳ	648,—	in Banknoten und Briefmarken

mit der Bitte, mir das eingelöste Papier eingeschrieben zusenden zu wollen.

Hochachtungsvoll

Joseph Braun.

85.

Bank- und Wechselgeschäft
Lang & Co., Berlin W.,
Kanonier-Str. 2.
Reichsbank-Girokonto.
Telegrammadresse: Langbank.

Berlin, den 10. Oktober 19..

Herrn Joseph Braun, Spandau.

Wir erhielten rechtzeitig Ihre Sendung vom 7. d. M., die wir aufgabegemäß mit:

ℳ	645,30	zur Einlösung Ihres Accepts,
„	2,70	Provision und Porti
ℳ	648,—	zum Ausgleich dieses Geschäfts

verwendeten.

Die eingelöste Tratte legen wir bei und zeichnen hochachtungsvoll

p. pa. Lang & Co.

E. Frey.

Einschreiben.

84ª.

Segismundo Nogueras.
Fca de pastas para sopa.
Burgos.

Burgos 7 Octubre 19 . .

Sr. D. Tomás Goyeneche. — Valladolid.

Muy Sr. mío: A su debido tiempo me vi favorecido por su grata de 13 de junio ppdº, en virtud de la cual, para cubrir el desembolso, por mi aceptación y además sus gastos, que montan 2,70 pts. con la comisión inclusive, contiene este pliego de valores declarados:

1 billete del Banco de España,	nº	16 538,	valor:	Pts.	500
1 » » »	nº	18 297	»	»	100
y 1 talón del Giro mutuo	nº	403	»	»	48
				Pts.	648

de cuya suma hará V. el obsequio de expedirme recibo, acompañado de la L/ satisfecha por V., certificando el pliego.

Anticipándole las gracias, sigo de V. atº S. S. S.

S. Nogueras.

85ª.

Tomás Goyeneche,
Banquero.
Valladolid, Platerías, 7.

Valladolid 10 de Octubre 19 . .

Sr. D. Segismundo Nogueras. — Burgos.

Muy Sr. mío: En cumplimiento de su estª de 7 de Obre, remito á V. la L. cancelada y recogida por mí, mediante su recobro de

Pts.	645,30	por pago de su aceptación
»	2,70	por comisión y reembolso mío
Pts.	648,—	que le adeudo por saldo del referido envío de fondos.

Disponga de su atº y afmº S. S.

Tomás Goyeneche.

Certifíquese.
Adjunto: L. recogida.

Wechsel zur Annahme; Notadresse.

Die Intervention wird durch einen Vermerk auf dem Wechsel vorgesehen, den man „Notadresse“ nennt.

Verweigert der Wechselschuldner die Zahlung, so muß der Wechsel protestiert und dem Honoranten vorgelegt werden, der ihn für Rechnung des Ausstellers der Notadresse einlöst und gegen seine Zahlung nebst der Protesturkunde in Empfang nimmt.

86. Am 5. Juli 19.. übersendet Ferdinand Wild, Klingmühl, an das Bankhaus Beck & Co., Cottbus, einen Wechsel zur Einziehung.

87. Am 10. Juli 19.. übersenden Beck & Co., Cottbus, den Gegenwert durch Postanweisung an Ferdinand Wild, Klingmühl.

88. Am 16. Juli 19.. bekennt sich Ferdinand Wild, Klingmühl, zum Empfang des Geldes. Gleichzeitig sendet er an Beck & Co., Cottbus, einen Wechsel zur Besorgung der Annahme. Protest soll unterbleiben; Auskunft über den Bezogenen wird erbeten.

89. Am 18. Juli 19.. senden Beck & Co., Cottbus, den mit Annahme versehenen Wechsel zurück und erteilen Auskunft über den Bezogenen.

90. Am 20. Juli 19.. dankt Ferdinand Wild, Klingmühl, für die Auskunft und bittet Beck & Co., Cottbus, im Notfall zu Ehren seiner Firma zu intervenieren.

91. Am 21. Juli 19.. übersenden Beck & Co., Cottbus, ihre Bedingungen für den Fall der Intervention.

92. Am 16. Oktober 19.. teilen Beck & Co., Cottbus, ihrem Auftraggeber mit, daß der Bezogene Zahlung nicht geleistet hat.

93. Am 18. Oktober 19.. benachrichtigen Beck & Co., Cottbus, durch Einschreibebrief Ferdinand Wild, Klingmühl, daß der Wechsel mangels Zahlung protestiert worden ist. Sie legen Rückrechnung bei.

94. Am 20. Oktober 19.. übersendet Ferdinand Wild, Klingmühl, an Beck & Co., Cottbus, den Betrag der Rückrechnung.

86.

Ferdinand Wild,
Klingmühl N. L.

Klingmühl, den 5. Juli 19..

Herren Beck & Co., Cottbus.

In der Anlage überreiche ich Ihnen:

ℳ 330,65 per 10. d. M. a/W. Frank, dort,

mit der Bitte, den Betrag einziehen und mir abzüglich Provision und Spesen durch Postanweisung zusenden zu wollen.

Im Falle der Nichteinlösung des Wechsels bitte ich von Protesterhebung abzusehen.

Hochachtungsvoll

Ferdinand Wild.

Einschreiben.
1 Tratte.

Pagos intervenidos. Protestos.

Para la intervención de un pago se estampa en la letra de cambio en ó el pagaré negociable la *indicación*: «en caso necesario á cg° de» una casa determinada, para que ampare el honor de la firma y los intereses del girante ó endosante, satisfaciendo aquélla (portador) el importe del papel, de su protesto y demás gastos, si el librado rehusare el pago.

Muchas casas de primer orden se dispensan gratuitamente amparo mutuo sin convenio previo; pero, por lo general, debe el indicante previamente obtener el consentimiento del indicado, aunque sea estipulando con éste la comisión que haya de devengar.

86ª. El 2 marzo 19.. Pompeyo Zurbarán, de Pamplona, remesa á Roberto Robert y Coll, banquero de Zaragoza, una letra para que se la descuente.

87ª. El 12 marzo 19.. R. Robert envía á P. Zurbarán, en cheque, el líquido de la libranza.

88ª. El 20 marzo 19.. P. Zurbarán extiende recibo, encarga á R. Robert presente una letra á la aceptación, sin gastos en caso de ser negada, y pide informes del librado.

89ª. El 22 marzo 19.. R. Robert remite el efecto aceptado, con los informes pedidos.

90ª. El 24 marzo 19.. P. Zurbarán da las gracias por los informes y solicita la intervención al banquero.

91ª. El 26 marzo 19.. R. Robert expone las condiciones en que accede á intervenir los pagos.

92ª. El 21 junio 19.. el mismo banquero advierte á P. Zurbarán que la letra no ha sido satisfecha á su presentación.

93ª. El 22 junio 19.. el mismo banquero notifica al girante el protesto por falta de pago, acompañando la letra protestada, el testimonio y la cuenta de resaca.

94ª. El 25 junio 19.. P. Zurbarán reembolsa á R. Robert los gastos del protesto y demás.

86ª.

Maderas de construcción.
Pompeyo Zurbarán.
Pamplona, Mercaderes, 19.

Pamplona 2 de Marzo de 19..

Sr. D. Roberto Robert. — Zaragoza.

Muy Sr. mío: Careciendo de corresponsal en Lérida, desearía de V. me cobrase la adjunta L/ de

Pts. 299,95, al 12 cte, á cg° de los Sres. Coll, Morell y Gener, Lérida.

Sírvase V. en toda eventualidad omitir el protesto, devolviéndome el efecto sin gastos; ó bien su producto líquido, que entre tanto anoto en el Debe de V.

Tengo la honra de ser S. at° S. S.

P. Zurbarán.

Certifíquese.

Anexo: 1 letra.

87.

Beck & Co.,
Cottbus.

Cottbus, den 10. Juli 19..

Herrn Ferdinand Wild, Klingmühl.

Als Gegenwert des uns mit Ihrem Geehrten vom 5. d. M. zugegangenen Wechsels:

ℳ 330,65

überreichen wir Ihnen durch Postanweisung:

ℳ 329,50, die Sie
zuzüglich „ 1,15 Provision und Porti

zu unserer Entlastung verwenden wollen.

Hochachtungsvoll

Beck & Co.

88.

Ferdinand Wild,
Klingmühl N. L.

Klingmühl, den 16. Juli 19..

Herren Beck & Co., Cottbus.

Ich bestätige den Empfang Ihres Geehrten vom 10. d. M. und den Eingang der darin avisierten Geldsendung, die ich gleichlautend verbuchte.

Beigeschlossen überreiche ich Ihnen:

ℳ 646,25 per 15. Oktober d. J. a/W. Frank, dort,

mit der Bitte, das Papier zum Accept vorzulegen und mit der Unterschrift des Bezogenen an mich zurückgelangen zu lassen.

Sollte der Bezogene die Annahme verweigern, so bitte ich um Rücksendung ohne Protest.

Sehr angenehm wäre es mir, genau über diese Firma, von der mir weitere größere Bestellungen vorliegen, unterrichtet zu sein. Sie haben wohl die Güte, mich recht bald wissen zu lassen, wie es um Geschäftsführung und Kreditwürdigkeit des Inhabers steht. Meiner Verschwiegenheit wollen Sie sich versichert halten.

Hochachtungsvoll

Ferdinand Wild.

87ª.

Roberto Robert,
Banquero.
Zaragoza, Coso, 8.

Zaragoza 12 de Marzo de 19 . .

Fecha de expedición m/últª:
Fecha de expedición } de s/attª últª. { 2/III.
Fecha de recepción: } { 3/III.
Adjunto á la prtᵉ: 1 cheque.

Sr. D. Pompeyo Zurbarán. — Pamplona.

Muy Sr. mío: Le incluímos un cheque del Banco de España, nº 3357, por valor de

Pts. 298,35, líquido de su efecto, conforme detallo:

Principal: 299,95
Comisión, timbre y sellos: 1,60

Valor del que no olvidará V., sin duda, acreditarme, con recibo.
Aprovecho la ocasión de ofrecerme de V. attº S. S.

R. Robert.

Certificada.

88ª.

Maderas de construcción.
Pompeyo Zurbarán.
Pamplona, Mercaderes, 19.

Pamplona 20 Marzo 19 . .

Sr. D. Roberto Robert. — Zaragoza.

Muy Sr. mío: A su debido tiempo recibí con su grata de 12 del ctᵉ Pts. 298,35, en cheque, por la L/de 299,95 deducidos su comisión y gastos, que apruebo; producto líquido que acredito á V. en ctª.

Hoy le remito adjunta

L/ 10 000,— pts., 90 d/v, cgº Genaro Giner de los Ríos, de ese comercio,

para que se tome la molestia de recoger su aceptación; y conseguido este requisito, devolvérmela certificada.

Estrañándome mucho que una tan novel empresa de construcciones haga de un golpe un pedido de tanta cuantía, no estará de más que tenga V. la bondad de informarme acerca de aquélla.

Por este mismo recelo, si bien no he consignado en la misma letra la salvedad «de no ser corriente, devuélvaseme sin gastos», á fin de no quitarle su carácter propio ejecutivo, entienda V. que en ningún caso debe hacerla protestar.

Anticipándole las gracias por todo, sigo su más atº S. S.

P. Zurbarán.

89.

Beck & Co.,
Cottbus.

Cottbus, den 18. Juli 19..

Herrn Ferdinand Wild, Klingmühl.

Die uns mit Ihrem vorgestrigen Schreiben übersandte Tratte von:

ℳ 646,25 per 15. Oktober d. J. a/W. Frank, hier,

geben wir Ihnen eingeschrieben mit der Unterschrift des Bezogenen versehen wieder zurück und bitten um Entlastung.

Für unsere Mühewaltung wollen Sie uns ℳ 1,— gutschreiben.

Bezüglich der gewünschten Auskunft teilen wir Ihnen zu diskreter Benutzung und ohne jedes Obligo unsererseits mit, daß die Firma eifrigst bestrebt ist, ihren Umsatz zu erhöhen.

Ob der Inhaber derselben dabei stets die nötige Vorsicht walten läßt, entzieht sich unserer Beurteilung.

Da wir auch die ihm zu Gebote stehenden Mittel, die von mehreren Seiten als unzulänglich bezeichnet werden, nicht kennen, so müssen wir es Ihrem Ermessen ganz anheimstellen, wie weit Sie den geforderten Kredit ausdehnen wollen.

Hochachtungsvoll

Beck & Co.

Einschreiben.
1 Accept.

90.

Ferdinand Wild,
Klingmühl N. L.

Klingmühl, den 20. Juli 19..

Herren Beck & Co., Cottbus.

Ich erhalte soeben Ihren Brief vom 18. d. M. nebst Einlage von:

ℳ 646,25 per 15. Oktober d. J. a/W. Frank, dort.

Beiliegend ℳ 1,— in Briefmarken zu meiner Entlastung.

Gleichzeitig danke ich Ihnen verbindlichst für die erteilte Auskunft, die mir sehr wertvoll ist.

89ª.

Roberto Robert,
Banquero.
Zaragoza, Coso, 8.

Zaragoza 22 Marzo 19 . .

Fecha de expedición de m/últª: 12/III.
Fecha de expedición } de s/tª últª: { 20/III.
Fecha de recibo } de s/tª últª: { 21/III.
Adjunto á la prteː 1 letra y 1 esquela.

Sr. D. Pompeyo Zurbarán. — Pamplona.

Muy Sr. mío: Devuélvole la

L/ Pts. 10.000,—, 90 d/v, cgº/G. Giner de los Ríos, de este comercio, provista de su «acepto», rogando á V. al propio tiempo que haga el descargo consiguiente en mi ctª y me abone 1,— pta. por menudos desembolsos.

En esquela á parte, para que no caigan en manos indiscretas, le facilito los informes deseados.

Con este motivo, me repito á sus órdenes atº S. S.

R. Robert.

Certificado.

B. L. M. al
Sr. D. *P. Zurbarán*
s. atº y afmº S. S.
Roberto Robert

y siente participar de sus recelos respecto de D. G. G. de los R., pues, aunque no ha tenido aún ocasión de operar con éste, según rumor público y amigos suyos muy sensatos, se ha metido G. en empresas aventuradas y en desproporción con sus medios. Hasta aquí hay puntualidad en sus pagos.

Zaragoza 22/III/19 . .

90ª.

Maderas de construcción.
Pompeyo Zurbarán.
Pamplona, Mercaderes, 19.

Pamplona 24. Marzo 19 . .

Sr. D. Roberto Robert. — Zaragoza.

Muy Sr. mío: En poder de su atª del 22 ctᵉ, de la esquela de informes, que agradezco infinito y he destruído inmediatamente para precaver toda posibilidad de indiscreción, y de la L/ aceptada

Pts. 10.000,—, á 90 d/v, cgº/G. Giner, de ésa,

que le he abonado en ctª, le ruego á V. se sirva manifestarme si consentiría

Auf meine unbedingte Verschwiegenheit dürfen Sie zählen.

Der Vorsicht halber möchte ich bitten, mir zu gestatten, daß ich das oben erwähnte Accept für den Notfall mit Ihrer werten Adresse versehe.

Sie teilen mir wohl gleichzeitig mit, ob Sie auch in anderen Fällen bereit sein würden, zu Ehren meiner wechselmäßigen Unterschriften zu intervenieren.

Ich sehe Ihrer gefl. Rückäußerung gern entgegen und zeichne

hochachtungsvoll

Ferdinand Wild.

ℳ 1,— Briefmarken

91.

Beck & Co.,
Cottbus.

Cottbus, den 21. Juli 19..

Herrn Ferdinand Wild, Klingmühl.

In Beantwortung Ihres gestrigen Briefes erklären wir uns gern bereit, im Notfall zu Ehren Ihrer Firma zu intervenieren.

Außer den Protestkosten und Auslagen würden wir Ihnen die gesetzlich vorgesehene Provision von $^1/_3$ % in Anrechnung bringen.

Hochachtungsvoll

Beck & Co.

92.

Beck & Co.,
Cottbus.

Cottbus, den 16. Oktober 19..

Herrn Ferdinand Wild, Klingmühl.

Soeben besuchte uns ein hiesiger Geschäftsfreund, Herr Lenk, und teilte uns mit, daß das Accept:

ℳ 646,25 per gestern a/W. Frank, hier,

welches er in Zahlung erhalten und dem Bezogenen vorgelegt hat, nicht honoriert worden ist.

Der Acceptant hat gebeten, vorläufig keinen Protest zu erheben, und versprochen, er werde morgen vormittag Zahlung leisten.

Da spätestens im Laufe des morgenden Nachmittags Protesterhebung erfolgen müßte, so hat Herr Lenk für alle Fälle den notleidenden Wechsel seinem Notar zu weiterer Veranlassung übergeben, diesen aber angewiesen, dem Acceptanten tunlichst entgegenzukommen.

Wir haben Herrn Lenk auf sein Befragen erklärt, daß wir bereit sind, zu Ehren Ihrer Firma zu intervenieren.

Über die weitere Entwickelung der Angelegenheit berichten wir Ihnen morgen und zeichnen

hochachtungsvoll

Beck & Co.

V. que yo indicase en dicha libranza la casa de V. para intervenir su pago y bajo qué condiciones. Las consabidas razones de prudencia particulares del caso, me mueven á tomar esa medida previsora.

Esperando verme honrado cuanto antes con sus gratas nuevas, queda de V. siempre at° y af^{mo} S. S.

P. Zurbarán.

Incluyo
Pts. 1,— en sellos.

91ª.

Roberto Robert,
Banquero.
Zaragoza, Coso, 8.

Zaragoza 26 Marzo 19 . .

Fecha de exped. de m/últª: 22/III.
Fecha de exped. } de S/atª últª { 24/III.
Fecha de recibo } de S/atª últª { 25/III.
Adjunto á la prtᵉ:

Sr. D. Pompeyo Zurbarán. — Pamplona.

Muy Sr. mío: Defiriendo á sus deseos, no tengo inconveniente en intervenir pagos á ctª de V. «en caso necesario», á las condiciones usuales: $^1/_2$ p% comisión de indicado, siendo 0,50 pta. la mínima devengada.

Conste para su gobierno y disponga de su at° y afm° S. S.

R. Robert.

92ª.

Roberto Robert,
Banquero.
Zaragoza, Coso, 8.

Zaragoza 21 Junio 19 . .

Fecha de exped. de m/últª: 26/III q. confirmo.
Fecha de exped. { de S/atª últª } 24/III.
Fecha de recibo { de S/atª últª } 25/III.
Adjunto á la prtᵉ:

Sr. D. Pompeyo Zurbarán. — Pamplona.

Muy Sr. mío: Me apresuro á hacerle saber, para que tome las medidas oportunas, que, al ser presentado á su vencimiento el papel á cg° de G. Giner por su portador D. Elías Moliner, ha declinado aquél el pago, alegando argumentos poco formales; por cuyo motivo el referido endosante ha depositado la L/ en una notaría, y en virtud de la indicación de esta S/C hecha por V., se ha apersonado conmigo cerciorándose de que intervendré por el honor de la firma de V. en caso necesario.

Según V. no ignora, si antes de los 24 horas no ha sido recogido el efecto de la escribanía del notario, levantará éste la correspondiente acta de protesto.

Tendrá al corriente del desenlace su más at° y afm° S. S.

R. Robert.

93.

Beck & Co.,
Cottbus.

Cottbus, den 18. Oktober 19..

Herrn Ferdinand Wild, Klingmühl.

Hierdurch teilen wir Ihnen mit, daß die mit unserer Adresse versehene Tratte:

ℳ 646,25 per 15. Oktober d. J. a/W. Frank, hier,

vom Acceptanten nicht eingelöst, sondern uns unter Protest M. Z. zur Ehrenzahlung vorgelegt worden ist.

Indem wir Sie gemäß Artikel 58 der Allgemeinen Deutschen Wechselordnung von der geschehenen Intervention verständigen, legen wir Ihnen Protesturkunde und notleidenden Wechsel im Original bei und bitten, uns laut untenstehender Aufstellung mit:

ℳ 653,65 per dato

zu erkennen.

Hochachtungsvoll
Beck & Co.

In Protestsachen.

Eingeschrieben.

Wechselsumme . .	ℳ 646,25
Protestkosten . . .	„ 4,60
$^1/_3$ % Provision . .	„ 2,15
Porti	„ 0,65
	ℳ 653,65

93ª.

Roberto Robert,
Banquero.
Zaragoza, Coso, 8.

Zaragoza 23 Junio 19 . .

Fecha de exped. de m/últª: 21/VI y confirmo.
Fecha de exped. } de S/atª últª:
Fecha de recibo }
Adjunto á la prtᵉ: 1 L/ no ctᵉ,
test. de protesto á intervención.
ctª de resaca y comᵒⁿ de intervención.

Sr. D. Pompeyo Zurbarán. — Pamplona.

Muy Sr. mío: Conforme le decía ayer, cumpliendo el notario con las prescripciones del Título IX del Código de Comercio, procedió al protesto de la L/ cgᵒ/ G. Giner, vencida el 21 ctᵉ, por falta de pago; habiendo esta S/C intervenido á tiempo para amparar la firma de V., según consta en la adjunta acta de protesto.

A la misma, como ya va consignado en la cabecera de la prtᵉ, acompaña la ctª, de lo devengado por mi intervención y de los gastos de resaca, de la cual resultan satisfechas.

Pts. 10.153,15, que debito á su ctª.

Sintiendo los perjuicios de V., le reitera su buena voluntad en servirle S. atᵒ y afᵐᵒ S. S.

R. Robert.

Certificada.

Relación-factura de protesto, intervención y resaca.

Mis nᵒˢ	Libradores	Librados	Plazo	Vencimtᵒ	Pincipal en pts.	cs.
4916	P. Zurbarán, Pamplona	G. Giner, Zaragoza	90 d/v	21/V/19. .	10.000	—
		Gastos de Protesto			11	95
		Timbre			5	—
		Franqueo y certificado			1	20
		Recambio, ¼ p% daño			25	—
		Corretaje			10	—
		Comisión de resaca, ½ p%			50	—
		Comisión de intervención, ½ p%			50	—
					10.153	15

Zaragoza 22 Junio 19 . . *Roberto Robert.*

El infrascrito Corredor real de esta plaza *certifica*: que el cambio sobre la de Pamplona se halla hoy al ½ p% (medio por 100) daño al papel.

Zaragoza 21 Mayo 19 . . *Ramón Salas.*

94.

Ferdinand Wild,
Klingmühl N. L.

Klingmühl, den 20. Oktober 19..

Herren Beck & Co., Cottbus.

Ich besitze Ihr geschätztes Schreiben vom 16. d. M. nebst Einlagen: Protesturkunde, uneingelöstes Akzept auf Frank und Rückrechnung auf

M 653,65

lautend. Diesen Betrag übersende ich Ihnen anbei mit:

M	600,—	in	Banknoten
„	50,—	„	Reichskassenscheinen
„	3,65	„	Briefmarken
M	653,65		

zu meiner Entlastung.

Für Ihre Intervention in dieser Angelegenheit spreche ich Ihnen meinen verbindlichsten Dank aus und zeichne

hochachtungsvoll

Ferdinand Wild.

94ª.

Maderas de construcción.
Pompeyo Zurbarán.
Pamplona, Mercaderes, 19.

Pamplona 25 de Mayo de 19 . .

Sr. D. Roberto Robert. — Zaragoza.

Muy Sr. mío: Agradeciendo la puntualidad en poner á cubierto mi firma recogiendo el papel que con su atª del 22 ctᵉ me devuelve acompañada del acta notarial de protesta y cuenta de intervención y resaca, que apruebo, remito á V.

L/ Pts. 10.153,15, a/v, cgº/ Nilo Milans del Bosch, Barcelona,

que, salvo buen fin, se servirá V. acreditarme en ctª.

De V. atº y afmº S. S.

P. Zurbarán.

Letra.
Certificado.

Briefe im Verrechnungsgeschäft.

Kontokorrentverkehr. Im Kontokorrentverkehr beschränkt sich die Tätigkeit des Bankiers nicht wie beim Giroverkehr darauf, für Rechnung der Kontoinhaber Gelder einzuziehen und auszuzahlen; seine Arbeitsleistung ist viel mannigfaltiger; er ist nicht Kassierer, sondern Kommissionär des Kontoinhabers, dem er außerdem meist seinen Kredit zur Verfügung stellt.

Provision. Für die Arbeitsleistung des Bankiers im Kontokorrentverkehr wird ihm eine meist in Prozenten vom Umsatz ausgedrückte Entschädigung (Bankprovision) bezahlt.

Zinsen. Für Kreditgewährung wird außerdem und unbeschadet der Provision eine Zinsvergütung (Soll[Debet]-zinsen) entrichtet. Dagegen werden den Kontoinhabern ihre Guthaben ebenfalls verzinst (Haben[Kredit]-zinsen). Für Sollzinsen wird in der Regel ein höherer Zinsfuß vereinbart als für Habenzinsen.

Abrechnung. Die Abrechnung erfolgt in regelmäßigen, durch Vereinbarung festgestellten Zeitabschnitten, meist per 30. Juni (per ultimo Juni) und per 31. Dezember (per ultimo Dezember).

Briefwechsel. Im Kontokorrentverkehr kommen hauptsächlich folgende Briefgattungen vor:

a) Anträge (Angebote, Anerbieten, Offerten);
b) Antwort: Zustimmung oder Ablehnung;
c) Angabe der Bedingungen (Konditionen);
d) Bestätigung der Bedingungen:
e) Aufträge {zugunsten / zu Lasten} der laufenden Rechnung des Kontoinhabers;
f) Rechnungsabschlüsse (Kontokorrentauszüge);
g) Prüfungsberichte.

a) Anträge (Angebote, Anerbieten, Offerten).

Der Antrag auf Eröffnung eines Kontokorrentverkehrs kann beiderseitig erfolgen.

b) Beantwortung des Antrags.

Anfragen, die die Eröffnung eines Kontokorrentverkehrs bezwecken, pflegen auch dann beantwortet zu werden, wenn der Antrag aus irgend einem Grunde abgelehnt wird.

Lautet die Antwort zustimmend, so wird sie gleichzeitig die Bedingungen für den Bankverkehr (Bankbedingungen) enthalten.

c) Bankbedingungen.

Die Bedingungen, zu welchen der Bankier dem Kontoinhaber seine Dienste widmet, betreffen:

1. Die Höhe und Sicherung des Kredits (gedeckt oder ungedeckt).
2. Die Höhe des Zinsfußes (für Debet und Kredit).

Operaciones en cuenta corriente.

Liquidación por cuenta corriente. Los comerciantes que mantienen relaciones continuas con la banca, se hacen abrir una *cuenta corriente.* Esta es reforzada (descargada) por las entregas, y gravada (recargada) por las salidas, á nombre del tenedor (titular) de la cuenta.

Para ello, en el libro «Mayor», en la página de la izquierda, intitulada *Debe*, se inscriben los asientos de las cantidades que recibe, cobra ó debe el titular, y en la de la izquierda, intitulada *Haber*, los asientos de las cantidades entregadas, pagadas ó acreditadas al mismo tenedor. Por su traslado pierden los valores su carácter individual; tiene lugar la «novación», es decir, que el remitente pierde el derecho de reivindicar los valores como los ha remitido. Estos constituyen desde su entrada en cuenta corriente un todo indivisible con las demás partidas de la misma.

Comisión. El banquero, en remuneración de sus servicios y riesgos, devenga una cantidad denominada «comisión», que se calcula en un tanto por ciento.

Intereses. En la cuenta corriente se lleva también la de los intereses que reditúan los resultados del balance, ya á favor del banquero («interés *debitor*»), establecido á menudo por tasa más elevada, ya á favor del titular («interés *acreedor*»).

Epocas de cierre. La cuenta corriente se cierra por períodos convenidos, trimestrales ó semestrales, y tácitamente, á fin de año con todos los corresponsales ó tenedores; pero en cualquier fecha se cierran las cuentas de aquellos con quienes cesan definitivamente las relaciones.

Correspondencia. Las operaciones bancarias obligan á sostener correspondencia sobre los asuntos siguientes:

a) Oferta de servicios;
b) Asentimiento, ó denegación;
c) Acuerdo sobre las condiciones;
d) Confirmación de lo estipulado;
e) Ordenes { al crédito / al débito } del tenedor;
f) Cierre y extracto de cuentas;
y *g*) Confrontación de estos extractos.

a) Oferta de servicios.

La iniciativa para entrar en relaciones puede partir así de una como de otra parte, siendo el negociante ó el banquero el que dé los primeros pasos. En ningún caso se dejará de responder, consintiendo ó bien rehusando.

b) Entrada en transacciones.

No siendo declinadas las relaciones, se preguntan, ó respectivamente, se proponen las condiciones.

c) Estipulación de condiciones.

Concierne:

1º, la importancia y forma del crédito, al cubierto ó al descubierto;
2º, tasa de los intereses, ya á acreditar, ya á debitar;

3. Die Höhe der Provision.
4. Die Termine für die Abrechnung.
5. Die Rückvergütung der Auslagen.

d) Bestätigung der Bedingungen.

Nachdem die Verhandlungen über die Bankbedingungen abgeschlossen sind, wird das Einverständnis mit den getroffenen Vereinbarungen von beiden Seiten vollinhaltlich bestätigt.

Durch die Bestätigung der Bankbedingungen wird der Kontokorrentvertrag rechtsverbindlich.

e) Aufträge.

Die Aufträge, die der Kontoinhaber seinem Bankier erteilt, werden auf laufende Rechnung verbucht.

Die Verbuchung geht entweder „zugunsten" oder „zu Lasten" des Kontoinhabers.

Zugunsten der laufenden Rechnung werden verbucht:

1. Einzahlungen in bar, Zinsscheine, Anweisungen, Schecks usw.
2. Wechsel zur Gutschrift per Verfall, zur Diskontierung oder zur Einziehung.
3. Überweisungen von Guthaben.
4. Verkäufe von Wertpapieren, ausländischen Wechseln und Sorten.

Zu Lasten der laufenden Rechnung werden verbucht:

1. Auszahlungen an den Kontoinhaber oder seine Bevollmächtigten.
2. Wechsel als Anschaffung und Rimessen an dritte.
3. Einlösung von Tratten auf den Kontoinhaber oder für seine Rechnung.
4. Einkäufe von Wertpapieren, Sorten und Fremdwechseln.

f) Rechnungsabschlufs.

Nach Ablauf der vereinbarten Abrechnungsfrist sendet der Bankier dem Kontoinhaber einen Auszug seiner Rechnung (Kontokorrentauszug), dem bisweilen eine besondere Zinsrechnung beiliegt.

Außer den Buchungen und den Zinsen führt der Rechnungsauszug die Auslagen und die Provision in besonderen Posten auf.

Ferner wird der Überschuß, der sich zugunsten oder zu Lasten des Kontoinhabers ergibt, der schwächeren Seite unter dem Namen Saldo angefügt, so daß beide Seiten der Rechnung die gleiche Summe aufweisen.

Dieser Saldo wird dann auf der entgegengesetzten Seite auf neue Rechnung vorgetragen und das Kontokorrent vom Kontokorrentgeber unter Angabe des Ausstellungsorts und Datums unterzeichnet.

Vor der Unterschrift befindet sich häufig die Klausel „Irrtum vorbehalten" oder „salvo errore et omissione" (gekürzt „S. E. & O.").

g) Prüfungsbericht.

Der Kontokorrentauszug wird gewöhnlich mit einem Begleitbrief abgeschickt, in welchem der Saldo nebst Valuta (Abschlußdatum) angegeben ist.

Dieser Brief enthält die Bitte, den Rechnungsauszug auf seine Richtigkeit zu prüfen und dem Kontokorrentgeber das Ergebnis der Prüfung mitzuteilen.

3o, tarifa de comisiones;
4o, épocas de cierre;
y 5o, recobro de los desembolsos.

d) Confirmación del convenio.

Estipuladas las bases esenciales de la cuenta, las partes contrayentes, ya de acuerdo, las confirman; desde cuyo momento el convenio adquiere la fuerza de contrato obligatorio y validez legal.

Si há lugar, el nuevo cliente depositará en el banco en cuestión las firmas escritas del propio puño y letra de las personas autorizadas á firmar por él.

e) Ordenes.

Las disposiciones que el corresponsal ó titular de la cuenta transmite á su banquero, son llevadas al crédito ó al débito, según que la cuenta corriente sea reforzada por ingresos ó gravada por salidas.

Descargan ó refuerzan la cuenta corriente:

1o, las imposiciones en efectivo, cheques, cupones, etc.;
2o, las remesas á vencimiento, á descuento y á cobranza;
3o, los giros á favor del tenedor de la cuenta-crédito;
y 4o, los efectos públicos ó los mercantiles realizados por su cuenta.

Recargan ó gravan una cuenta corriente:

1o, los pagos por cuenta del titular;
2o, las tratas á cgo del titular retiradas ó las giradas p/s/O y cta.
3o, los giros del cliente por s/cta particular ó por la de tercero;
y 4o, valores bursátiles y efectos de comercio comprados p/cta del titular.

f) Cierre y extracto de cuentas.

En las épocas convenidas, expresa ó tácitamente (v. pág. anterior), el banquero somete los extractos ó copias de cuentas corrientes al examen de sus clientes, con especificación expresa de los intereses devengados y su líquido á favor, ó en contra; y el importe de las comisiones, de los gastos y desembolsos, etc. Deben ser un reflejo del libro Mayor y guardar los asientos armonía con los detallados en el decurso de la correspondencia cruzada entre los contrayentes.

Al consignar el balance de la cuenta, la diferencia entre los totales del Debe y del Haber, llamada «saldo», se repite debajo del total menor, de modo que las columnas de derecha é izquierda arrojen ambas igual suma. Según el saldo esté compensando por exceso de débito ó de crédito, se designa «saldo *deudor*» y se inscribe en el Haber, ó bien «saldo *acreedor*» y se pasa al Debe. Al encabezar la cuenta nueva continuadora de la precedente, el saldo se inscribe en la página respectivamente inversa ó contraria respecto de la que tenía en el balance del extracto enviado.

Este debe ser fechado y firmado al pié del mismo; en el cual, antes más que ahora, se solía anteponer á la fecha la abreviatura «S. e. ú. o.», que significa «salvo error ú omisión».

g) Confrontación del extracto.

En la carta con que se acompaña el extracto de cuenta corriente, se invita al corresponsal á que lo revise y compulse, y se consigna el saldo y la fecha á que alcanza el cierre.

Häufig wird diesem Briefe noch ein Formular beigelegt, welches die Richtigkeit der Abrechnung bestätigt und vom Kontoinhaber unterzeichnet zurückgeschickt werden soll.

95. Am 13. Februar 19.. bieten Gebrüder Simon, Frankfurt a. M., der Firma Otto Winter, Offenbach, ihre Vermittelung in allen das Bankfach betreffenden Geschäften an; sie stellen günstige Bedingungen.

96. Am 15. Februar 19.. erklärt sich Otto Winter, Offenbach, mit den gestellten Bedingungen einverstanden, falls ihm ein ungedeckter Kredit bis zu 20 000 ℳ gewährt werde.

97. Am 16. Februar 19.. erklären sich Gebrüder Simon, Frankfurt a. M., bereit, den gewünschten Blankokredit zu gewähren. Sie fordern doppelte Provision für ungedeckte Zahlungen.

98. Am 18. Februar 19.. lehnt Otto Winter, Offenbach, es ab, sich für ungedeckte Debetposten höhere Provision anrechnen zu lassen.

99. Am 19. Februar 19.. verzichten Gebrüder Simon, Frankfurt a. M., auf doppelte Provision und bestätigen die übrigen Bedingungen.

100. Am 25. Februar 19.. akzeptiert Otto Winter, Offenbach, die Bankbedingungen vollinhaltlich, überschickt zwei Wechsel zur Gutschrift und bittet um Schutz für seine Tratte.

101. Am 26. Februar 19.. bestätigen Gebrüder Simon, Frankfurt a. M., den Empfang der Wechsel und sichern der avisierten Tratte Schutz zu.

102. Am 27. Mai 19.. stellt Otto Winter, Offenbach, 1450 Kronen in Wien zur Verfügung und bittet um Gutschrift in Mark. Gleichzeitig weist er ℳ 695,50 zur Auszahlung in Berlin an.

103. Am 28. Mai 19.. zeigen Gebrüder Simon, Frankfurt a. M., an, daß die Aufträge vom 27./5. ausgeführt sind.

104. Am 29. Mai 19.. bestätigt Otto Winter, Offenbach, den Empfang des Briefes vom 28./5. 19..

105. Am 2. Juli 19.. überreichen Gebrüder Simon, Frankfurt a. M., Rechnungsauszug und bitten um Gutschrift des Saldo.

106. Am 8. Juli 19.. bestätigt Otto Winter, Offenbach, die Richtigkeit der erhaltenen Abrechnung.

95.

Gebrüder Simon.
Bankgeschäft.
Tel.-Adr.: Banksimon.
Fernsprecher: III 1296.

Frankfurt a. M., den 13. Februar 19..

Herrn Otto Winter, Offenbach.

Von dem lebhaften Wunsche geleitet, mit Ihrer geschätzten Firma in Geschäftsverbindung zu treten, gestatten wir uns, Ihnen unsere Dienste zur Besorgung aller in das Bankfach einschlagenden Geschäfte ergebenst anzubieten.

Wir würden Ihnen wie den bevorzugteren unserer geschätzten Auftraggeber $^1/_8$% Provision sowie $^1/_2$% über oder unter dem jeweiligen Reichs-

Cuando son muchos los corresponsales, el banquero expide impresos así la carta como el volante, y éste, por duplicado, á fin de que uno de los ejemplares del mismo, provisto del «conforme» y de la firma del cliente, sea devuelto al banco. Con este requisito ese volante, sancionando los resultados, se convierte en un documento obligatorio.

95ª. El 13 Febrero 19 . . Ricardo Vallín Bustillos, Madrid, se recomienda para todas las operaciones de banca y crédito á Lino Polavieja, de Toledo.

96ª. El 15 Febrero 19 . . L. Polavieja Llorente, Toledo, se halla dispuesto á entrar en relaciones con el banquero de Madrid si le concede un crédito de hasta 20 000 pts.

97ª. El 16 Febrero 19 . . R. Vallín, Madrid, asiente al crédito pedido, á condición de que su corretaje sea el doble para las operaciones al descubierto.

98ª. El 18 Febrero 19 . . Lino Polavieja, Toledo, se niega á satisfacer comisión suplementaria por el adelanto de fondos.

99ª. El 19 Febrero 19 . . R. Vallín, Madrid, desiste de exigir corretaje suplementario, confirma las bases de convenio del 13 c/ y envía copia de sus condiciones generales.

100ª. El 25 Febrero 19 . . L. Polavieja ratifica las estipulaciones, remite algunos valores y avisa una trata.

101ª. El 26 Febrero 19 . . R. Vallín acusa recepción de las remesas y promete buena acogida á la trata anunciada.

102ª. El 27 Mayo 19 . . L. Polavieja comunica á Vallín que le ha acreditado 1450 marcos sobre Berlín, rogándole que le descuente esta suma y pague 695,50 frs. á una casa de París.

103ª. El 28 Mayo 19 . . R. Vallín, de Madrid, informa á L. Polavieja, Toledo, de la ejecución de su orden.

104ª. El 29 Mayo 19 . . L. Polavieja acusa recibo de la carta precedente.

105ª. El 2 Julio 19 . . R. Vallín remite á Polavieja el extracto de su cuenta corriente, cerrada á fines de Junio.

106ª. El 8 Julio 19 . . Polavieja se declara conforme con el saldo, quedando hecho el correspondiente asiento.

95ª.

Ricardo Vallín Bustillos,
Banquero.
Madrid, Hortaleza, 59.

Madrid 13 Febrero 19 . .

Sr. D. Lino Polavieja y Llorente. — Toledo.

Muy Sr. mío: Deseando vivamente entrar en relaciones con la apreciable casa de Vd., me permito ofrecerle la mía para toda clase de operaciones de banca y de bolsa.

Para ello no tendría reparo en abrirle una cuenta corriente por semestres bajo las condiciones siguientes:

bankdiskont berechnen und außerdem nur unsere Auslagen für Porto, Depeschen, Stempel und Courtage in Ansatz bringen.

Sie wollen aus diesen ungewöhnlich günstigen Bedingungen ersehen, daß wir großen Wert darauf legen, mit Ihrer werten Firma in Verkehr zu treten.

Wir sehen Ihrer gefl. Entschließung gern entgegen und zeichnen

hochachtungsvoll

Gebrüder Simon.

96.

Otto Winter.
Offenbach a. M.

Offenbach, den 15. Februar 19..

Herren Gebrüder Simon, Frankfurt a. M.

Im Besitz Ihrer gefl. Zuschrift vom 13. cr. danke ich Ihnen für freundliches Entgegenkommen.

Ich würde gern bereit sein, zu den angegebenen Bedingungen mit Ihrer Firma in Kontokorrentverkehr zu treten, wenn Sie mir gleichzeitig einen ungedeckten Akzeptationskredit bis zur Höhe von 20 000 ℳ einräumen wollten.

Ihrer baldigen Antwort gern gewärtig, empfehle ich mich Ihnen

hochachtungsvoll

Otto Winter.

97.

Gebrüder Simon.
Bankgeschäft.
Tel.-Adr.: Banksimon.
Fernsprecher: III 1296.

Frankfurt a. M., den 16. Februar 19..

Herrn Otto Winter, Offenbach.

Aus Ihrem geehrten Gestrigen ersehen wir mit Vergnügen, daß Sie bereit sind, von unserem Dienstanerbieten Gebrauch zu machen.

Wir nehmen keinen Anstand, Ihnen den gewünschten Blankokredit von 20 000 ℳ zu gewähren.

Jedoch würden wir für ungedeckte Zahlungen oder Akzepte die doppelte Provision, das ist $^1/_4\,^0/_0$, in Anrechnung bringen; die übrigen Bedingungen bleiben dieselben.

In der Erwartung, daß Sie hiermit einverstanden sind, zeichnen wir

mit Hochachtung

Gebrüder Simon.

Interés debitor: $^1/_2$ p $^0/_0$ encima de la tasa oficial, 5 p $^0/_0$ el mínimo.
Interés acreedor: $^1/_2$ p $^0/_0$ por debajo » » 3 p $^0/_0$ el máximo.
Comisión: $^1/_8$ p $^0/_0$.
Recobro de gastos y desembolsos.

Ante condiciones tán ventajosas, presumo mereceré la preferencia de sus órdenes; y en esta esperanza, queda á su disposición S. att° S. S.

q. b. s. m.

R. Vallín.

96ª.

Lino Polavieja y Llorente.
Toledo.
Fábrica de armas.

Toledo 15 Febrero 19 . .

Sr. D. Ricardo Vallín Bustillos. — Madrid.

Muy Sr. mío: Con mucho gusto utilizaría sus ofrecimientos del 13 c/ si pudiese contar con un crédito al descubierto hasta la importancia de 20 000 pts.

En espera de su decisión, me ofrezco á Vd. muy att° S. S.

q. b. s. m.

Lino Polavieja.

97ª.

Ricardo Vallín Bustillos,
Banquero.
Madrid, Hortaleza, 59.

Madrid 16 Febrero 19 . .

Sr. D. Lino Polavieja y Llorente. — Toledo.

Muy Sr. mío: En deferencia á sus deseos, manifestados por Vd. con fecha de ayer, estoy pronto á adelantarle fondos sin pasar de Pts. 20 000, con tal que los créditos al descubierto me devenguen una comisión especial de $^1/_8$ p $^0/_0$, lo cual supone para los descubiertos la comisión de cuenta y caja de $^1/_4$ p $^0/_0$.

Confiando en su aprobación y en verme favorecido á no tardar con sus gratas órdenes, queda de Vd. att° y afm° S. S.

R. Vallín.

98.

Otto Winter.
Offenbach a. M.

Offenbach, den 18. Februar 19..

Herren Gebrüder Simon, Frankfurt a. M.

Ich besitze Ihr gefl. Schreiben vom 16. d. M. Ich müßte davon absehen, den besprochenen Blankokredit anzunehmen, wenn Sie sich nicht entschließen könnten, für sämtliche Debetposten — gleichviel, ob sie durch Vorentnahmen entstanden oder gedeckt sind — die Provision mit $^1/_8\,\%$ zu berechnen.

Ich sehe Ihrer umgehenden Entschließung gern entgegen und zeichne

hochachtungsvoll

Otto Winter.

99.

Gebrüder Simon.
Bankgeschäft.
Tel.-Adr.: Banksimon.
Fernsprecher: III 1296.

Frankfurt a. M., den 19. Februar 19..

Herrn Otto Winter, Offenbach.

Um Ihnen zu beweisen, wie viel uns an dem Verkehr mit Ihrer hochachtbaren Firma gelegen ist, haben wir uns entschlossen, Ihre Vorschläge vom gestrigen Tage anzunehmen, und eröffnen Ihnen hiermit eine laufende Rechnung bei uns unter den folgenden Bedingungen:

Wir eröffnen Ihnen einen Kredit bis zu ℳ 20 000, über den Sie nach Belieben verfügen können.

An Zinsen berechnen wir Ihnen: $^1/_2\,\%$ über Reichsbankdiskont, wenn Sie Debitor, und $^1/_2\,\%$ darunter, wenn Sie Kreditor sind.

Sie vergüten uns unsere Selbstauslagen und außerdem $^1/_8\,\%$ Provision für Akzepte, gleichviel, ob sie gedeckt oder ungedeckt sind.

Im übrigen verweisen wir auf unsere „allgemeinen Kontokorrentbestimmungen", von denen wir Ihnen ein Exemplar beilegen.

Dasselbe erbitten wir uns mit Ihrer Unterschrift versehen zurück.

Wir werden gern alles aufbieten, unseren geschäftlichen Verkehr mit Ihnen angenehm zu gestalten und Ihr Vertrauen in jeder Richtung zu rechtfertigen.

Mit größter Hochachtung

Gebrüder Simon

Anlage:
Bestimmungen.

98ª.

Lino Polavieja y Llorente.
Toledo.
Fábrica de armas.

Toledo 18 Febrero 19 . .

Sr. D. R. Vallín Bustillos. — Madrid.

Muy Sr. mío: Honrado por la confianza que me atestigua su at^a del 16 ct^e, siento, sin embargo, no poder admitir el suplemento de comisión para los descubiertos.

Mucho celebraría que desistiera Vd. de esta condición y así me lo participára á la mayor brevedad posible.

Cuente V. que sabrá corresponder á la deferencia de V. su att^o S. S.

L. Polavieja.

99ª.

Ricardo Vallín Bustillos,
Banquero.
Madrid, Hortaleza, 59.

Madrid 19 Febrero 19 . .

Sr. D. Lino Polavieja Llorente. — Toledo.

Muy Sr. mío: Recibida su att^a de ayer, en prueba del interés y gusto que abrigo en entablar duraderas relaciones con V. en beneficio mútuo, renuncio al suplemento de comisión y le propongo las bases de avenencia siguientes:

Abrir á V. un crédito al descubierto, disponible en cuenta corriente á su comodidad, hasta el importe de 20 000 pts.

Interés calculado á razón de

$^1/_2$ p $^0/_0$ más que la tasa oficial	5 p $^0/_0$ el mínimo, para el	Debe
$^1/_2$ p $^0/_0$ menos » » » »	3 p $^0/_0$ el máximo »	Haber

Comisión de caja: $^1/_8$ p $^0/_0$.

Cierre de cuenta á fines de junio y de diciembre. Si dentro de los 3 meses de producido el extracto de cuenta correspondiente no exige rectificación alguna, el saldo queda definitivo é incontestable, siendo trasladado á la continuación de la cuenta.

Estas condiciones van intercaladas en mi boletín de «Bases generales» que le adjunto á la presente.

Puede Vd. estar seguro de que me esforzaré en desempeñar como mejor sepa y con la mayor precisión sus disposiciones, á las cuales queda allanado todo obstáculo.

Saluda á V. con la mayor atención su afm^o S. S.

R. Vallín.

Anexos:
Boletín.

100.

Otto Winter.
Offenbach a. M.

Offenbach, den 25. Februar 19..

Herren Gebrüder Simon, Frankfurt a. M.

Ich besitze Ihr gefl. Schreiben vom 22. d. M. und bemerkte mir Ihre Bedingungen wie folgt:

Sie eröffnen mir einen Blankokredit bis zu 20 000 ℳ.

Für Kreditzinsen berechnen Sie mir $^1/_2$ % unter, für Debetzinsen $^1/_2$ % über Reichsbankdiskont.

Ich vergüte Ihnen sämtliche Auslagen sowie $^1/_8$ % Provision.

Die mir gesandten Kontokorrentbestimmungen gebe ich vollzogen zurück.

Ich eröffne gleichzeitig die Geschäftsverbindung, indem ich Ihnen anbei:

ℳ 600,— per 12./5. a. c. a/Helm & Co., dort,
„ 715,— per 15./6. a. c. a/Köhler & Sohn, Hanau,
ℳ 1315,— zur gefl. Gutschrift per Verfall übersende.

Dagegen erlaubte ich mir:

ℳ 5000,— per 25./5. O./E.

auf Sie abzugeben, um deren Inschutznahme ich bitte.

Hochachtungsvoll
Otto Winter.

Einschreiben.
2 Wechsel.

100ª.

Lino Polavieja y Llorente.
Toledo.
Fábrica de armas.

Toledo 25 Febrero 19..

Sr. D. Ricardo Vallín Bustillos. — Madrid.

Muy Sr. mío: Con la prt^{e} le incluyo provisto de mi firma el boletín de sus «bases generales» que encerraba su at^{a} del 19 del que cursa.

Acepto el crédito en blanco que se ha servido V. concederme, á parte de las bases referidas, bajo las condiciones que siguen:

Intereses { $^{1}/_{2}$ p $^{0}/_{0}$ de más ; $^{1}/_{2}$ p $^{0}/_{0}$ de menos } de la tasa oficial; { 5 p $^{0}/_{0}$ mínimo para el débito ; 3 p $^{0}/_{0}$ máximo para el crédito };

Comisión: $^{1}/_{8}$ p $^{0}/_{0}$ gastos y desembolsos á m/cg^{o}.

La cuenta ha de cerrarse á fines de Junio y Diciembre; produciéndome V. entonces el extracto correspondiente, cuyo saldo quedará válido y será transportado á la continuación de la cuenta, después de mi aprobación expresa ó tácita, entendiéndose por ésta el caso de no pedir yo rectificación dentro de los 3 meses posteriores á la fecha de la expedición del extracto.

Entrando ya en tarea, le remito adjuntas

L/ Pts. 600 al 12 Mayo prx^{o}, á cg^{o} de Lletget y C^{a}, Barcelona.
L/ » 715 al 15 Junio » á » de los Suc^{rs} de Fivaller, Valencia.
Pts. 1315, que se servirá V. abonarme en cuenta.

He dispuesto á s/cg^{o}.

L/ Pts. 5000.— para el 25 Mayo del ac^{l}, á m/O, que recomiendo á su buena acogida de siempre.

Me repito de V. att^{o} S. S.

L. Polavieja.

Certifíquese.
Anexos: 2 L/ y un boletín.

101.

Gebrüder Simon.
Bankgeschäft.
Tel.-Adr.: Banksimon.
Fernsprecher: III 1296.

Frankfurt a. M., den 26. Februar 19..

Herrn Otto Winter, Offenbach.

Ihrem gestrigen Schreiben entfalteten wir:

M 600,— per 12./5. a/hier,
M 715,— „ 15./6. a/Hanau,

die wir unter dem üblichen Vorbehalt in das Haben Ihrer laufenden Rechnung brachten.

Die uns gleichzeitig angekündigte Tratte von:

M 5000,— Wert 25./5.

werden wir bei Vorkommen honorieren.

Hochachtungsvoll

Gebrüder Simon.

102.

Otto Winter.
Offenbach a. M.

Offenbach, den 27. Mai 19..

Herren Gebrüder Simon, Frankfurt a. M.

Ich gehe mit dem Inhalt Ihres Schreibens vom 26. Februar d. J. konform.

Heute stelle ich Ihnen:

K. 1450,— per 25./7.

bei Franz Bär, Wien (III., Hauptstraße 42) zur Verfügung und bitte um Abrechnung.

Dagegen wollen Sie:

M 695,50 Sechs Hundert Fünf und Neunzig, 50 Pf.

am 6. Juni d. J. an Schäfer & Sohn, Berlin W., Behren-Straße 12, zu Lasten meiner Rechnung auszahlen lassen.

Hochachtungsvoll

Otto Winter.

Einschreiben.
1 Wechsel.

101ª.

Ricardo Vallín Bustillos,
Banquero.
Madrid, Hortaleza, 59.

Madrid 26 Febrero 19..

Sr. D. Lino Polavieja Llorente. — Toledo.

Muy Sr. mío: Su grata de ayer me incluía

L/ Pts. 600, al 12/V, sobre Barcelona
L/ » 715, al 16/VI, sobre Valencia,

que he acreditado á V., con la salvedad de costumbre.

Será puntualmente acogida y pasada á débito de S/ctª su trata de Pts. 5000, valor 25/V prxº.

Disponga V. de su más attº S. S.

R. Vallín.

102ª.

Lino Polavieja y Llorente.
Toledo.
Fábrica de armas.

Toledo 27 Mayo 19..

Sr. D. Ricardo Vallín Bustillos. — Madrid.

Muy Sr. mío: Hechos los asientos debidos en conformidad con su grata de 26 Febrero ppdº, le ruego á Vd. me acredite, previo descuento, el líquido de

Mcs. 1450, que vencen el 25/VII del actual,

que tienen á su disposición los Sres. Berger Sohn, 26, Leipziger Straße, Berlín.

Se servirá V. satisfacer el 6 Junio próximo por m/ctª á los Sres. Favre et Bloch, 39, rue des Capucines, París,

Frs. 695,50,

con aviso á su attº y afmº S. S. S.

L. Polavieja.

103.

Gebrüder Simon.
Bankgeschäft.
Tel.-Adr.: Banksimon.
Fernsprecher: III 1296.

Frankfurt a. M., den 28. Mai 19..

Herrn Otto Winter, Offenbach.

In Ausführung Ihres gestrigen Auftrags kreditieren wir Ihr wertes Konto für die uns zur Verfügung gestellten:

K. 1450,— per 25. Juli zu 84,60 t. q. mit
ℳ 1226,75 per heute.

Dagegen bemerkten wir uns, daß für Ihre Rechnung:

ℳ 695,50 am 6. Juni a. c.

auszuzahlen sind, für welchen Betrag wir Sie belasten.

Hochachtungsvoll

Gebrüder Simon.

104.

Otto Winter.
Offenbach a. M.

Offenbach, den 29. Mai 19..

Herren Gebrüder Simon, Frankfurt a. M.

Ich bestätige den Empfang Ihres geschätzten Schreibens von gestern und gehe mit den darin enthaltenen Aufstellungen konform.

Hochachtungsvoll

Otto Winter.

103ª.

Ricardo Vallín Bustillos,
Banquero.
Madrid, Hortaleza, 59.

Madrid 27 Mayo 19..

Sr. D. Lino Polavieja y Llorente. — Toledo.

Muy Sr. mío: En cumplimiento de su estª disposición de ayer, he destinado al crédito de V.

Pts. 1790,75, valor del día, de Mcs. 1450, al cambio de 123,50, al 27/VII prxº, p/s/O, sobre Berlín.

En tiempo oportuno situaremos á cómoda disposición de V.... Pts. 695,50 al 6/VI prxº con cargo á S/ctª.

Mande como guste de su más attº S. S.

R. Vallín.

104ª.

Lino Polavieja y Llorente.
Toledo.
Fábrica de armas.

Toledo 29 Mayo 19..

Sr. D. R. Vallín y Bustillos. — Madrid.

Muy Sr. mío: Obra en mi poder su grata de ayer, en cuya conformidad he hecho los asientos consiguientes en la ctª de V.

Sin más por hoy, sigo su attº S. S. S.

L. Polavieja.

105.

Gebrüder Simon.
Bankgeschäft.
Tel.-Adr.: Banksimon.
Fernsprecher: III 1296.

Frankfurt a. M., den 2. Juli 19..

Herrn Otto Winter, Offenbach.

Wir beehren uns, Ihnen anbei den Auszug Ihrer Rechnung bei uns zu übersenden, welche mit einem Saldo von:

ℳ 3183,— per 30. Juni a. c.

zu unseren Gunsten abschließt.

Wir bitten, den Auszug zu prüfen und den Saldo nach Richtigbefund unter gefl. Anzeige übereinstimmend mit uns vorzutragen.

Hochachtungsvoll

Gebrüder Simon.

Soll *Herrn* Otto Winter, Offenbach im Kontokorrent mit Gebrüder Simon. *Haben*

19..			Verfall		Tage	Zahlen	Betrag ℳ	Pf.
Febr.	26.	Tratte	Mai	25.	35	1750	5000	—
Mai	28.	Zahlung Berlin	Juni	6.	24	167	695	50
Juni	30.	6% Zinsen v. No. 1129					18	85
"	"	Provision 1/8% v. 5695,50					7	15
"	"	Spesen					3	25
						1917	5724	75
Juli	1.	Saldovortrag					3183	—

19..			Verfall		Tage	Zahlen	Betrag ℳ	Pf.
Febr.	26.	Rimesse	Mai	12.	48	288	600	—
"	"	do.	Juni	15.	15	107	715	—
Mai	28.	Anweisung a/Wien	Mai	28.	32	393	1226	7
Juni	30.	Ausgleich d. Zinszahlen				1129		
"	"	Saldo					3183	—
						1917	5724	7
		S. E. & O.						

Frankfurt a. M., den 2. Juli 19..

Gebrüder Simon.

105ª.

Ricardo Vallín Bustillos,
Banquero.
Madrid, Hortaleza, 59.

Madrid 2 de Julio de 19..

Sr. D. Lino Polavieja. — Toledo.

Muy Sr. mío: Al tiempo de confirmarle la mía de ayer, tengo el gusto de remitirle adjunto el extracto de la ctª de V. con esta S/C hasta fin de junio ppd°, que arroja un saldo de Pts. 2616,40, á mi favor, que traslado á nueva ctª, interín V., después de haber compulsado dicho extracto, me da noticia de hallarlo en conformidad.

Entre tanto, sigue á sus órdenes at° y afmo S. S.

R. Vallín.

(Volante impreso y llenado.)

RICARDO VALLÍN BUSTILLOS, Banquero, MADRID.

Cuentas corriente y de réditos. — Trimestre finido el 30/VI/19..
Sr. D. *Lino Polavieja, Toledo.*

Debe. **Haber.**

Fechas de 19..	Operaciones	Vencimtos	Días	Ds × capl.	Cantidades en Pts. y cts.		Fechas de 19..	Operaciones	Vencimtos	Días	Ds × capl.	Cantidades en Pts. y cts.	
26/II	Trata.	25 Mayo	36	1900	5000	—	26/II	Remesa. . . .	12 Mayo	49	294	600	—
28/V	Pago.	6 Junio	24	163	695	50	«	id. (Interior) .	15 Junio	15	107	715	—
30/VI	Interés 6 p°/o del balance de ds × capl : 975 .				16	25	28/V	id. (Alemania)	28 Mayo	33	591	1790	75
«	Comisión ½ p°/o de Pts. 5695,50				7	15	30/VI	Balance de ds × capl. . .			975		
«	Desembolsos. .				3	25	«	Saldo.				2616	40
				1967	5722	15					1967	5722	15

1° VII. Saldo traslado . . . . . . Pts. 2616,40

Madrid 2 Julio 19..
Ricardo Vallín Bustillos.

106.

Otto Winter.
Offenbach a. M.

Offenbach, den 8. Juli 19..

Herren Gebrüder Simon, Frankfurt a. M.

Den mir mit Ihrem Schreiben vom 2. d. M. zugegangenen Auszug meiner laufenden Rechnung bei Ihnen habe ich geprüft und richtig befunden.

Ich erkenne demgemäß den Saldo von:

ℳ 3183,— per 30. Juni a. c.

als richtig an und habe ihn gleichlautend zu Ihren Gunsten vorgetragen.

Hochachtungsvoll

Otto Winter.

106ª.

Lino Polavieja y Llorente.
Toledo.
Fábrica de armas.

Toledo 8 Julio de 19 . .

Sr. D. Ricardo Vallín Bustillos. — Madrid.

Muy Sr. mío: Oportunamente he sido favorecido con su apreciable del 3 c/, que me acompañaba el extracto de mi cuenta corriente con su reputada casa, saldado el 30 de Junio último.

Confrontado con mi contabilidad, lo reconozco conforme en todos sus puntos y, de consiguiente, le acredito á V. su resultado
Pts. 2616,40, valor fin de junio, á favor de V.

Sin otro particular, me repito su attº S. S. S.

L. Polavieja.

C. Das Kommissionsgeschäft.

Man nennt Kommissionsgeschäfte die durch Vermittlung eines selbständigen Kaufmanns (Kommissionär) im Auftrag und für Rechnung seines Auftraggebers (Kommittent) abgeschlossenen Ein- oder Verkäufe.

Der Kommissionär schließt die Geschäfte in seinem eigenen Namen ab.

Er erhält für seine Mühwaltung und seine Auslagen eine im voraus vereinbarte Vergütung, die meist nach Prozenten berechnet und Provision genannt wird.

Die bei Ausführung des Auftrags entstehenden Kosten und Auslagen gehen zu Lasten des Kommittenten.

Limitum. Bei vielen Waren ist es dem Kommittenten nicht möglich, den Einkaufs- oder Verkaufspreis im voraus zu begrenzen, er läßt dem Kommissionär freie Hand.

Oder der Kommittent schreibt eine Preisgrenze (Limitum) vor, das heißt, er bestimmt bei Einkäufen den Höchstpreis, den er bezahlen, bei Verkäufen den Mindestpreis, zu dem er verkaufen will.

Der Kommissionär darf dieses Limitum nicht zuungunsten des Kommittenten überschreiten. Erzielt er günstigere Preise, so geht der Vorteil zugunsten des Kommittenten.

Delkredere heißt die Bürgschaft, die der Kommissionär — nach Vereinbarung mit dem Kommittenten — für den richtigen Eingang der Kaufgelder übernimmt. Hat der Kommissionär das Delkredere übernommen, so haftet er mit seinem eigenen Vermögen für den Eingang der Zahlungen.

Für die durch diese Haftung übernommene Verpflichtung erhält er eine weitere Vergütung, Delkredereprovision genannt.

Courtage. Bedient sich der Kommissionär bei Abschluß eines Geschäfts der Vermittlung eines Maklers (Courtier), so ist er berechtigt, Maklergebühren (Courtage) zu berechnen.

Einkaufsrechnung. Der Kommissionär vermittelt den Ankauf der Ware, oft auch ihre Versendung und Bezahlung.

Über den Einkauf stellt er eine Einkaufsrechnung aus, in welcher zum Preise, der für die Ware vereinbart ist, die Provision und die Auslagen hinzugerechnet sind, die der Kommissionär gehabt hat.

Verkaufsrechnung. Der Kommissionär übernimmt die zu verkaufende Ware auf Lager (Konsignationsfaktur), oder er vermittelt den Verkauf auf Grund von Angaben, Proben, Mustern.

Über den Verkauf stellt er eine Verkaufsrechnung aus, in welcher von dem erzielten Preise Provision und Auslagen, die er gehabt hat, abgerechnet sind.

C. — Comisión y Consignación.

Comisión. Constituye una gran parte del comercio moderno los negocios (compra y venta) en comisión, esto es, los realizados con el intermedio de un *comisionista* (casa de comisión), que trata, ora en su propio nombre y por su propia cuenta y riesgo, ora en el de otro comerciante (comitente).

El comisionista percibe por sus servicios y gastos una remuneración calculada en un tanto p°/₀ del importe de la mercancía (*comisión*).

Limitación. Cuando el comisionista recibe una orden con indicaciones exactas acerca del precio máximo de compra ó el mínimo de venta, debe conformarse exactamente con ellas, no traspasando dichos límites como no sea consiguiendo un resultado más ventajoso para el comitente. De lo contrario, aquél se hace responsable de todo lo que resulte desfavorable al comitente por separarse de lo prevenido en el encargo. Además ha de atenerse á los «usos comerciales» propios del ramo especial de su tráfico.

Si el comitente no da al comisionista exactas instrucciones, se deja árbitro á éste para proceder como crea en conciencia más conveniente á los intereses del comitente, pero nó según le acomode. Sólo en este caso de transgresión de los límites señalados se excusa fácilmente la inexactitud ó la morosidad en el cumplimiento de su cometido.

«**Del-credere**». Este vocablo italiano, que ha tomado carta de naturaleza en el lenguaje mercantil en casi todo el mundo, significa una garantía que el comisionista presta al comitente tocante las ventas ejecutadas por su mediación, asumiendo el compromiso de suplir el pago en caso de falta de comprador ó de insolvencia de éste.

En cambio, en retribución de la fianza que presta, se le calcula una comisión mayor especial.

Corretaje. Son los derechos que tocan á un *corredor* de profesión ó *sensal.* En España hay corredores é intérpretes de naves, corredores de letras de cambio, de bolsa, etc.

Factura *de compra.* El comisionista que compra por cuenta de su comitente queda á menudo encargado de expedir y pagar las mercancías.

Terminada la operación, el comisionista remite á su comitente la «cuenta» ó «factura» de compra, en que constan además los desembolsos y comisión de aquél.

Factura *de venta.* El comisionista coloca las mercancías, unas veces obrando en su poder parte ó totalidad de éstas, otras veces presentando sólamente lista de precios acompañados de colección de muestras (muestrario) ó precios y muestras sueltas.

Igualmente en la factura de venta deduce de su importe el tanto p°/₀ de comisión, los gastos y los desembolsos.

Konsignationsfaktur. Waren, die der Käufer sehen will, bevor er kauft, ist der Kommittent genötigt, bei seinem Kommissionär zu lagern.

Ein solches Lager heißt Kommissionslager, die Rechnung, welche der Verkäufer über die hinterlegten (konsignierten) Waren ausstellt, Konsignationsfaktur (-nota, -schein).

Briefwechsel im Kommissionsgeschäft. Abgesehen von dem Briefwechsel, den die Gründung eines Geschäfts oder die Anbahnung neuer Geschäftsverbindungen veranlaßt, kommen im Kommissionsgeschäft die folgenden Briefgattungen in Betracht:

Einkaufskommission:

a) Bestellung der Ware;	Der Kommittent an den Kommissionär.
b) Versandanzeige und Rechnung;	„ Kommissionär an den Kommittenten.
c) Empfangsbestätigung;	„ Kommittent an den Kommissionär.
d) Regulierung;	„ Kommittent an den Kommissionär.

Verkaufskommission:

a) Konsignationssendung;	Der Kommittent an den Kommissionär.
b) Empfangsanzeige;	„ Kommissionär an den Kommittenten.
c) Verkaufsanzeige;	„ Kommissionär an den Kommittenten.
d) Regulierung;	„ Kommissionär an den Kommittenten.

Consignación. Cuando el comitente deposita en casa del comisionista mercancías destinadas á la venta por cuenta de aquél, la diligencia se denomina «consignación» y el que la verifica «*depositario*» ó «*consignatario*». Adviértase, sin embargo, que en castellano la voz «consignatario» en comercio significa además el agente á quien va encomendado el cargamento ó el despacho de un buque; y que así se llaman también algunos agentes de transportes:

Después de la venta total ó parcial de la mercancía, el consignatario da al comitente cuenta detallada del producto de aquélla con deducción de sus desembolsos, gastos y comisión.

Correspondencia. Dejando á un lado la destinada á hacer saber la creación de un establecimiento, de una nueva razón social, á proponer negocios, entrar en relaciones ó aumentar las que ya se poseen, los negocios en comisión hacen entablarla sobre los asuntos siguientes:

a) Comisión de compra:

1º, orden de compra	del comitente al comisionista.
2º, aviso de compra y de expedición	del comisionista al comitente.
3º, acuse de recibo	del comitente al comisionista.
y 4º, ajuste de cuentas (liquidación)	del comitente al comisionista.

b) Comisión de venta:

1º, orden de venta	del comitente al comisionista.
2º, acuse de recibo	del comisionista al comitente.
3º, aviso de venta	del comisionista al comitente.
y 4º, ajuste de cuentas	del comisionista al comitente.

Briefe im Kommissionsgeschäft.

Einkaufskommission.

Rauchwaren.

107. Am 10. Januar 19.. teilt Max Werner, Leipzig, durch Zirkular mit, daß er sich als Kommissionär in Rauchwaren etabliert habe, und bittet um Aufträge.

108. Am 16. Januar 19.. wiederholt Max Werner, Leipzig, der Firma Simon frères, Paris, gegenüber brieflich sein Dienstanerbieten und gibt an, zu welchen Bedingungen er die Besorgung von Einkäufen übernehmen würde.

109. Am 20. Januar 19.. erklären sich Simon frères, Paris, bereit, Max Werner, Leipzig, mit dem Einkauf von Rauchwaren für ihre Rechnung zu beauftragen, und geben ausführlich an, welche Bedingungen sie stellen.

110. Am 22. Januar 19.. erklärt Max Werner, Leipzig, sein Einverständnis mit den von Simon frères, Paris, gestellten Bedingungen; er hofft, daß die angeknüpfte Geschäftsverbindung beide Teile befriedigen werde.

111. Am 25. Januar 19.. erteilen Simon frères, Paris, ihrem Kommissionär Max Werner, Leipzig, Auftrag, für sie 6 Bund (gleich 60 Stück) gefärbte Persianer, deren Beschaffenheit und Preis sie vorschreiben, anzukaufen und ihnen die Ware als Postpakete über Belgien zuzuschicken.

112. Am 28. Januar 19.. meldet der Kommissionär Max Werner, Leipzig, seinen Kommittenten Simon frères, Paris, daß der Auftrag ausgeführt ist, und gibt einen kurzen Bericht über die Marktlage.

113. Verkaufsrechnung vom gleichen Tage, welche vom Verkäufer Bernhard Jung, Leipzig, ausgestellt ist, legt er im Original seinem Briefe bei.

114. Am 1. Februar 19.. bekennen sich die Kommittenten Simon frères, Paris, zum Empfang der Ware und teilen mit, daß sie den Verkäufer Bernhard Jung, Leipzig, ermächtigt haben, den Fakturenbetrag durch Tratte auf sie zu entnehmen.

115. Am gleichen Tage beauftragen die Käufer Simon frères, Paris, den Verkäufer, Bernhard Jung, Leipzig, auf sie zu ziehen.

116. Am 3. Februar 19.. meldet der Verkäufer Bernhard Jung, Leipzig, der Pariser Firma, daß er den Fakturenbetrag durch Tratte erhoben habe.

Correspondencia sobre negocios por comisión.

a) Comisión de compra.

Peletería.

107ª. El 10 Enero 19 .. Máximo Werner, comisionista de Leipzig, por circular impresa anuncia que ha establecido casa en dicha ciudad, ofreciendo sus servicios para compra-venta de pieles de toda procedencia.

108ª. El 16 Enero 19 .. la misma casa de comisión reitera sus ofrecimientos en carta particular á Pidal Hermanos, Barcelona, exponiéndoles las condiciones bajo las cuales se encargaría de las compras por cuenta de éstos.

109ª. El 20 Enero 19 .. Pidal Hermˢ, Barcelona, se ponen de acuerdo sobre las condiciones en que confiarían sus compras al comisionista de Leipzig.

110ª. El 24 Enero 19 .. Werner, Leipzig, acepta las condiciones de Pidal Hermˢ, Barcelona, con la esperanza de que las relaciones entabladas redundarán en beneficio mútuo.

111ª. El 28 Enero 19 .. Pidal Hermˢ, Barna, ruegan á Werner, Leipzig, que adquiera por s/ctª 6 paquetes de pieles de Astracán, indicando la calidad, limitando el precio y disponiendo la expedición vía Cerbère.

112ª. El 1º de Febrero 19 .. la casa de Leipzig informa á sus comitentes de la ejecución de su encargo, añaden un resumen de la situación del mercado y adjuntan la factura original.

113ª. El 1º de Febrero 19 ..: Factura extendida por el vendedor Guillermo Jung, Leipzig.

114ª. El 4º Febrero 19 .. la casa de Barcelona acusa recibo á la de Werner, Leipzig, del envío de G. Jung, de la misma plaza, añadiendo que han autorizado á éste último para disponer á cargo de ellos del importe de la factura.

115ª. El 12 Febrero 19 .. la misma casa de Barcelona invita á la de Jung, Leipzig, á que gire á cargo de ellos.

116ª. El 16 Febrero 19 .. G. Jung, Leipzig, avisa á Pidal Hermˢ, Barna, que con igual fecha ha dispuesto de su crédito.

107.

Max Werner,
Leipzig.
Brühl 280.

Leipzig, den 10. Januar 19..

P. P.

Mit Gegenwärtigem gestatte ich mir, Ihnen ergebenst mitzuteilen, daß ich am hiesigen Platze ein

Rauchwaren-Kommissionsgeschäft

unter der eingetragenen Firma

Max Werner

eröffnet habe.

Meine vieljährige Tätigkeit als Ein- und Verkäufer in der Branche setzt mich in den Stand, allen Anforderungen meiner geehrten Auftraggeber zu genügen.

Nehmen Sie die Versicherung entgegen, daß ich jederzeit bestrebt sein werde, Ihr Vertrauen, um welches ich hierdurch bitte, durch gewissenhafte Wahrung Ihrer Interessen zu rechtfertigen.

Belieben Sie von meiner Unterschrift Kenntnis zu nehmen und mich bei Bedarf mit Ihren geschätzten Aufträgen zu beehren.

Hochachtungsvoll

Ich werde zeichnen:

(Faksimile der Unterschrift des Max Werner.)

Max Werner.

108.

Max Werner,
Leipzig.
Brühl 280.

Leipzig, den 16. Januar 19..

Herren Simon frères, Paris.

Vor einigen Tagen erlaubte ich mir, Ihnen durch Zirkular mitzuteilen, daß ich mich am hiesigen Platze als Kommissionär für Ein- und Verkauf von Rauchwaren aller Art niedergelassen habe.

Da ich besonderen Wert darauf lege, mit Ihrem geschätzten Hause in Verbindung zu treten, so erlaube ich mir, Sie hierdurch nochmals auf mein Unternehmen aufmerksam zu machen und bei dieser Gelegenheit zu betonen, daß die reichen Erfahrungen, die ich mir im Dienste hervorragender Firmen in der Branche erworben habe, Ihnen für sachkundige Vertretung Ihrer Interessen Gewähr bieten dürften.

107ª. (Circular.)

Máximo Werner.
Comisión y consignación.
Leipzig, Brühl, 280.

Leipzig 10 de Enero de 19 . .

Sr(s). (D.) . . . . — . . . .

Muy Sr(s). mío(s): Tengo el honor de poner en conocimiento de V(s)., que acabo de establecer en esta plaza, bajo mi propio nombre, casa de comisión y consignación en el ramo de peletería de todas clases y procedencias.

Larga experiencia en estos negocios, excelentes corresponsales en los países exportadores é importadores de estos artículos y el conocer á fondo y prácticamente el género, justificarían la confianza que solicito de V(s). y que sabría merecer correspondiendo á ella con diligencia, celo y exactitud desplegados en la ejecución de las órdenes con que V(s). se dignara(n) favorecerme.

Suplicándole(s) tomen buena nota de mi firma, única que se usaré en mis operaciones, tal como la pongo al pié de la presente, tengo la mayor satisfacción en ofrecerme á V(s).

att° S. S.

Máximo Werner.

108ª.

Máximo Werner.
Comisión y consignación.
Leipzig, Brühl, 280.

Leipzig 16 Enero 19 . .

Srs. Pidal Hermanos. — Barcelona.

Muy Srs. míos: Me permito confirmarles mi reciente circular, en que exponía las singulares circunstancias que me capacitan para dedicarme al ramo de peletería, creando una casa propia de comisión en esta plaza bajo los auspicios de los respetables establecimientos abajo citados, para la compra-venta de artículos de peletería y manguitería.

Sollten Sie sich entschließen, mich mit Ihrem Vertrauen zu beehren, so würde ich Ihnen für Einkäufe außer dem üblichen Ersatz für Barauslagen 2% (zwei vom Hundert) Provision in Anrechnung bringen.

Ich sehe Ihrer geneigten Entschließung gern entgegen und zeichne, indem ich noch auf die untenstehenden Referenzen verweise, hochachtungsvoll

Max Werner.

Referenzen.

Ludwig Blank & Söhne, Leipzig.
H. Breton & fils, 23, rue de Richelieu, Paris.
M. Cameron & Co., 36, Victoria Street, London E C.

109.

Simon frères,
28, Fbg. Poissonnière,
Paris.

Paris, den 20. Januar 19..

Herrn Max Werner, Leipzig.

Wir besitzen Ihr gefl. Schreiben vom 16. d. M. und erklären uns im Prinzip geneigt, Ihnen den Einkauf von Rauchwaren für unsere Rechnung am dortigen Platze zu übertragen.

Zu diesem Zwecke unterbreiten wir Ihnen unsere Bedingungen wie folgt:

Provision. Wir gewähren Ihnen 2% (zwei vom Hundert) vom Nettobetrag der Originalfakturen sowie Rückerstattung Ihrer Barverläge. Die Fakturen sind gleichzeitig mit der Ware im Original an uns einzusenden.

Abrechnung. Sie übersenden uns am Schluß eines jeden Kalendervierteljahres einen Kontoauszug und eine Aufstellung Ihrer Provision und Ihrer Barauslagen.

Versendung. Alle an uns abgehenden Waren sind, soweit sie nicht Postpakete bilden, unfrankiert an unseren hiesigen Spediteur L. Thibault zu unserer Verfügung zu schicken; Versicherung decken wir selbst.

Marktberichte. Wir legen großen Wert darauf, fortwährend über den Stand des Marktes unterrichtet zu sein. Wir bitten deshalb, uns so oft als erforderlich zu berichten.

Wir sehen umgehender Bestätigung unserer Bedingungen gern entgegen und hoffen, daß sich die Geschäftsverbindung für beide Teile nutzbringend und angenehm gestalten möge.

Hochachtungsvoll

Simon frères.

Si, como espero, se dignan utilizar mis servicios, en la seguridad de mi eficacia y esmero para dejarles de todo punto satisfechos, les contaría sólo 2 p⁰/₀ de comisión, aparte del reembolso de mis gastos.

En prueba de su confianza, á la que corresponderá cumplidamente como se merecen, espera verse honrado en breve por sus apreciables órdenes su más att° S. S.

Máximo Werner.

Referencias:

Ludwig Blank & Söhne, Am Markt, 50, Leipzig.
H. Breton et fils, 23, rue de Richelieu, París.
W. Cameron & C°, 36, Victoria Street, Londres, EC.
Jorge Carreño, 98, Balmes, Barcelona.

109ª.

Manguitería y peletería.
Pidal Hermanos.
Barcelona, Pl. de Stª Ana, 12.

Barcelona 20 de Enero 19 . .

Sr. D. Máximo Werner. — Leipzig.

Muy Sr. n/: Enterados del contenido de su circular y luego de su muy attª de 16 actual, agradecemos infinito su oferta y hemos tomado buena nota de su firma.

No dudamos de que sus buenos servicios podrían sernos útiles, pues carecemos de relaciones en ese mercado tán importante en n/ especialidad, si V. tuviera á bien admitir las condiciones siguientes.

Comisión. La que V. nos propone (dos por ciento) del importe neto de las facturas originales, que debería V. enviarnos al mismo tiempo que el género.

Ajuste de cuentas. Al final de cada trimestre, facilitándonos V. un resumen de todas las facturas y cuenta de su comisión, desembolsos, gastos de correo, telégrafo, gratificaciones, etc.

Expedición. Todo cuanto se nos envíe, ha de ser dirigido á nuestro agente de transportes C. Aixelá y Simonet, Cristina, 25, en ésta, corriendo á su cuidado los gastos de acarreo, aduana y seguro. Por supuesto, los paquetes postales de muestras vendrían directamente á nuestras señas.

Revista del mercado. Nos convendría una reseña postal y á veces telégrafica del estado y fluctuaciones de ese importante mercado y de las existencias disponibles.

Entre tanto, se ofrecen á su disposición attᵒˢ y afmᵒˢ y S. S.

Pidal Hermanos.

110.

Max Werner,
Leipzig.
Brühl 280.

Leipzig, den 22. Januar 19..

Herren Simon frères, Paris.

Im Besitz Ihres Geehrten vom 20. d. M. erkläre ich mich hierdurch mit den darin enthaltenen Bedingungen einverstanden.

Der Ordnung wegen wiederhole ich dieselben kurz:

Ich übernehme den Einkauf von Rauchwaren für Ihre Rechnung am hiesigen Platze gegen eine Einkaufsprovision von 2% vom Nettobetrag der Fakturen, die ich Ihnen im Original einsende.

Die Abrechnung erfolgt in der Weise, daß ich Ihnen am Schluß eines jeden Kalendervierteljahres einen Kontoauszug sowie eine Aufstellung über Provision und Verläge einsende.

Die Zusendung der Ware erfolgt durch Vermittlung Ihres dortigen Spediteurs, der zugleich Fracht, Versicherung und Verzollung besorgt.

Ich berichte Ihnen so oft als erforderlich über den Stand des Rauchwarengeschäfts am hiesigen Platze, nötigenfalls telegraphisch oder telephonisch.

Ich betrachte nunmehr die Geschäftsverbindung als eröffnet und werde bestens bemüht sein, sie für beide Teile nutzbringend und angenehm zu gestalten.

Ihren geschätzten Aufträgen gern entgegensehend, zeichne ich hochachtungsvoll

Max Werner.

111.

Simon frères.
28, Fbg. Poissonnière,
Paris.

Paris, den 25. Januar 19..

Herrn Max Werner, Leipzig.

Wir besitzen Ihr Geehrtes vom 22. d. M. und erklären uns mit dessen Inhalt einverstanden.

Zugleich ersuchen wir Sie, für uns bei einem leistungsfähigen Hause dort:

6 Bund Persianer

in großer Mittellocke mit hohem Glanze in der Preislage von 160—180 Mark auszuwählen.

Falls uns die Ware gefällt, werden wir Ihnen bald weitere belangreiche Aufträge zugehen lassen.

Wir bitten, uns die Sendung in Postpaketen zu 5 kg über Belgien zugehen zu lassen, und zeichnen hochachtungsvoll

p. pa. Simon frères.

M. Richard.

110ª.

Máximo Werner.
Comisión y consignación.
Leipzig, Brühl, 280.

Leipzig 24 Enero 19 . .

Srs. Pidal Hermanos. — Barcelona.

Muy Srs. míos: Acepto las condiciones propuestas en su attª del 20 ctᵉ, que me apresuro á confirmar.

Quedo encargado de sus compras de peletería en esta plaza por cuenta de Vs., mediante una comisión de 2 p% del importe neto de las facturas originales enviadas y reembolso de mis gastos.

El día último de cada trimestre les produciré un estracto de cuentas y una relación de mis alcances devengados.

A excepción de los paquetes postales, corre á cargo de los Srs. Aixelá y Simonet, de ésa, el transporte, seguro y formalidades de aduana.

Les tendré á Vs. al corriente de las oscilaciones de este mercado por medio de frecuentes reseñas por correo, y en caso de urgencia, por telégrafo.

En espera de sus estimadas órdenes, me repito de Vs. atº S. S.

M. Werner.

111ª.

Manguitería y peletería.
Pidal Hermanos.
Barcelona, Pl. de Stª Ana, 12.

Barcelona 28 Enero 19 . .

Sr. D. Máximo Werner. — Leipzig.

Muy Sr. n/: Estando ya de acuerdo, según confirma su grata del 22 del ctᵉ, sírvase V. escoger para nosotros

6 paquetes de pieles de Astracán,

de hermoso rizado, mediano, persistente y bien lustroso, al precio de 160 á 180 marcos el paquete, y enviárnoslos por correo bien acondicionados, poniendo en la dirección, además de mis señas: «para las formalidades de aduana entréguese á los Srs. Aixelá y Simonet, Cerbère»; puesto que los paquetes postales que adeuden derechos de entrada, en la de Port-Bou, primera estación de la línea española, sin ir al cuidado de un agente de uno ó de otro de ambos puntos fronterizos, al ser registrados por las vistas ó sus subalternos, son muy á menudo revueltos y mal re-empaquetados, teniendo el destinatario que lamentar taras ó daños.

Considere V. este encargo sólo como de prueba, al cual sucederán pedidos de mucha más importancia si el actual nos deja satisfechos.

Sin más por hoy, somos de V. attºˢ S. S.

Pidal Hermanos.

112.

Max Werner,
Leipzig.
Brühl 280.

Leipzig, den 28. Januar 19..

Herren Simon frères, Paris.

Ihrem Auftrag vom 25. d. M. gemäß ließ ich soeben:

60 Stück gefärbte Persianer

in 5 Postpaketen an Sie abgehen.

Nur durch ganz besondere Vergünstigung ist es mir gelungen, diese Ware in der gewünschten Lockung zum Preise von ℳ 180,— zu erhalten.

Da die Nachrichten aus der Bocharei über den Ausfall der diesjährigen Ernte sehr ungünstig lauten, so werden Persianer einen Preisaufschlag von 20—25% erleiden.

Einliegend überreiche ich Ihnen die Rechnung Bernhard Jung, hier. im Original.

Hochachtungsvoll

Max Werner.

1 Faktur.

113.

Fol. 315.

Leipzig, den 28. Januar 19..

RECHNUNG

für Herrn Max Werner, Leipzig.

von

Bernhard Jung.

Valuta per 6 Monat netto oder ·/. 3% binnen 30 Tagen.

	60	gefärbte Persianer	18	—	ℳ	1080	—

114.

Simon frères,
28, Fbg. Poissonnière,
Paris.

Paris, den 1. Februar 19..

Herrn Max Werner, Leipzig.

Wir empfingen vorgestern Ihr Geehrtes vom 28. Januar nebst Rechnung Bernhard Jung; soeben treffen auch die darin avisierten 5 Postpakete ein.

112ª.

Máximo Werner.
Comisión y consignación.
Leipzig, Brühl, 280.

Leipzig 1º Febrero 19 . .

Srs. Pidal Hermanos. — Barcelona.

Muy Srs. míos: En cumplimiento de su orden del 25 ctᵉ, tengo el gusto de remitirles adjunta la factura original de D. Guillermo Jung, de ésta, por 6 líos de pieles de Astracán, enviados en 5 paquetes postales á la subagencia de los Srs. Aixelá y Simonet en Cerbère.

Unicamente por una deferencia especial que me guarda la gran casa al por mayor referida, me ha sido posible conseguir el género tal como Vs. lo piden, á razón de 180 mcˢ. Creo haberles hecho una buena compra y me sentiría sumamente lisonjeado si, como confío, es de su agrado y perfecta conformidad.

Las últimas noticias de Rusia anuncian un abastecimiento muy escaso en esta campaña, de modo que el mercado muestra tendencias al alza y no tendría nada de estraño un aumento de 20 á 25 p% en los precios.

Se repite á la disposición de Vs. attº S. S.

M. Werner.

Anexo: Factura.

113ª.

Fol. 315.

Leipzig, den 1./II. 19 . .

RECHNUNG

für Herrn *Pidal Hermanos*, Barcelona,
von
Wilhelm Jung, hier.

Valuta per 6 Monat netto oder ·/. 3% binnen 30 Tagen.

60	gefärbte Persianer	á 18.— M.	1080.— M.

114ª.

Manguitería y peletería.
Pidal Hermanos.
Barcelona, Pl. de Stª Ana, 12.

Barcelona 12 Febrero 19 . .

Sr. D. Máximo Werner. — Leipzig.

Muy Sr. n/: Poseemos su attª del 1º ctᵉ, la factura original de D. Guillermo Jung y los consabidos 5 paquetes postales.

Die Auswahl der Persianer befriedigt uns noch nicht ganz. Die Ware ist zwar großlockig und glänzend, aber zu weich im Haar, nicht fest und gedrungen genug.

Herrn Bernh. Jung haben wir veranlaßt, den Rechnungsbetrag von ℳ 1080,— abzüglich 3% Skonto, zum Tageskurse in Franken umgerechnet, per ultimo März auf uns zu entnehmen.

Hochachtungsvoll

p. pa. Simon frères
M. Richard.

115.

Simon frères,
28, Fbg. Poissonnière,
Paris.

Paris, den 1. Februar 19..

Herrn Bernhard Jung, Leipzig.

Für den Fakturenbetrag der uns durch Herrn Max Werner dort übersandten 60 Stück gefärbten Persianer, die heute ordnungsmäßig hier eintrafen, belieben Sie sich mit:

	ℳ 1080,—	
abzüglich	„ 32,40	3% Skonto
	ℳ 1047,60	per ultimo März d. J.

zum Tageskurs unter Anzeige auf uns zu erholen.

Hochachtungsvoll

Simon frères.

116.

Bernhard Jung.
Leipzig.
Brühl 280.

Leipzig, den 3. Februar 19..

Herren Simon frères, Paris.

Der mir am 1. d. M. erteilten Ermächtigung gemäß gab ich heute:

Frs. 1296,55 per ultimo März d. J.

auf Sie ab, welche ich zum Kurs von:

80,80 t. q. =	ℳ 1047,60
zuzüglich 3% Skonto =	„ 32,40
mit	ℳ 1080,—

zur Begleichung meiner Faktur vom 28. Januar d. J. verwendete.

Hochachtungsvoll

Bernhard Jung.

Sentimos tenerle que manifestar que no estamos del todo contentos con los astracanes, encontrando que, si bien el bucle es bastante grande y lustroso, no nos parece lo suficiente cerrado y consistente.

Sin embargo, hemos avisado al Sr. Jung para que disponga á n/cg° como más cómodo le parezca, del importe de su factura, M. 1080,—, á fines de Marzo prx° al cambio oficial del día en Berlín, deducido el descuento de 3 p%.

Saludan á Vd. muy atentamente S. S. S.

P. A. de Pidal Herm^s.
Reig.

115ª.

Manguitería y peletería.
Pidal Hermanos.
Barcelona, Pl. de Stª Ana, 12.

Barcelona 12 Febrero 19 . .

Sr. D. Guillermo Jung. — Leipzig.

Muy Sr. n/: Por saldo de su ctª del 28 ppd°, relativa á 60 pieles de Astracán, facturadas á nombre de D. M. Werner, de esa plaza, le invitamos á que disponga de su importe á nuestro cargo, como le sea más cómodo, á fin de Marzo entrante, al cambio oficial del día en Berlín, deducido el descuento de 3 p%, según especificamos en la nota al pié de la prtᵉ.

Nos ofrecemos de V. att^os S. S.

Pidal Hermanos.

M. 1080,— importe de la fª
» 32,40, descuento de 3 p%.
M. 1047,60, valor 30/III/19 . .

116ª.

Wilhelm Jung.
Leipzig.

Leipzig, den 16. Februar 19 . .

Herrn Pidal Hermanos. — Barcelona.

Der mir am 12. d. M. erteilten Ermächtigung gemäß, gab ich heute
Frs. 1296,55 per ultimo März d. J.
auf Sie ab, welche ich zum Kurs von:

80,80 t. q. =	M. 1047,60
zuzüglich 3% Skonto =	» 32,40
mit	M. 1080,—

zur Begleichung meiner Faktur vom 1. d. M. verwendete.

Hochachtungsvoll

Wilhelm Jung.

Verkaufskommission.

Leder.

117. Am 4. Mai 19.. bietet die Kommissionsfirma L. Ernst & Söhne, Leipzig, dem Importgeschäft Friedrich Kern, Hamburg, unter Angabe von Referenzen und Kommissionsbedingungen ihre Dienste als Verkäufer in Sohlleder an.

118. Am 11. Mai 19.. erklärt sich Friedrich Kern, Hamburg, zu einer Konsignationssendung unter den angegebenen Bedingungen bereit, wünscht aber Herabminderung der Verkaufskommission. Dem Briefe liegt

119. Die Konsignationsfaktur über die am gleichen Tage abgehende Sendung Sohlleder bei.

120. Am 20. Mai 19.. bekennen sich L. Ernst & Söhne, Leipzig, zum Empfang der Ware, bei deren Übernahme sich eine kleine Gewichtsdifferenz ergeben hat, und erklären sich bereit, die Verkaufsprovision von $2^1/_2\%$ auf 2% zu ermäßigen.

121. Am 31. Mai 19.. zeigen L. Ernst & Söhne, Leipzig, ihrem Kommittenten durch Depesche und Brief an, daß sie die Konsignationssendung zum limitierten Preise verkauft haben; sie legen

122. Verkaufsrechnung bei, deren Betrag sie nach Eingang beim Bankhause des Kommittenten: Dresdener Bank, Filiale Leipzig, erlegen werden.

123. Am 30. Juni 19.. zeigen die Leipziger Kommissionäre ihrem Kommittenten in Hamburg an, daß sie den Betrag der Verkaufsrechnung vom 31. Mai bei der Dresdener Bank, Filiale Leipzig, eingezahlt haben, und bitten um Gutschrift.

117.

L. Ernst & Söhne.
Leder-Kommission.
Leipzig,
Brühl 96.

Leipzig, den 4. Mai 19..

Herrn Friedrich Kern, Hamburg.

Ihre werte Adresse verdanken wir Herrn Kurt Hermann, dort, der uns gleichzeitig gestattet hat, uns auf ihn zu berufen, und auch gern bereit sein wird, Ihnen jede erwünschte Auskunft über uns zu erteilen.

Unser Leder-Kommissionsgeschäft besteht seit fast zehn Jahren und erfreut sich eines lebhaften Zuspruchs seitens der Konsumenten am hiesigen Platze und in ganz Sachsen.

b) Comisiones de venta.

Curtidos.

117ª. El 4 mayo 19.. Gabriel Pereda, comisionista de Vigo, ofrece sus servicios y, al propio tiempo, sus condiciones á S. Bretón, Lugo, recomendado por un corresponsal común.

118ª. El 11 mayo 19.. Segisfredo Bretón, Lugo, se manifiesta pronto á abrir un depósito de esos productos en dicha casa de Vigo, proponiéndole que reduzca el tanto de comisión y le anuncia un envío en concepto de tanteo.

119ª. Relación de las mercancías consignadas por S. Bretón.

120ª. El 20 mayo 19.. G. Pereda, Vigo, acusa recibo del envío, conviniendo con S. Bretón, Lugo, en disminuir la cifra de su comisión con la esperanza de que el número y la importancia de las salidas le compensarán la disminución en el beneficio de cada una.

121ª. El 31 mayo 19.. G. Pereda confirma los telegramas que se han cruzado y manda la cuenta de venta á su comitente.

122ª. Factura de venta.

123ª. El 30 junio 19.. la misma casa de Vigo cubre el saldo de esta factura.

117ª.

Gabriel Pereda.
Representaciones y consignaciones.
Vigo, Calle Real, 8.

Vigo 4 de Mayo de 19..

Sr. D. Segisfredo Bretón. — Lugo.

Muy Sr. mío: Bajo los auspicios de D. Antonio Quirós, de ésta, nuestro común amigo, me tomo la libertad de ofrecerle á V. esta S/C para la venta de los productos de la acreditada fábrica de V.

Establecido aquí desde el año 1890, he logrado adquirir una clientela considerable en las plazas tanto del litoral como del interior, y no sería así estraño que hubieren llegado á conocimiento de V. la buena fe, eficacia y legalidad en mis tratos, poseyendo tantos elementos como cualquier otro para el acierto en representación de los intereses de mis comitentes.

Sollten Sie geneigt sein, uns mit dem kommissionsweisen Verkauf Ihrer Sohlleder und Kipse zu beauftragen, so können wir Ihnen in preiswerter Ware einen bedeutenden Umsatz in sichere Aussicht stellen.

Für unsere Vermittelung würden wir Ihnen $2\frac{1}{2}\,\%$ Kommission berechnen und um Rückvergütung sämtlicher Auslagen zuzüglich des der Kundschaft zu gewährenden Skontos bitten.

Wir geben uns der Hoffnung hin, daß Ihnen diese Bedingungen genehm sein werden, und zeichnen, Ihrer geneigten Antwort gern entgegensehend,

hochachtungsvoll

L. Ernst & Söhne.

118.

Friedrich Kern,
Rohprodukten-
Import und Kommission.
Girokonto: Filiale der Dresdener Bank, Hamburg.
Telegrammadresse: Kernleder.

Hamburg, den 11. Mai 19..

Herren L. Ernst & Söhne, Leipzig.

Im Verfolg Ihres gefl. Schreibens vom 4. d. M. bin ich nicht abgeneigt, Ihnen die kommissionsweise Vertreibung meiner Sohlleder und Kipse am dortigen Platze und für das Königreich Sachsen zu übertragen.

Bevor wir uns beiderseitig binden, möchte ich Ihnen eine Wagenladung Sohlleder zu den angegebenen Bedingungen in Konsignation geben.

Ich hoffe, daß Sie sich unter Berücksichtigung der Preiswürdigkeit meiner Ware entschließen werden, die geforderte Verkaufsprovision von $2\frac{1}{2}\,\%$ auf $2\,\%$ zu ermäßigen.

Ein solches Entgegenkommen Ihrerseits würde selbstverständlich meine endgültige Entschließung wesentlich erleichtern; der größere Umsatz würde Sie für den Ausfall sehr bald entschädigen.

Ich darf mich wohl einer wohlwollenden Berücksichtigung meines Vorschlags versichert halten und übersende Ihnen heute direkt und franko in Wagenladung, zum kommissionsweisen Verkauf:

80 Bürden Sohlleder,

worüber ich Ihnen Konsignationsrechnung beifüge.

Ich bitte, mir den Eingang der Ware sofort anzuzeigen, und sehe baldiger Zusendung der Verkaufsrechnung gern entgegen.

Sollte ein kleiner Preisnachlaß Ihnen den Verkauf des ganzen Postens ermöglichen, so bitte ich um telegraphische Mitteilung.

Eingänge zugunsten meines Kontos bitte bei der dortigen Filiale der Dresdener Bank erlegen zu wollen.

Hochachtungsvoll

Konsignationsfaktur.

Friedrich Kern.

La reputación y confianza que goza mi casa son, pues, una garantía de la colocación pronta y ventajosa de los artefactos de V. Para el caso de que se digne utilizar mis servicios, le participo que acostumbro á percibir el $2^1/_2$ p$^0/_0$ de comisión sobre el producto neto de las ventas y el reembolso de los gastos causados por la consignación.

No dudo que, siquiera sea sólamente por vía de ensayo, no desdeñará V. las proposiciones y buena voluntad con que desea entrar pronto en relaciones con V. su muy att° S. S. S.

q. b. s. m.

Gabriel Pereda.

118ª.

Segisfredo Bretón.
Lugo.
Fábrica de artículos para calzado.
Becerros y charoles.

Lugo 11 de Mayo de 19..

Sr. D. Gabriel Pereda. — Vigo.

Muy Sr. mío: Agradezco á V. los ofrecimientos de su attª del 4 ctᵉ, que aceptaría de buena gana si quisiera V. rebajarme $^1/_2$ p$^0/_0$ de su comisión. En cambio me esforzaría yo en ponerle mis artículos á precios tán módicos, que trabajaría V. con ventaja respecto de los competidores.

En consideración á esta circunstancia y á lo insignificante de la rebaja deseada, no me cabe duda de que no tendrá V. reparo alguno en que empecemos desde luego nuestras operaciones. Queda V. nombrado representante y consignatario mío para toda la provincia de Pontevedra.

A renglón seguido, le participo que va á las señas de su aprblᵉ casa una coleccioncita de becerros y charoles de dimensiones y calidades diferentes. Se compone de 24 docˢ, cuya especificación hallará V. adjunta. Probablemente le bastará para formarse idea de mis especialidades y demás artículos, de los cuales podrá V. escoger los que mejor se adapten al gusto y necesidades de la localidad y convengan á los consumidores de esa comarca.

Aprovecho la ocasión para ofrecerme á V. att° y afm° S. S.

q. b. s. m.

S. Bretón.

Anexo:
Relación de clases y precios.

Friedrich Kern,
Rohprodukten-
Import und Kommission.
Girokonto: Filiale der Dresdener Bank, Hamburg.
Telegrammadresse: Kernleder.

119.

Hamburg, den 11. Mai 19..

Konsignationsfaktur

für Herren L. Ernst & Söhne, Leipzig.

Ich versandte heute per Bahn, direkt und franko an Ihre Adresse, *zum kommissionsweisen Verkauf:*

		auf meine Rechnung und Gefahr mit Ziel 6 Monat.. oder per Kasse mit 2 % Skonto:
F. K.	1—40	An 40 Bürden Sohlleder I 8010 Pfd. à 1,10
F. K.	41—60	„ 20 „ do. II 4005 „ à 1,—
F. K	61—80	„ 20 „ do. III 3810 „ à —,80

L. Ernst & Söhne,
Leder-Kommission.
Leipzig,
Brühl 96.

120.

Leipzig, den 20. Mai 19..

Herrn Friedrich Kern, Hamburg.

Soeben ist die mit Ihrem Geehrten vom 11. d. M. fakturierte Wagenladung Sohlleder eingetroffen.

Wir haben die Ware sofort auf Lager genommen.

Die sich bei Abnahme hier ergebenden Gewichte betrugen für:

40	Bürden Sohlleder	I	8007	Pfd.
20	„ „	II	3999	„
20	„ „	III	3804	„

Die Qualität entspricht unseren Erwartungen, wir glauben, auf schlanken Absatz rechnen zu dürfen.

Ihren Wunsch, die Verkaufskommission von $2^1/_2$ auf 2 % ermäßigt zu sehen, haben wir ernstlich erwogen und erklären uns hierdurch bereit, denselben zu erfüllen, obgleich wir bisher noch nie zu diesem niedrigen Satze gearbeitet haben.

Wir gehen bei unserer Entschließung von der Annahme aus, daß größere Umsätze uns für den Ausfall entschädigen werden, und bitten, uns den Vertrieb Ihrer Ware durch geeignete Auswahl bei den Konsignationssendungen, bei großen Umsätzen wohl auch durch entsprechenden Preisnachlaß zu erleichtern.

Für die heute eingegangene Sendung bringen wir bereits den Kommissionssatz von 2 % in Anrechnung.

Hochachtungsvoll

L. Ernst & Söhne.

119 .

Segisfredo Bretón.

Fábrica (al vapor) de artículos para calzado.

Lugo 11 de Mayo 19 .

Detalle de la colección de becerros y charoles expedida con esta fecha á pqª/vd franco á domicilio, en

1 fardo PF. 108, peso bruto 259 kgr.,

en consignación á D. Gabriel Pereda, por intermedio de Rogerio Roger, de ésta.

Partida	Largo	Ancho	Género	Precio p/doc. y en pts.	Observaciones
4 docs.	85 á 90 cm.	67 cm.	Becerros lustre	95,—	
»	90 á 95 »	70 »	» »	102,—	
»	95 á 100 »	73 »	» »	110,—	
»	100 á 105 »	77 »	» »	120,—	
»	105 á 110 »	80 »	Charoles bordeleses	128,—	
»	110 á 115 »	83 »	» habaneros	135,—	

Valor al contado.

120ª.

Gabriel Pereda.
Representaciones y consignaciones.
Vigo, Calle Real, 8.

Vigo 20 de Mayo 19 . .

Sr. D. Segisfredo Bretón. — Lugo.

Muy Sr. mío: Doy á V. las más expresivas gracias por la representación otorgada con su grata del 11 ctᵉ, que no he contestado hasta hoy aguardando la llegada de los géneros avisados en ella.

Examinados éstos, que han venido en buen estado, tengo la satisfacción de manifestarle que su calidad es excelente y serán, por lo tanto, de fácil colocación.

Aunque no trabajo nunca á menos de $2^1/_2$ p% de comisión, he reflexionado maduramente la de 2 p% propuesta por V. con la promesa de facilitarme los negocios merced á precios extraordinarios; y me avengo á aceptarla, calculando que lo que deje de ganar en cada operación será compensado por el mayor número y cuantía de las ventas.

Con todo, me reservo la libertad de proponer á V. una reducción de los precios señalados, siempre y cuando se trate de no dejar escapar un buen negocio.

Me repito á las órdenes de V. attº y afmº S. S.

G. Pereda.

121.

Telegraphie des Deutschen Reichs.

Kernleder Hamburg verkauften Sohlleder nach Limit. Ernst Söhne.

121 a.

L. Ernst & Söhne,
Leder-Kommission,
Leipzig,
Brühl 96.

Leipzig, den 31. Mai 19..

Herrn Friedrich Kern, Hamburg.

Wir bestätigen unsere Depesche: „Verkauften Sohlleder nach Limit" und überreichen Ihnen beigeschlossen über die von uns am 20. d. M. auf Lager genommene Ledersendung Verkaufsrechnung, laut welcher Ihr wertes Konto mit:

ℳ 15 211,45 per Kasse

erkannt wurde.

Anschaffung werden wir Ihnen aufgabegemäß durch Filiale der Dresdener Bank sofort nach Eingang zugehen lassen.

Da es uns so schnell gelungen ist, den Verkauf unter voller Wahrung Ihrer Interessen zu bewerkstelligen, dürfen wir weiteren Konsignationen wohl entgegensehen und zeichnen

hochachtungsvoll

L. Ernst & Söhne.

Verkaufsrechnung.

121ª.

Gabriel Pereda.
Representaciones y consignaciones.
Vigo, Calle Real, 8.

Vigo 31 de Mayo de 19 . .

Sr. D. Segisfredo Bretón. — Lugo.

Muy Sr. mío: En el volante incluído verá V. la confirmación de los telegramas cruzados esta mañana.

En virtud de la respuesta telegráfica de V., he vendido por p/s/ctª, á entregar en seguida, con portes pagados hasta ésta, pagaderas á fin de Junio

20 docˢ becerros con lustre, de 105 por 77 cm,

de cuya nota adjunto el duplicado.

El buen éxito de esta operación le animará, sin duda, á confiarme consignaciones de mayor importancia, sobre todo, en cueros lustrosos; siendo más expedito colocar el género cuando el comprador puede examinar la partida entera.

Sin más por hoy, sigo de V. attº y afmº S. S.

G. Pereda.

Anexos:

Copia de telegramas.

Duplicado de fª de venta.

COPIA DE LOS TELEGRAMAS.

Despachos enviados á: *Lugo.*	Despacho recibos de: *Lugo.*
31 Mayo de 19 . .	31 Mayo de 19 . .
Ofrecidas veinte docenas becerros lustrados ciento dieciocho pesetas, franco Vigo. Telegrafíeme.	Expediré franco veinte docenas becerros ciento dieciocho pesetas.

122.

Verkaufsrechnung

über 80 Bürden Sohlleder für Rechnung von

Herrn Friedrich Kern, Hamburg,

von

L. Ernst & Söhne.

F. K.	1—40	40 Bürden Sohlleder I 8007 Pfd. à 1,10	ℳ	8807	70
F. K.	41—60	20 „ „ II 3999 „ à 1,—	„	3999	—
F. K.	61—80	20 „ „ III 3804 „ à 0,80	„	3043	20
			ℳ	15849	90
		Spesen:			
		ab Roll- und Wiegegebühren ℳ 3,65			
		2% Skonto . . . . „ 317,—			
		2% Kommission . . . . . „ 317,—			
		Depesche und Porti . . . „ —,80		638	45
		Reinertrag per Kasse	ℳ	15211	45

123.

L. Ernst & Söhne,
Leder-Kommission,
Leipzig,
Brühl 96.

Leipzig, den 30. Juni 19..

Herrn Friedrich Kern, Hamburg.

Zum Ausgleich der Ihnen am 31. Mai d. J. behändigten Verkaufsrechnung erlegten wir heute auf Ihr Girokonto bei der hiesigen Filiale der Dresdener Bank zu Ihren Gunsten:

ℳ 15 211.45,

um deren gefl. Gutschrift wir bitten.

Hochachtungsvoll

L. Ernst & Söhne.

122ª.

Gabriel Pereda.
Representaciones y consignaciones.
Vigo, Calle Real, 8.

Junio (y) 10/19 . .

He recibido de D. S. Bretón, Lugo, y vendido p/s/O/ y ctª, pagaderos al cabo de 1 mes de la entrega, los géneros siguientes, portes pagados á domicilio Vigo:

Marcas y númˢ	Partidas	Géneros	Precio p. doc. Pts.	Precio de la partida Pts.
PF. 122	20 docˢ	Becerros lustre 105 × 77	118,—	2360,—
	A reembolsar	Sellos de correo y telegrama . .	3,80	
		Camionaje y gastos accidentales .	2,70	
		Comisión 2 % de 2360 pts. . . .	47,20	53,70
		Líquido á crédito de V.		2306,30

Pagadero á fin de junio prxº. S. e. ú. o.

123ª.

Gabriel Pereda.
Representaciones y consignaciones.
Vigo, Calle Real, 8.

Vigo 30 Junio 19 . .

Sr. D. Segisfredo Bretón. — Lugo.

Muy Sr. mío: Tengo el gusto de remitirle por saldo de la fª de venta del 10 ctᵉ p/ctª de V. un efecto núm. 3621 del Banco de España, á/v, al portador, de

Pts. 2306,30, que tendrá V. la bondad de abonarme en cuenta.

Reciba V. atentos y afectuosos saludos de S. S. S.

q. b. s. m.

Gabriel Pereda.

D. Das Speditionsgeschäft.

Speditionsgeschäft. Man nennt Speditionsgeschäft die gewerbsmäßig für Rechnung der Auftraggeber bewirkte Versendung von Waren (Gut, Speditionsgut).

Der Spediteur besorgt die Versendung, Umladung, Empfangnahme, Weiterbeförderung und Einlagerung der Güter in seinem eigenen Namen entweder für eigene oder für fremde Rechnung.

Nachnahme, Verzollung. Außer der Versendung des Gutes besorgt der Spediteur sehr häufig die Einziehung der Geldbeträge, die in Form von Nachnahmen oder Vorausbezahlungen auf das Gut erhoben werden können, und erledigt die Formalitäten, die zu erfüllen sind, wenn das Gut über die Zollgrenze geht.

Frachtführer, Verfrachter. Bei der Beförderung zu Lande oder auf Binnenwässern bedient sich der Spediteur der Vermittlung der Frachtführer (Fuhrleute, Eisenbahnen, Schiffer); bei Beförderung zur See der Vermittelung des Verfrachters (Rheder, Charterer).

Versicherung. Die Versicherung wird bei einer Transportversicherungsgesellschaft bewirkt, sie erstreckt sich: auf Verlust des Gutes; auf Beschädigung des Gutes; auf verspätete Lieferung des Gutes.

Prämie, Police. Die Gebühr, welche die Versicherungsgesellschaft für die übernommene Ersatzpflicht erhebt, heißt Prämie; der Versicherungsvertrag wird Police genannt. Lautet der Versicherungsvertrag auf sämtliche Transporte, die der Versicherte innerhalb eines gewissen Zeitraums anmeldet, so spricht man von einer Pauschal- oder Generalpolice.

Voraus-, Nachzahlung. Die Fracht wird entweder vom Absender oder vom Empfänger des Gutes erlegt. Trägt der Empfänger die Fracht, so pflegt sich der Spediteur durch Nachnahme oder Barvorschuß für seine Auslagen und seine Mühwaltung bezahlt zu machen.

Im überseeischen Verkehr sind Gelderhebungen auf Versandgüter nicht üblich. In Hafenplätzen wird deshalb die Auszahlung der Nachnahmen und Barvorschüsse einem Bankhaus übertragen, bei dem der Spediteur die Gelder erhebt.

Tariffracht, Übernahme. Als Fracht wird entweder: der wirkliche Frachtsatz (reine Bahnfracht, reine Seefracht) zuzüglich der Nebenkosten, die der Spediteur einzeln verrechnet, und einer Speditionsprovision, die je nach Art des Transportes als Rollgeld, Einladekosten, Ausladekosten u. s. w. bezeichnet wird, in Anrechnung gebracht; oder es wird mit dem Spediteur ein Frachtsatz in Bausch und Bogen (Übernahmesatz, Übernahmepreis, Aversionalfracht) vereinbart; in diesem vereinbarten Preis sind dann sämtliche Nebenkosten enthalten.

D. Transportes y Seguros.

Agencia. El traslado terrestre, fluvial ó marítimo de las mercancías, sobre todo, las que han de expedirse al extrangero, se encomienda por lo general á «agentes de transporte» profesionales. Para el transporte por mar, se recurre á los «consignatarios de naves» ó á los «armadores».

Van hermanados con la empresa de transporte, según los casos, la carga y descarga, el trasbordo, la reexpedición, la recepción y el almacenaje de la mercancía; ya en almacenes proprios, particulares, ya en «*docks*», depósitos del puerto. Estos entregan *warrants* ó libranzas que acreditan la propiedad de la mercancía depositada; resguardos que pueden ser transferidos y negociados mediante su endoso.

Medios de transporte. Varían según la mercancía, las circunstancias locales y el destino de aquéllas. Así, la empresa de transporte echa mano de acémilas, carros, galeras, wagones, etc., por tierra firme; á almadías, barcazas de remolque, vapores, etc., por los ríos; y á buques de vela ó de vapor, por los mares.

Gastos de transporte. Corren, ora á cargo del remitente, ora del destinatario. En este último caso generalmente los satisface el agente de transportes, el cual se los cobra de la casa destinataria, á menudo al entregar la mercancía bajo la forma de reembolso. Tocante á los transportes marítimos, á veces se prefiere designar una casa bancaria en el punto de destinación, ya para el pago de los gastos solos de transporte al agente expedicionario, ya para la custodia del conocimiento, que es entregado al receptor de la mercancía mediante el pago del costo del importe de la mercancía junto con el de los gastos de expedición.

Transportes según tarifa. *Transportes á destajo*, *por un precio alzado ó «à forfait»*. El agente de transportes expedidos conforme tarifa carga en cuenta, además del acarreo, ó el flete, y de los gastos adicionales (declaraciones, guías, despacho, gabarras, camiones, cargadores y descargadores de muelle, etc.), un tanto por comisión. El agente de transportes contratados por convenio especial ó *à forfait* comprende en un precio alzado, que se estipula para cada caso particular, el porte. los gastos adicionales y su comisión.

Seguros. Pertenecen á las funciones de una «compañía», ó «agencia de seguros»; pero suelen encomendarse al agente de transportes, el cual debe pedir instrucciones á su comitente si no las ha recibido ya de éste sobre el particular, mayormente para ciertas mercancías y para ciertas distancias. En los seguros sobre transportes, el asegurador, en virtud de un contrato de resarcimiento («*póliza*») se obliga mediante una suma estipulada («*prima*») á indemnizar al asegurado de la pérdida ó de averías parciales ó totales á que están expuestas las mercancías por las contingencias de su expedición. Cuando la póliza es aplicable á todos los envíos del asegurado durante un período previamente establecido, alcanzando hasta á un valor á resarcir también convenido en aquélla, se llama «*póliza flotante*» ó «*abierta*».

Briefwechsel. Der Briefwechsel des Spediteurs ist bei der vielseitigen Tätigkeit desselben sehr mannigfaltig, sobald Geschäftseröffnung, Anknüpfung neuer Geschäftsverbindungen, Erledigung von Schadenersatzansprüchen und Streitigkeiten aller Art berücksichtigt werden sollen.

Zwischen Spediteur einerseits und Frachtführer oder Verfrachter andererseits beschränkt sich der schriftliche Verkehr für gewöhnlich auf die Ausfertigung der Begleitpapiere: Frachtbrief, Ladeschein, Versandaufgabe, Anlieferungsschein, Konnossement, Zolldeklaration, Begleitschein u. s. w.

Zwischen Spediteur einerseits und Absender oder Empfänger des Gutes andererseits ist der regelmäßige briefliche Verkehr ebenfalls zum großen Teil auf Ausfüllung vorgedruckter Brief- oder Postkartenformulare beschränkt.

Im Einzelfalle erstrecken sich die Verhandlungen auf folgende Punkte:

Versandbedingungen	Der Absender (Empfänger) an den Spediteur. Der Spediteur an den Absender (Empfänger)
Auftragserteilung	Der Absender (Empfänger) an den Spediteur. Der Spediteur an den Absender (Empfänger).
Ausführungsanzeige	Der Spediteur an den Absender (Empfänger). Der Empfänger an den Spediteur.
Abrechnung	Der Spediteur an den Absender. Der Absender an den Spediteur.

Briefe im Speditionsgeschäft.

Einzelsendung gegen Frachtübernahme.

Die Transportspesen gehen zu Lasten des Käufers.

124. Am 4. August 19.. fragt Robert Haas, Leipzig, bei Spediteur C. G. Lentsch, Leipzig, an, zu welchem Satze er die Überführung von rund 4000 Kilo Wein von Rivesaltes (Pyrénées Orientales) nach Leipzig übernehmen würde.

125. Am 4. August 19.. stellt C. G. Lentsch, Leipzig, dem Fragesteller zwei Übernahmen an, je nachdem die Ware zu Lande oder zu Wasser reisen soll.

126. Am 5. August 19.. erklärt sich Robert Haas, Leipzig, für den Seeweg; er beauftragt C. G. Lentsch, Leipzig, mit der Versendung und Versicherung und stellt ihm das Gut bei Lecomte Frères, Rivesaltes, zur Verfügung.

Aduana. Los agentes de transporte son en su mayoría también «agentes de aduana», ó se encargan, al menos, de cubrir los derechos arancelarios y demás formalidades que requiere el paso de los envíos al atravesar las fronteras. Este desembolso es satisfecho en unos casos por el comitente de la expedición, y en otros, por el destinatario.

Reembolso. Aunque no es de la incumbencia propia del agente de transportes, éste queda á menudo encargado también de la entrega de la mercancía mediante reembolso, ó bien de recibir pagos anticipados por cuenta del vendedor comitente.

Correspondencia. La de una empresa de transportes es bastante complicada, pues, además de ocuparse de los negocios corrientes, muchas veces ha de atender ó refutar reclamaciones de toda suerte, hacer pesquisas por extravío, pérdida ó averías de la expedición, discutir el valor á indemnizar, etc.

Las relaciones por escrito entre las empresas de ferrocariles ó las casas navieras se reducen ordinariamente á la circulación de las *cartas de porte* ó de los *conocimientos de embarque*, constituídos comunmente por formularios impresos, dejando blancos, que se han llenado con las variantes manuscritas en cada caso particular.

La marcha normal de toda comisión de transporte da lugar, por lo menos, á correspondencia sobre:

1º, condiciones de transporte	Escrito del comitente al expedidor.	
	»	vice-versa.
2º, orden de expedición	»	del comitente al expedidor.
	»	vice-versa.
3º, aviso de expedición	»	del expedidor al comitente.
	»	vice-versa.
y 4º, ajuste de cuentas	»	del expedidor al comitente.
	»	vice-versa.

Correspondencia sobre una expedición suelta.

Transporte á destajo. A cargo del vendedor.

124ª. El 4 agosto 19 . . Pedro Ribas Xofre, Cerbère, pregunta á Diego Núñez, Marsella, por las condiciones de transporte de unos 4000 kgr. de vino desde la referida estación hasta Leipzig.

125ª. El 5 agosto 19 . . Diego Núñez, Marsella, comunica al Sr. Ribas 2 precios de combinación especial: uno para el transporte por tierra, y el otro, por mar.

126ª. El 7 agosto 19 . . Ribas, Cerbère, encarga á Núñez, Marsella, la expedición de 6 toneles vino, por mar, á Hamburgo, á la dirección de R. Haas, Leipzig; el asegurarla por 2000 frs.: y el cargar todos los gastos á los comitentes.

127. Am 5. August 19.. beauftragt C. G. Lentsch, Leipzig, Lecomte Frères, Rivesaltes, damit, die ihm von Robert Haas, Leipzig, zur Verfügung gestellte Weinsendung an Léon Didier, Marseille, zu weiterer Verfügung abzusenden.

128. Am 5. August 19.. beauftragt C. G. Lentsch, Leipzig, Léon Didier, Marseille, damit, die ihm von Lecomte Frères, Rivesaltes, zu seiner Verfügung zugehende Weinsendung unversichert und unter Nachnahme der Spesen zu den früher vereinbarten Spesensätzen mit dem ersten nach Hamburg abgehenden Dampfer an Order zu verladen und ihm 3 Konnossemente einzuschicken.

129. Am 15. August 19.. meldet Léon Didier, Marseille, an C. G. Lentsch, Leipzig, daß er die ihm am 5. August übertragene Weinsendung aus Rivesaltes mit Dampfer „Carnot" nach Hamburg an Order und unter Spesennachnahme verladen habe.

130. Am 21. August 19.. überreicht C. G. Lentsch, Leipzig, der Leipziger Generalagentur der „Badischen Schifffahrts-Assekuranz Gesellschaft" ein Konnossement und bittet um Versicherung in Höhe von 1500 Mark.

131. Am 21. August 19.. beauftragt C. G. Lentsch, Leipzig, N. Luchting & Co., Hamburg, mit Übernahme und Weiterbeförderung der an seine Order von Léon Didier, Marseille, eingehenden Weinsendung. Er legt ein indossiertes Konnossement bei und schreibt Wasserweg bis Wallwitzhafen vor.

132. Am 6. September 19.. bittet Robert Haas, Leipzig, C. G. Lentsch, zwei von den sechs Fässern der Sendung aus Rivesaltes von Hamburg direkt an „Berliner Spediteurverein, Berlin", zu schicken; die übrigen vier Fässer sind aufgabegemäß zu behandeln.

133. Am 6. September 19.. übermittelt C. G. Lentsch, Leipzig, den vorstehenden Auftrag an N. Luchting & Co., Hamburg.

134. Am 7. September 19.. melden N. Luchting & Co., Hamburg, daß die Sendung Léon Didier, Marseille, bereits auf Elbkahn 8 verladen und unter Spesennachnahme an Speditionsverein Wallwitzhafen abgegangen sei, der sie zur Verfügung von C. G. Lentsch halte.

135. Am 9. September 19.. beauftragt C. G. Lentsch, Leipzig, den Speditionsverein Wallwitzhafen damit, zwei Fässer direkt an „Berliner Spediteurverein" Berlin, zu schicken, die übrigen vier nach Leipzig zu verladen.

136. Am 16. September 19.. zeigt Speditionsverein Wallwitzhafen C. G. Lentsch, Leipzig, die Verladung an.

137. Am 21. September 19.. zeigt C. G. Lentsch, Leipzig, seinem Auftraggeber Robert Haas, Leipzig, an, daß der Auftrag vollzogen ist, und überreicht Spesennota mit der Bitte um Gutschrift des Betrags.

138. Spesennota von C. G. Lentsch, Leipzig, für Robert Haas, Leipzig.

127ª. El 8 agosto 19 . . Núñez, Marsella, pide á Ribas, Cerbère, le envíe los toneles á pqª/vᵈ, portes á pagar, á dicho puerto. La reexpedición á Hamburgo irá á bordo del vapor «Carnot», encomendada á la casa corresponsal de D. Núñez en Hamburgo la descarga y la reexpedición á R. Haas, Leipzig. La prima de seguro sobre 2000 frs. es de 1 p %.

128ª. El 9 agosto 19 . . Ribas Xofre avisa á Núñez, Marsella, la expedición del vino bajo las condiciones antedichas.

129ª. El 8 agosto 19 . . la misma casa de Cerbère informa á Haas, Leipzig, que el vino pedido el 1º de agosto ppdº ha sido expedido por el intermedio de Núñez, Marsella.

130ª. El 15 agosto 19 . . éste acusa recibo de las 6 pipas de vino á Ribas, Cerbère, y que el vapor «Carnot» ha salido aquel día para Hamburgo.

131ª. En la misma fecha la misma casa avisa á R. Haas, Leipzig, la expedición á sus señas á bordo del vapor «Carnot» por orden de Ribas, Cerbère, al cuidado de la casa intermediaria Luchting y Cª, Hamburgo, todos los gastos pagados hasta la estación de Leipzig.

132ª. En la misma fecha la misma casa de Marsella, remite al agente general de la «Foncière-Transports», Marsella, el conocimiento y le encomienda el seguro merced á su póliza flotante.

133ª. En la misma fecha la misma casa facilita á Luchting y Cª, Hamburgo, un duplicado del conocimiento, con el encargo de satisfacer los derechos de entrada de los toneles de vino cargados á bordo del vapor «Carnot» y de reexpedirlos en seguida por vía mixta al precio de transporte por un tanto alzado (1,50 fr. p. % kgr.), á la dirección de R. Haas, Leipzig. Queda en espera de la nota de gastos hasta efectuada la reexpedición.

134ª. El 18 agosto 19 . . Luchting y Cª, Hamburgo, acusan recibo de la carta á Núñez, Marsella, y del conocimiento; aceptando el precio de transporte indicado en su tarifa del mes de abril último.

135ª. El 17 setiembre 19 . . la misma casa de Hamburgo anuncia á la «Speditionsverein», de Wallwitzhafen, que han cargado á bordo del barco Nº 8, con orden de reexpedir desde Wallwitzhafen á pqª/vᵈ, 6 toneles vino, destinados á R. Haas, Leipzig; invitando á dicha compañía de expediciones fluviales á cargar en cuenta, como de costumbre, los gastos de trasbordo, de camionaje y de ferrocarril desde el referido desembarcadero del Elba hasta la estación de Leipzig.

136ª. El 19 sbre. 19 . . la misma casa de Hamburgo avisa á Núñez, Marsella, el arribo de los toneles y reexpedición á Leipzig, acompañando la nota de gastos y el recibo de la aduana para pasar su importe al crédito de s/ctª.

137ª. El 21 sbre. 19 . . Didier, Marsella, remite á Ribas, Cerbère, la nota de gastos de transporte y el recibo de la aduana de Hamburgo, cuyo importe le ha debitado.

138ª. Nota de gastos adjuntada á la carta 137ª.

124.

Robert Haas.
Weinhandlung.

Leipzig, den 4. August 19..

Herrn C. G. Lentsch, Leipzig.

Ich habe in Rivesaltes (Pyrénées Orientales) eine Partie Wein von rund 4000 Kilo gekauft und bitte Sie um gefl. Auskunft, zu welchem Preise Sie den Transport nach Leipzig übernehmen würden.

Sie wollen Ihre Frachtrate billigst kalkulieren; ich lasse ein Hamburger Speditionshaus in Konkurrenz treten.

Da der Wein versandbereit lagert, erbitte ich mir umgehend Ihre Mitteilung.

Hochachtungsvoll

Robert Haas.

125.

C. G. Lentsch.
Spedition, Kommission und Inkasso.

Leipzig, den 4. August 19..

Herrn Robert Haas, Leipzig.

In umgehender Beantwortung Ihrer gefl. Anfrage von heute teile ich Ihnen mit, daß ich Ihnen für die betreffende Sendung Wein in Fässern im Gewicht von ca. 4000 kg zwei Transportwege vorschlagen kann.

Bei Verladung auf dem Wasserwege via Marseille—Hamburg per Elbkahn bis Wallwitzhafen würde ich den Transport ab Rivesaltes (Pyrénées Orientales) bis Haus Leipzig mit ℳ 7,30 die % kg exkl. Konnossement, Stempel, Zoll und Zollspesen — Assekuranz 1 % — übernehmen.

Die Reisedauer würde allerdings ungefähr 45 Tage betragen, während dieselbe auf dem Landweg — ab Marseille per Eisenbahn über Genf bis hier — nur etwa 18 Tage ausmachen würde.

Meine Frachtübernahme per Landweg würde ich Ihnen ab Rivesaltes bis Haus Leipzig, jedoch ausschließlich Zoll und Zollspesen, Enregistrement, Stempel und Grenzgebühren billigst mit ℳ 13,— die % kg — Assekuranz 1 % — berechnen.

Ich hoffe, daß Ihnen vorstehende Sätze Konvenienz bieten, und bitte Sie, mir den in Frage kommenden Posten bei Ihrem Verkäufer zur Verfügung zu stellen.

Hochachtungsvoll

C. G. Lentsch.

124ª.

Pedro Ribas Xofre.
Exportación de vinos españoles.
Casas en
Cerbère (Pirin. or.) y Port-Bou (Gerona).

Cerbère 4 de Agosto de 19..

Sr. D. León Didier. — Marsella.

Muy Sr. mío: Habiendo vendido á la casa Roberto Haas, de Leipzig (Alemania), 6 toneles de vino, que pesarán aproximadamente 4000 kgr., ruego á V. me haga saber á cuanto nos contaría su transporte desde ésta á su destino.

Convendría que nos indicase los precios más reducidos posible, puesto que acabamos de recibir oferta muy ventajosa de una agencia de Hamburgo.

Esperando contestación á vuelta de correo, pues el vino está á punto de ser expedido, me ofrezco de V. att° S. S.

Pedro Ribas.

125ª.

Diego Núñez.
Agencia española de transportes á todos los países.
Barcelona. — Marsella.

Marsella 5 Agosto 19..

Sr. D. Pedro Ribas Xofre. — Cerbère.

Muy Sr. mío: Correspondiendo á su attª de ayer, le proponemos dos modos de transporte para la expedición del vino en toneles:

1°. por mar, vía Marsella-Hamburgo, de allí por el Elba hasta Wallwitzhafen, y de este desembarcadero, por vía férrea á Leipzig.

La expedición desde Cerbère hasta Leipzig (estaciones respectivas) costaría frs. 9,20 los 100 kgr., con los derechos de expedición y gastos de transporte inclusive; los restantes (timbres, despacho, gastos de aduana y seguro) irían á cargo del remitente. El traslado duraría unos 45 días.

2°. Expedición por la vía férrea de Marsella-Lión-Ginebra, que requiriría sólo 18 días. Su costo importaría (no incluídos los gastos de aduana y de entrada, de registro, derechos de timbre y de tránsito) Frs. 16,25 por 100 kgr., con más el 1 p°/₀ para el seguro.

Confiando que una ú otra de estas proposiciones convendrá á Vd., le ruego ponga los toneles á mi disposición, y me ofrezco á sus órdenes att° S. S.

Diego Núñez.

126.

Robert Haas.
Weinhandlung.

Leipzig, den 5. August 19..

Herrn C. G. Lentsch, Leipzig.

Auf Grund der mir mit Ihrem gestrigen Briefe angestellten Frachtübernahme von ℳ 7,30 für 100 Kilo will ich Ihnen den Transport der in Rivesaltes für mich lagernden Weinsendung via Hamburg—Wallwitzhafen übertragen.

Ich habe Ihnen die Sendung bei Herren Lecomte Frères in Rivesaltes (Pyrénées Orientales) zur Verfügung gestellt.

Sie wollen dieselbe mit erstem Dampfer verladen lassen und Assekuranz mit ℳ 1500,— decken.

Ich bitte, den Wein nach Eingang in Leipzig zu verzollen und mir zuzustellen.

Hochachtungsvoll

Robert Haas.

127.

C. G. Lentsch.
Spedition, Kommission und Inkasso.

Leipzig, den 5. August 19..

Herren Lecomte Frères, Rivesaltes.

Seitens des Herrn Robert Haas, Leipzig, ist mir bei Ihnen eine Partie Wein von ca. 4000 kg zur Verfügung gestellt worden.

Ich bitte, denselben schleunigst an Herrn Léon Didier in Marseille zu meiner Verfügung abzurichten, und empfehle mich Ihnen hochachtungsvoll

C. G. Lentsch.

126ª.

Pedro Ribas Xofre.
Exportación de vinos españoles.
Casas en
Cerbère (Pirin. or.) y Port-Bou (Gerona).

Cerbère 7 de Agosto 19 . .

Sr. D. Diego Núñez. — Marsella.

Muy Sr. mío: Examinadas sus dos propuestas de 5 del ctᵉ, me he decidido por el transporte marítimo-fluvial, encargándose V. de él á razón de Frs. 9,20 los °/₀ kgr., al débito de m/ ctª.

Así que reciba contestación de V., cargaremos los 6 toneles en la estación de ésta á su disposición, para que los reexpida por el primer vapor que salga de ese puerto, á la dirección de D. Roberto Haas, Leipzig; después de haberlos asegurado en Frs. 2000. Quedan al cuidado de V. las formalidades y derechos de entrada en Alemania.

Me repito su attº y afmº S. S.

Pedro Ribas.

127ª.

Diego Núñez.
Agencia española de transportes á todos los países.
Barcelona. — Marsella.

Marsella 8 de Agosto 19 . .

Sr. D. Pedro Ribas Xofre. — Cerbère.

Muy Sr. mío: Bien penetrado del contenido de su grata del 7 ctᵉ, puede V. dirigirme los toneles en cuestión p/pqª/vᵈ y á mis señas en el muelle de Marsella.

Cuento expedirlos, asegurados en 2000 frs., por el vapor «Carnot», que saldrá para Hamburgo el 15 del que cursa.

Reciba V. afectuosos saludos de su attº S.

Diego Núñez.

128.

C. G. Lentsch.
Spedition, Kommission und Inkasso.

Leipzig, den 5. August 19..

Herrn Léon Didier, Marseille.

Sie empfangen auf meine Veranlassung von Herren Lecomte Frères in Rivesaltes (Pyrénées Orientales) eine Partie Wein von ca. 4000 kg, welche Sie prompt mit erstem Dampfer — auf Grund Ihres mir im Mai erteilten Frachtsatzes von Fr. 45,— per Ton — nach Hamburg an Order verladen wollen.

Ihre Spesen sind nachzunehmen, Assekuranz decke ich selbst.

Ich erwarte 3 Konnossemente und empfehle mich Ihnen

hochachtungsvoll

C. G. Lentsch.

129.

Léon Didier.
Transports pour tous pays.

Marseille, den 15. August 19..

Herrn C. G. Lentsch, Leipzig.

Im angenehmen Besitz Ihres Schreibens vom 5. d. M. teile ich Ihnen ganz ergebenst mit, daß die Sendung 6 Faß Wein:

R. H.	419	Brutto	685	kg
„	420	„	693	„
„	421	„	708	„
„	422	„	696	„
„	423	„	682	„
„	424	„	701	„
		Brutto	4165	kg

aus Rivesaltes gestern hier anlangte und bereits heute mit Dampfer „Carnot“ der „Compagnie Marseillaise de Navigation à Vapeur“ nach Hamburg abgegangen ist.

Selbstverständlich habe ich die Fracht nach der in Ihren Händen befindlichen Liste mit Fr. 45,— per Ton berechnet und meine Barvorschüsse und Vorspesen Rivesaltes—Marseille mit Fr. 44,— nachgenommen.

Einliegend diene ich Ihnen mit 3 an Order gestellten Konnossementen. Ich wünsche Ihnen besten Empfang der Sendung und sage Ihnen meinen verbindlichsten Dank für freundliche Zuteilung dieses Postens.

Stets gern zu Ihren Diensten, begrüße ich Sie mit vorzüglicher Hochachtung

Léon Didier.

128ª.

Pedro Ribas Xofre.
Exportación de vinos españoles.
Casas en
Cerbère (Pirin. or.) y Port-Bou (Gerona)

Cerbère 9 de Agosto 19 .

Sr. D. Diego Núñez. — Marsella.

Muy Sr. mío: En vista de su attª de 8 del ctᵉ, le he enviado hoy

R. H., 419/424, 6 pipas de vino

á la dirección de V., muelle de Marsella, á pqª/vᵈ, portes á pagar.

En la certidumbre de que observará lo convenido en las cartas cruzadas el 5 y 7 del ctᵉ, y que la reexpedición llegará á buen puerto, quedo de V. attº y afmº S. S.

P. Ribas.

129ª.

Pedro Ribas Xofre.
Exportación de vinos españoles.
Casas en
Cerbère (Pirin. or.) y Port-Bou (Gerona).

Cerbère 8 Agosto 19 . .

Sr. D. Roberto Haas. — Leipzig.

Muy Sr. mío: En virtud de su grato pedido de 1º del ctᵉ, le dirijo por mediación del consignatario Diego Núñez, de Marsella, portes pagados hasta la estación de ésa, derechos de entrada á cgº de V.,

R. H., 419—424, 6 pipas de vino de Alella.

De este envío le remitiremos factura así que arribe á Hamburgo.

Espero verme favorecido nuevamente con sus gratas órdenes, pues ya sabe cuanto desea complacerle este su attº S. S.

Pedro Ribas.

130.

C. G. Lentsch.
Spedition, Kommission und Inkasso.

Leipzig, den 21. August 19..

Badische Schifffahrts-Assekuranz Gesellschaft,
General-Agentur Leipzig.

Ich behändige Ihnen einliegend Konnossement über am 10. August a. c. von Marseille abgegangene Sendung Wein R. H. 419/424, die Sie auf Grund meiner Versicherungs-Police No. 7325 mit ℳ 1500,— bis hier versichern wollen.

Hochachtungsvoll
C. G. Lentsch.

131.

C. G. Lentsch.
Spedition, Kommission und Inkasso.

Leipzig, den 21. August 19..

Herren N. Luchting & Co., Hamburg.

Einliegend empfangen Sie von mir an Sie giriertes Orderkonnossement über ab Marseille per Dampfer „Carnot“ nach dort unterwegs befindliche:

R. H. 419/424; 6 Faß Wein brutto 4165 kg,

welche Sie nach Empfang transito per Wasser via Wallwitzhafen an mich

Station Leipzig, Zollamt a. Berliner Bahnhof

weiterschicken wollen.

Ich setze voraus, daß Sie Ihre Frachtübernahme laut Ihrem Tarifheft vom April d. J. ab Hamburg bis Bahnhof Leipzig mit ℳ 1,25 und 60 Pf. Leichtergebühren und Transportspesen noch einhalten.

Ihrer Versandanzeige gern gewärtig

hochachtungsvoll
C. G. Lentsch.

130ª.

Diego Núñez.
Agencia española de transportes á todos los países.
Barcelona. — Marsella.

Marsella 15 de Agosto 19..

Sr. D. Pedro Ribas. — Cerbère.

Muy Sr. mío: Han llegado á mi poder:

R. H.	Nº	419,	peso bruto	685	kgr.
»	»	420,	»	693	»
»	»	421,	»	708	»
»	»	422,	»	696	»
»	»	423,	»	682	»
»	»	424,	»	701	»
				4165	kgr. por junto.

Siguiendo sus disposiciones de 7 del ct^{e}, he mandado embarcar estos toneles en el vapor «Carnot», para que sean entregados, libres de todo gasto, á D. Roberto Haas, de Leipzig.

En cuanto lleguen á su destino, me permitiré remitir á V. mi nota de gastos.

Sigo de V. at^{o} y af^{mo} S. S.

Diego Núñez.

131ª.

Diego Núñez.
Agencia española de transportes á todos los países.
Barcelona. — Marsella.

Marsella 15/VIII/19..

Sr. D. Robert Haas. — Leipzig.

Muy Sr. mío: Por encargo de D. P. Ribas Xofre, de Cerbère, le remito con esta fecha, á bordo del vapor «Carnot», franco estación Leipzig:

R. H., 419—424, 6 toneles vino, 4165 kgr. bruto;

yendo al cuidado de los consignatarios Srs. Luchting & C^{ia}, de Hamburgo, la reexpedición á las señas de V. y las diligencias de aduana.

Aprovecho la ocasión para ofrecerme á sus órdenes att^{o} S. S. S.

Diego Núñez.

132.

Robert Haas.
Weinhandlung.

Leipzig, den 6. September 19..

Herrn C. G. Lentsch, Leipzig.

Von der Weinsendung, deren Transport ich Ihnen am 5. August a. c. übertragen habe, sind inzwischen zwei Fässer nach Berlin verkauft worden.

Es wäre mir lieb, wenn Sie die Fässer 423/424 von der für mich bestimmten Sendung trennen und unverzollt direkt an Berliner Spediteurverein, Berlin, zu meiner Verfügung gehen ließen.

Hochachtungsvoll

Robert Haas.

133.

C. G. Lentsch.
Spedition, Kommission und Inkasso.

Leipzig, den 6. September 19..

Herren N. Luchting & Co., Hamburg.

Ich schätze Sie im Besitz des Ihnen am 21. August a. c. übersandten Konnossements.

Soeben geht mir von meinem Auftraggeber abgeänderte Verfügung zu.

Von den 6 Fässern Wein sollen nur 4 Fässer:

419, 420, 421, 422

nach hier, dagegen # 423, 424 unverzollt an den Berliner Spediteurverein, Berlin, geliefert werden.

Falls die Sendung von dort noch nicht weiter verladen ist, wollen Sie nur die ersten 4 Fässer auf dem Wasserweg an mich abgehen lassen, dagegen die Fässer # 423 und 424 direkt per Bahn nach Berlin an die obengenannte Firma zu meiner Verfügung abrichten.

Ihrer umgehenden Nachricht entgegensehend, zeichne ich

hochachtungsvoll

C. G. Lentsch.

132ª.

Diego Núñez.
Agencia española de transportes á todos los países.
Barcelona. — Marsella.

Marsella 15 de Agosto 19 . .

Sr. Admor de la Agencia General «Foncière-Transports» en Marsella.

Muy Sr. mío: Tengo el honor de remitirle el conocimiento de 6 toneles de vino, cargados á bordo del «Carnot» el 14 actual, rogándole se sirva asegurar dicho envío con un valor de

Frs. 2000 (dos mil) en virtud de mi póliza abierta Nº 7325.

Saluda á V. con la más cumplida atención S. S. S.

Diego Núñez.

133ª.

Diego Núñez.
Agencia española de transportes á todos los países.
Barcelona. — Marsella.

Marsella 15 Agosto 19 . .

Srs. Luchting y Cª. — Hamburgo.

Muy Srs. míos: Adjunto una copia del conocimiento de las mercancías que le dirijo, O/ de Pedro Rivas, Cerbère, que comprende

R. H. 419—424, 6 toneles vino, bruto 4165 kgr.

Tengan Vs. la bondad de retirarlos, satisfacer los derechos de entrada y reexpedirlos franco á Leipzig (estación de Berlín), conforme á los precios de la tarifa de Vs. fecha de abril: Fr. 1,50 porte y 0,75 gastos de trasbordo por ⁰/₀ kilos.

Aguardando el aviso de reexpedición y la nota de los gastos de Vs., sigo

attº S. S.

Diego Núñez

134.

N. Luchting & Co.
Spedition, Kommission und Inkasso.

Hamburg, den 7. September 19..

Herrn C. G. Lentsch, Leipzig.

Wir bekennen uns zum Empfang Ihres Schreibens nebst Einlage, Konnossement vom 21. August d. J.

Im Augenblick, wo wir Ihnen die Erledigung des uns erteilten Auftrags anzeigen wollten, erhalten wir Ihren gestrigen Brief.

Da sich die betreffenden 6 Fässer Wein bereits per Kahn No. 8 auf dem Wege nach dort befinden, ist es uns zu unserem Bedauern nicht möglich, der veränderten Disposition Ihres Herrn Auftraggebers nachzukommen.

Es würde vielleicht gelingen, die beiden nach Berlin bestimmten Fässer auf einer Zwischenstation — etwa Magdeburg — anzuhalten und zu entladen.

Die Umladung würde aber mit großen Schwierigkeiten verknüpft sein, schon deshalb, weil die Sendung im Kahn per Wallwitzhafen verstaut ist.

Auch die Zollabfertigung beim Zollamt Magdeburg würde voraussichtlich Schwierigkeiten bereiten.

Wir empfehlen Ihnen deshalb, die Sendung nach Berlin über Wallwitzhafen vorzunehmen.

Auf die zu Ihrer Verfügung an Speditionsverein Wallwitzhafen verladene Sendung haben wir unsere Spesen laut Vereinbarung nachgenommen.

Hochachtungsvoll

N. Luchting & Co.

135.

C. G. Lentsch.
Spedition, Kommission und Inkasso.

Leipzig, den 9. September 19..

Speditionsverein Wallwitzhafen, Wallwitzhafen/Dessau.

Von Herren N. Luchting & Co., Hamburg, sind am 6. d. M.:

6 Fässer Wein R. H. No. 419/424

per Kahn No. 8 an Sie abgegangen, welche laut ursprünglicher Weisung unverzollt an mich weiterreisen sollten.

Sie wollen davon aber nur:

4 Fässer R. H. No. 419, 420, 421, 422

an meine Adresse abrichten, die verbleibenden

2 Fässer R. H. No. 423 und 424

dagegen transito franko an den Berliner Spediteurverein, Berlin, zu meiner Verfügung weitersenden.

Vom Geschehenen erwarte ich Bericht.

Hochachtungsvoll

C. G. Lentsch.

134ª.

Luchting & Co.
Spedition, Kommission und Inkasso.

Hamburg, 18/VIII/19 . .

Sr. D. Diego Núñez. — Marsella.

Muy Sr. mío: En cumplimiento de lo dispuesto por su attª del 15 ctᵉ, que encerraba un conocimiento de 6 pipas vino, 419/424, R. H., los reexpediremos por el río Elba, al precio indicado en n/ tarifa de abril último, á saber:

Fr. 1,50 porte hasta Leipzig (estación de Berlín) } los % kilos.
» —,75 gastos de trasbordo en ésta }

Con la mayor consideración somos de V. S. S.

Luchting & Co.

135ª. (Traducción.)

Luchting y Cía.
Transportes, Comisiones. y Reembolsos.

Hamburg, 17/IX/19 . .

A la «Compañía de transportes fluviales y ferroviarios»
en Wallwitzhafen-Dessau.

Por el barco Nº 8, patrón Sr. Wolf, recibirán Vs.

R. H. 419/424, 6 toneles vino,

que ruego los reexpidan franco Berliner Bahnhof, Leipzig, á la O/ de Herren Robert Haas, de aquel comercio, adeudándonos los desembolsos consiguientes.

Con la mayor consideración

Luchting & Co.

136.

Speditions-Verein A.-G.
Wallwitzhafen.
Telegramm-Adresse: Speditverein Dessau.
Telephon No. 71 u. 81.

Wallwitzhafen, 16. September 19..

Herrn C. G. Lentsch, Leipzig.

Ihrem Geehrten vom 9. d. M. entsprechend, haben wir die heute eingegangenen:

R. H. 419/424	6	Fässer Wein mit
R. H. 419/422	4	„ per Sammelladung an Ihre werte Firma,
R. H. 423/424	2	„ an den Berliner Spediteurverein in Berlin

expediert.

Unsere Auslagen für Fracht bis hier und Weiterfrankatur bis Berlin haben wir der Einfachheit halber auf die Sendung nach Leipzig nachgenommen.

Hochachtungsvoll

p. pa. Speditionsverein A.-G.
Höfer. Kluge.

137.

C. G. Lentsch.
Spedition, Kommission und Inkasso.

Leipzig, den 21. September 19..

Herrn Robert Haas, Leipzig.

Unter Bezugnahme auf Ihre werten Schreiben vom 5. August und 6. September sowie auf unsere telephonische Unterhaltung vom 8. d. M. zeige ich Ihnen an, daß die durch mich für Sie bezogene Weinsendung aus Rivesaltes in Hamburg nicht mehr aufzuhalten war.

Die beiden Fässer No. 423 und 424 sind nunmehr ab Wallwitzhafen unverzollt an Berliner Spediteurverein in Berlin zu Ihrer Verfügung abgegangen.

Die vier Fässer 419/422 sind hier angelangt und wunschgemäß von mir verzollt worden; sie werden Ihnen noch heute zugehen.

Ich erlaube mir, Ihnen mit beiliegender Spesennota zu dienen, deren Betrag von

ℳ 910,—

Sie mir gefl. gutschreiben wollen.

Hochachtungsvoll

C. G. Lentsch.

136ª.

Luchting & Co.
Spedition, Kommission und Inkasso.

Hamburgo 19 Setiembre 19..

Sr. D. Diego Núñez. — Marsella.

Muy Sr. n/: En conformidad con su orden de 15 ppd°, nos hemos hecho cargo de

R. H. 419/424, 6 toneles vino, bruto 4165 kgr.,

y los hemos reexpedido, con portes pagados, á la dirección de D. R. Haas, estación de Leipzig indicada.

Tenga V. á bien acreditarnos los derechos de entrada que importan

Frs. 689,85 = M. 557 al cambio de 183,85
» 94,50 por n/ desembolsos
Frs. 784,35

Mande V. de sus más at^os S. S.

Luchting & Co.

Anexo: Nota.

137ª.

Diego Núñez.
Agencia española de transportes á todos los países.
Barcelona. — Marsella.

Marsella 21 Septiembre 19..

Sr. D. Pedro Ribas Xofre. — Cerbère.

Muy Sr. mío: Tengo el gusto de remitirle con la prt^e:

Resguardo de aduana por M. 557, á 123,85 . . .	Frs. 689,85
Nota de gastos por 6 pipas Cerbère-Leipzig . . .	» 451,15
	Frs. 1141,—

Importe que no dejará V. de llevar al crédito de este su más att° S. S.

Diego Núñez.

138.

Leipzig, den 21. September 19..

NOTA von **C. G. Lentsch**

für Herrn Robert Haas, Hier.

Ich übernahm für Sie zur Überführung von Rivesaltes nach Leipzig und Berlin:			
R. H. # 419/424 6 Fässer Wein 4170 kg à ℳ 7,30	ℳ	304	40
Konnossemente und Stempel	„	2	50
Assekuranz ℳ 1500,— à 1 %	„	15	—
Böttcherspesen, Abfertigung, Zollbegleitschein I und Wiegegeld in Hamburg	„	5	50
Gestellung auf Zollamt, Abfertigung, Zollbegleitschein I und Siegeln der Fässer 423/424 in Wallwitzhafen	„	2	80
Weiterfrankatur Wallwitzhafen-Berlin 1383 kg à ℳ 1,85	„	25	70
Deklaration, Revision, Verzollung in Leipzig und Provision	„	8	40
Zoll auf 4 Fässer 419/422 lt. Quittung	„	557	—
	ℳ	921	30
Hiervon ab: Frachtvergütung 1383 kg Wallwitzhafen-Leipzig à 0,81	„	11	30
	ℳ	910	—

138ª.

Nota de desembolsos.

Transporte de Cerbère á la estación de Leipzig (4170 kgr. á Frs. 9,20)	Frs.	383,65
Resguardo de depósito, pasavante (guía aduanera), plomos, etc.	»	4,45
Derechos de registro y estadística (0,10 por bulto)	»	—,60
Manutención percibida por la ciudad y timbres	»	5,75
Camionajes	»	2,50
Conocimiento	»	2,40
Certificado de salida (en papel sellado)	»	—,60
Transporte y diligencias	»	19,65
Seguro (1 p% de frs. 2000)	»	20,—
Derechos del arancel alemán (M. 557, á 123,85)	»	689,85
Gastos de trasbordo en Hamburgo	»	11,55
Total	Frs.	1141,—

Spedition in laufender Rechnung.

Die Transportspesen gehen bald zu Lasten des Käufers, bald zu Lasten des Verkäufers.

139. Am 15. Mai 19.. zeigen Spediteure Brun et Borel, 25, rue de Rennes, Paris, Weiß & Co., Leipzig, durch Zirkularschreiben an, daß sie besonders günstige Übernahmepreise für Gütersendungen Leipzig/Paris stellen. Sie geben ihre Frachtsätze an und bitten um Aufträge.

140. Am 25. Mai 19.. fragen Weiß & Co., Leipzig, bei ihrem Spediteur Louis Thibault successeur, ancienne maison G. Tross, 90, rue des Marais, Paris, an, ob er die Beförderung ihrer Güter zu den von der Konkurrenz offerierten Sätzen übernehmen wolle.

141. Am 28. Mai 19.. macht Louis Thibault, Paris, eine Gegenofferte, die er als außergewöhnlich günstig bezeichnet.

142. Am 1. Juni 19.. wiederholen Weiß & Co., Leipzig, daß sie bereits billigere Offerte in Händen haben. Sie bitten Louis Thibault, Paris, zu erklären, ob er die Konkurrenzpreise halten könne.

143. Am 3. Juni 19.. bezweifelt Louis Thibault, Paris, die Möglichkeit, seine Übernahmen zu unterbieten, gleichwohl ermäßigt er nochmals seine Bedingungen.

144. Am 6. Juni 19.. übersenden Weiß & Co., Leipzig, die Offerte Brun et Borel im Original, um die Zuverlässigkeit ihrer Angaben zu erweisen. Gleichzeitig erklären sie, daß sie zu ihrem Bedauern auf Verlangen ihrer Auftraggeber gezwungen sind, ihre weiteren Sendungen der Konkurrenz zu übertragen.

145. Am 8. Juni 19.. erklärt sich Louis Thibault, Paris, bereit, die Konkurrenzbedingungen zu halten. Er meldet, daß eine Kiste zur Verfügung von Weiß & Co., Leipzig, bei ihm eingegangen ist.

146. Am 10. Juni 19.. erklären sich Weiß & Co., Leipzig, mit den von Louis Thibault, Paris, aufgestellten Übernahmesätzen einverstanden.

Sie übertragen das Verfügungsrecht über die avisierte Kiste auf Max Werner, Leipzig.

Gleichzeitig verfügen sie über eine von Roland Frères, Paris, einzuliefernde Transitosendung nach Warschau.

Ferner zeigen sie an, daß von Spediteur C. G. Lentsch, Leipzig, eine Sendung zu ihrer Verfügung eintreffen werde, die sie an Dumas et fils, Paris, zu übermitteln bitten.

Endlich bitten sie, ihnen eine Sendung von Max Roy, Paris, per Eilgut durch C. G. Lentsch, Leipzig, zugehen zu lassen.

147. Am 10. Juni 19.. übersenden Weiß & Co., Leipzig, an C. G. Lentsch, Leipzig, Speditionsauftrag auf 6 Ballen Fehschweife, die zu ihrer Verfügung an Louis Thibault, Paris, abgehen sollen.

148. Am 10. Juni 19.. zeigt C. G. Lentsch, Leipzig, Louis Thibault, Paris, an, daß die Versendung der Fehschweife erfolgt ist.

149. Am 10. Juni 19.. beauftragen Weiß & Co., Leipzig, ihren Lieferanten Max Roy, Paris, die für sie fällige Sendung tunlichst bald zur Verfügung ihres Spediteurs Louis Thibault, Paris, zu stellen.

Cartas sobre expediciones en cuenta corriente.

Transporte á destajo, á cargo tan pronto del comprador como del vendedor.

139ª. El 15 de mayo 19 . . Pardo y Borrell, Barna-Cerbère-Portbou, dan á conocer á Weiss y Cª, Leipzig, las condiciones bajo las cuales se encargan de los transportes *à fort-fait* entre Leipzig y la frontera de España, acompañando tarifa de sus precios, circunstancias de transporte y plazos de entrega.

140ª. El 25 mayo 19 . . Weiss y Cª, Leipzig, dan parte de la oferta recibida de Pardo y Borrell á Miguel Roca, hasta entonces corresponsal suyo en Cerbère, y le preguntan si quiere modificar en consonancia las condiciones establecidas hasta allí.

141ª. El 28 mayo 19 . . M. Roca, Cerbère, modera en beneficio de Weiss y Cª, Leipzig, los tratos acordados hasta aquel entonces.

142ª. El 1º junio 19 . . la casa de Leipzig, replica á M. Roca que las condiciones de su competidor en la misma plaza de Cerbère son todavía más ventajosas, á pesar de la mejora concedida.

143ª. El 3 junio 19 . . M. Roca, reservándose con algunas salvedades, concede una nueva reducción de precios á la casa de Leipzig.

144ª. El 6 junio 19 . . esta casa, no obstante, manifiesta á M. Roca que los intereses de sus comitentes les obligan en adelante á servirse de la casa competidora Pardo y Borrell, cuya oferta acompañan, suplicando su devolución inmediata.

145ª. El 8 junio 19 . . M. Roca devuelve la circular y consiente en atenerse á condiciones iguales. Al mismo tiempo avisa á la casa de Leipzig una caja, O/ de A. Figueras, depositada en sus almacenes de Cerbère á la disposición de aquéllos.

146ª. El 10 junio 19 . . Weiss y Cª, Leipzig, acepta los precios extra-tarifa de M. Roca y anuncian que M. Werner, Leipzig, dispondrá directamente de la caja depositada en casa de éste á nombre de los primeros. Además disponen del envío Pujol hermanos, Port-Bou, destinado á Varsovia; avisan una expedición de C. Lentsch, Leipzig, dirigida á Aragonés é Hijo, Port-Bou; y piden que les haga llegar cuanto antes, á gran velocidad por mediación de C. Lentsch, Leipzig, el envío de Gaspar Arroyo, Port-Bou.

147ª. El 10 junio 19 . . Weiss y Cª, Leipzig, pasan recado á C. Lentsch de que expidan las 6 balas de colas de «gris» á la dirección de M. Roca, Cerbère.

148ª. En la misma fecha C. Lentsch, Leipzig, informa á G. Arroyo, Portbou-Cerbère, de la expedición de las 6 balas á la O/ de Weiss y Cª.

149ª. En la misma fecha Weiss y Cª, Leipzig, invitan á G. Arroyo, Port-Bou, que ponga á la disposición de M. Roca, Cerbère-Portbou los géneros pedidos por carta del 2 ctᵉ.

150. Am 13. Juni 19.. zeigt Louis Thibault, Paris, C. G. Lentsch, Leipzig, die Absendung der von Max Roy, Paris, zur Ablieferung an Weiß & Co., Leipzig, eingegangenen Sendung an.

151. Am 13. Juni 19.. benachrichtigt Louis Thibault, Paris, die Firma Weiß & Co., Leipzig, von der Absendung der Sendung Roy, Paris, an C. G. Lentsch, Leipzig. Er meldet weiter den Eingang der Sendung Fehschweife, die er an Dumas et fils, Paris, ausgefolgt hat.

Sodann zeigt er an, daß die Absendung der von Sendung Roland Frères, Paris, eingegangenen Ware transito Warschau erfolgt ist.

Endlich teilt er mit, daß Max Werner, Leipzig, über die bei ihm von Léon Faure, Paris, hinterlegte Kiste disponiert habe.

152. Am 18. Juni 19.. bekennen sich Weiß & Co., Leipzig, zum Empfang der Sendung Max Roy, Paris. Sie haben Louis Thibault, Paris, die berechneten Spesen gutgeschrieben und den übrigen Inhalt seines Briefes vorgemerkt.

139.

Brun et Borel.
Transports à forfaits pour tous pays.
Transit. Agence en Douane. Affrètements.
Vastes Entrepôts pour Magasinage.

Batilly	Paris	Armanvillers
(Meurthe et Moselle).	25, rue de Rennes.	(Lorraine Allde).

Paris, den 15. Mai 19..

Herren Weiß & Co., Leipzig.

Wir haben in Erfahrung gebracht, daß Sie öfter Sendungen nach hier und anderen französischen Plätzen haben.

Wir gestatten uns deshalb, Ihre Aufmerksamkeit auf den Halbeilgutverkehr (Moyenne Vitesse) zu lenken, den wir seit kurzem nach Paris eingerichtet haben.

Da unsere Wagen ohne Umladung laufen, so können wir Ihnen außergewöhnlich schnelle Lieferung (4—5 Tage) zusichern.

Die unten angegebenen Übernahmspreise verstehen sich ab Bahnhof Leipzig frei Haus Paris, also einschließlich Abfertigung und Rollgeld, jedoch ausschließlich der Gebühren für Stempel, Zoll und Versicherung.

Mit der Bitte um freundliche Zuweisung Ihrer Aufträge, deren pünktliche Ausführung wir Ihnen zusichern, zeichnen

hochachtungsvoll

Brun et Borel.

Frachtsätze:

ab Bahnhof Leipzig bis frei Haus Paris:

Frachtgut	(Petite Vitesse)	Lieferfrist	8—12 Tage,	12 Franken	per 100 Kilo Brutto.
Halbeilgut	(Moyenne „)	„	4—5 „	22 „	
Eilgut	(Grande „)	„	2—3 „	27 „	

150ª. El 13 junio 19 . . M. Roca, Cerbère, comunica á C. Lentsch, Leipzig, la expedición del envío G. Arroyo, Port-Bou, para que lo transmita á Weiss y Cª.

151ª. En la misma fecha, la misma casa de Cerbère participa á Weiss y Cª, Leipzig, la salida del envío G. Arroyo; acusa recibo del que ha entregado á Aragonés é Hijo; remite descuentos á estos dos envíos con nota de gastos á abonar en ctª; anuncia que ha expedido el envío de Pujol Hermanos, de Port-Bou á Varsovia; y añade que M. Werner, Leipzig, ha dispuesto del envío de Andrés Figueras, Portbou-Cerbère.

152ª. El 18 junio 19 . . Weiss y Cª, Leipzig, acusan recibo del envío G. Arroyo, Port-Bou; notifican á M. Roca, Cerbère-Portbou, que le han acreditado el importe de sus desembolsos y que han tomado nota de su carta del 13 ctᵉ.

139ª.

PARDO Y BORRELL.

Agencia internacional de transportes y de aduanas.
Tránsito. — Fletes.
Vastos almacenes de depósito y consignación.
Barcelona.

Cerbère (Pirineos orientales).

Port-Bou (Prov. de Gerona).

Barcelona 15 Mayo 19 . .

Srs. Weiss y Cª. — Leipzig.

Muy Srs. n/: Habiendo tenido noticia de que sostienen Vs. un servicio muy activo de acarreos entre Alemania y España, nos permitimos ofrecer esta su agencia para todas sus expediciones al litoral levantino de la Península, así como para las operaciones de tránsito, aduana y almacenaje, teniendo sucursales abiertas en Cerbère y Port-Bou (respectivamente francesas y españolas), situadas á muy corta distancia una de otra en la frontera.

También nos tomamos la libertad de llamar la atención de Vs. sobre mi tarifa á destajo, y en particular, sobre la á *mediana* velocidad, tan necesaria para las largas expediciones á España, que abajo detallamos, atreviéndonos á suponer que la encontrarán Vs. indudablemente más ventajosa que la de nuestros competidores.

Los precios indicados comprenden: descarga (y trasbordo, si lo hay), recepción y reconocimiento de los bultos y entrega á domicilio. Los derechos de registro, seguro, estadística, aduanas y consumos corren á cargo de nuestros comitentes.

También nos ponemos á su disposición para toda clase de instrucciones é informes que deseen.

En la esperanza de que en lo sucesivo nos honrarán aprovechando n/ diligentes servicios, nos ofrecemos de Vs. attᵒˢ S. S.

Pardo y Borrell.

Tarifa de transportes á destajo.

De Leipzig á Cerbère-Portbou.

A pequeña velocidad	. . . . . .	interponiendo de	12	á	16	días,	Frs.	12.—	los 100 kgr.
» mediana	» (ó ½ gr/v., ó dpqª/v),	id.	» 6	á	8	»	»	22.—	
» gran	» . . , . . .	id.	» 3	á	4	»	»	27.—	

140.

Weifs & Co.
Leipzig.

Leipzig, den 25. Mai 19..

Herrn Louis Thibault, 90, rue des Marais, Paris.

Wir empfingen Ihren Brief vom 23. d. M. und erklären uns mit dessen Inhalt einverstanden.

Vor einigen Tagen ging uns von Ihrer Konkurrenz am dortigen Platze eine Offerte zu, der zufolge die Lieferung ab Leipzig/Paris Haus als Halbeilgut bei einer Lieferfrist von 4—5 Tagen zum Übernahmspreise von 22 Franken per 100 Kilo angeboten wird.

Einige unserer Kunden haben bereits beantragt, bei künftigen Sendungen diese Vermittlung zu benutzen.

Wir hoffen, daß es Ihnen möglich ist, dieselben Bedingungen zu gewähren. Wir bitten demgemäß, uns in Zukunft für Halbeilgüter ab hier nach Paris Haus den Übernahmspreis von 22 Franken ab Bahnhof Leipzig bei 4—5 Tagen Lieferzeit in Anrechnung zu bringen.

Hochachtungsvoll

Weiß & Co.

141.

Ancne Mon G. Tross.
Fondée en 1852.
Louis Thibault Succr.
90, rue des Marais, 90.
Paris.

Paris, den 28. Mai 19..

Herren Weiß & Co., Leipzig.

In Beantwortung Ihrer Anfrage vom 25. d. M. erkläre ich mich gern bereit, die Beförderung Ihrer Halbeilgüter zu folgenden Bedingungen zu übernehmen:

Bahnhof Leipzig Paris Haus exkl. Zoll Fr. 22,50.
Enregistrement . . . . „ —,85. pro Sendung.
Statistik . . . . „ —,10. pro Kollo.

In der Erwartung, daß Ihnen diese außergewöhnlich günstigen Bedingungen genehm sind, sehe ich Ihren ferneren geschätzten Aufträgen gern entgegen.

Hochachtungsvoll

Louis Thibault.

140ª.

Weiss y Cª.
Leipzig.

Leipzig 25 Mayo 19..

Sr. D. Miguel Roca. — Cerbère.

Muy Sr. n/: Nos hemos enterado del contenido de su grata del 22 ctᵉ, con el cual estamos conformes.

Há poco hemos recibido de una de las casas competidoras de la de V. en la frontera francesa una carta de oferta con precios de transporte más baratos que los de V. y con una novedad sumamente ventajosa para las pesadas y tardías expediciones á España, cual es el acarreo á «*mediana* (doble pequeña) velocidad», que acorta sensiblemente el tiempo necesario para la recepción, y por la módica cantidad de Frs. 22.— los 100 kgr.

Como alguno de nuestros clientes tenía ya conocimiento de esa forma intermedia de transporte, que dentro de su economía permite en la mayoría de casos prescindir de la gran velocidad hasta ahora indispensable para muchos de los envíos á la península española, mucho le agradeceríamos me dijese si agencía V. transportes de esa clase, para poder contestar á nuestra clientela que en lo sucesivo podrá gozar también de tan satisfactoria ventaja.

Esperando tener en breve el gusto de leerle, le saludamos

con la mayor atención.

Weiss y Cª.

141ª.

Miguel Roca.
Sucesor de Gregorio Parés y Borrás.
(Casa fundada en 1882.)
Barcelona-Cerbère-Portbou.

Cerbère 28 Mayo 19..

Srs. Weiss y Cª. — Leipzig.

Muy Srs. míos: Tengo el gusto de contestar á su attª del 25 ctᵉ que también yo puedo servirles en los envíos á mediana velocidad á las condiciones subsiguientes:

Transporte de Leipzig á Cerbère-Portbou. .	Frs.	22,50	los 100 kgr.
Registro	„	0,85	de cada envío
Estadística en aduanas	„	0,10	» » bulto.

Espero que mis condiciones les convendrán á Vs. y que continuarán favoreciendo con sus órdenes á su afmº y attº S. S.

M. Roca.

142.

Weifs & Co.
Leipzig.

Leipzig, den 1. Juni 19..

Herrn Louis Thibault, 90, rue des Marais, Paris.

Antwortlich Ihrer Offerte vom 28. Mai d. J. betonen wir nochmals, daß uns von Ihrer Konkurrenz ein Übernahmspreis von 22 Franken inkl. Abfertigung dort gestellt worden ist.

Eine Anzahl hiesiger Firmen haben den gleichen Antrag erhalten; die betreffende Offerte lautet:

Frachtgut	(Petite Vitesse)	8—12 Tage	12 Franken	per 100 Kilo Brutto.
Halbeilgut	(Moyenne „)	4—5 „	22 „	
Eilgut	(Grande „)	2—3 „	27 „	

Wir sollten doch meinen, daß Sie imstande sein müßten, die gleichen Sätze einzuhalten.

Mehrere unserer Kunden haben bereits beantragt, die für sie bestimmten Sendungen der betreffenden Firma zu übertragen.

Wir bitten deshalb, uns postwendend mitzuteilen, ob Sie die Preise der Konkurrenz einhalten können.

Hochachtungsvoll

Weiß & Co.

143.

Ancne Mon G. Tross.
Fondée en 1852.
Louis Thibault Succr.
90, rue des Marais, 90.
Paris.

Paris, den 3. Juni 19..

Herren Weiß & Co., Leipzig.

Die mir mit Ihrem Briefe vom 1. d. M. aufgegebenen Übernahmspreise sind mir unverständlich.

Ich nehme an, daß sie sich auf eine bestimmte Warengattung beziehen.

Die billigsten Übernahmesätze, die ich für Pelzwaren kalkulierte, sind:

Frachtgut	P. V.	frei Haus Paris, Fr.	12,—	per 100 Kilo.
Halbeilgut	M. V.	„ „ „ „	22,25	
Eilgut	G. V.	„ „ „ „	26,50	
Extragebühr pro Sendung		„	0,95	

Ich bin bereit, Ihnen von heute an diese Sätze bei einem Minimalgewicht von 50 Kilo in Rechnung zu stellen und hoffe, Sie sind damit einverstanden.

Hochachtungsvoll

Louis Thibault.

142ª.

Weiss y Cª.
Leipzig.

Leipzig 1º de Junio 19..

Sr. D. Miguel Roca. — Cerbère.

Muy Sr. n/: Nos permitirá V. que repliquemos á su attª del 28 ppdº que las condiciones de la citada casa de Barcelona-Cerbère-Portbou son todavía más convenientes que las últimas de V., pues nos ofrece:

Pqª/v/,	12—16	días,	Frs. 12,—	los $^0/_0$ kgr.
Mnª/v/,	6—8	»	» 22,—	
Gr/v/,	3—4	»	» 27,—	

Ya ve V., pues, que á pesar de haber mejorado V. sus condiciones, no consigue superar la competencia; en el bien entendido de que otras casas de esta plaza han recibido propuestas de tenor análogo.

Como nuestros parroquianos nos asedian con preguntas ó demandas respecto de este modo de acarreo más á acomodo, conviene se tome V. la molestia de manifestarme su resolución á vuelta de correo.

Entre tanto, seguimos de V. attºs y afmºs S.

Weiss y Cª.

143ª.

Miguel Roca.
Sucesor de Gregorio Parés y Borrás.
(Casa fundada en 1882.)
Barcelona-Cerbère-Portbou.

Cerbère 3 de Junio de 19..

Srs. Weiss y Cª. — Leipzig.

Muy Srs. míos: Tengo á la vista su attª del 1º del ctᵉ y me dispensarán les manifieste que presumo se ha deslizado en ella algún error, cuyo origen no me explico, pues me parece imposible que exista quien expida mnª/vᵈ por 22 frs. los $^0/_0$ kilos.

Tal vez se refiera ese precio á transportes por las tarifas especiales establecidas para ciertas mercancías determinadas.

No obstante, deseoso de conservar la clientela de Vs., me avendré á la reducción siguiente:

Pqª/vᵈ,	Frs. 12,—	los 100 kilos.
Mnª/vᵈ,	» 22,25	
Gr/vᵈ,	» 26,50	

Tasa fija p. cada envío: Frs. 0,95.

Así, pues, abrigo la seguridad de que esta vez estaremos ya de acuerdo y me repito á sus órdenes attº S. S.

M. Roca.

144.

Weifs & Co.
Leipzig.

Leipzig, den 6. Juni 19..

Herrn Louis Thibault, 90, rue des Marais, Paris.

In Beantwortung Ihrer Zuschrift vom 3. d. M. übersenden wir Ihnen in der Anlage die Offerte der Firma Brun et Borel, dort, mit der Bitte um gefl. Rückgabe.

Sie wollen sich selbst überzeugen, daß unsere Angaben über die von diesem Hause gestellten Frachtübernahmen genau so lauten, wie wir sie Ihnen aufgegeben haben, und daß die Preise sich keineswegs auf bestimmte Warengattungen beschränken, sondern für alle Normalgüter gelten.

Wir selbst haben ja nur selten Frankosendungen nach dort. Da aber unsere dortige Kundschaft darauf besteht, den angebotenen Frachtvorteil auszunützen, so müssen wir auf Ihre Vermittlung verzichten, so lange Sie uns nicht die gleichen Vorteile gewähren.

Bis auf weiteres werden wir also die nach dort zur Verladung gelangenden Güter den Herren Brun et Borel überweisen.

1 Zirkular

Hochachtungsvoll

Weiß & Co.

145.

Ancne Mon G. Tross
Fondée en 1852
Louis Thibault Succr.
90, rue des Marais, 90.
Paris

Paris, den 8. Juni 19..

Herren Weiß & Co., Leipzig.

Die mir mit Ihrem Geehrten vom 6. d. M. übersandte Zuschrift der Herren Brun et Borel, hier, gebe ich Ihnen dankend zurück.

Mit Rücksicht auf unsere langjährigen angenehmen Beziehungen habe ich mich nach nochmaliger genauer Kalkulation entschlossen, Ihnen in Zukunft die Frachtsätze der Konkurrenz zu berechnen, obwohl bei diesen Sätzen für meine Mühewaltung fast nichts mehr übrig bleibt.

Zoll und Versicherungsprämie sind in dem genannten Übernahmspreis nicht einbegriffen.

Ich bitte, die Sendungen meinem dortigen Korrespondenten, Herrn C. G. Lentsch, der meine Instruktion in Händen hat, zur Verladung an mich zu überweisen.

144ª.

Weiss y Cª.
Leipzig.

Leipzig 6 junio 19..

Sr. D. Miguel Roca. — Cerbère.

Muy Sr. n/: En poder de su attª de 3 ctᵉ, persistimos en n/ aserción y n/ demanda.

A fin de que no le quepa á V. ninguna duda de la ventaja ofrecida y se convenza de que no hay error en las cifras que le indicámos en n/ precedente, le incluímos la circular de los Srs. Pardo y Borrell, de Barcelona-Cerbère-Portbou, la cual confiamos nos será devuelta prontamente.

Presuponiendo que, en sus buenos deseos para con nosotros, habrá hecho V. ya su mayor esfuerzo en complacernos, y no viendo, por lo mismo, medio de arreglo asequible, sentimos deber manifestarle que los intereses de n/ clientela nos obligan á encargar los envíos de hoy en adelante á la casa competidora mencionada, por lo menos tocante á los transportes á mdª/v/.

Seguimos de V. attᵒˢ y afmᵒˢ S. S.

Weiss y Cª.

145ª.

Miguel Roca.
Sucesor de Gregorio Parés y Borrás.
(Casa fundada en 1882.)
Barcelona-Cerbère-Portbou.

Cerbère 8 de junio de 19..

Srs. Weiss y Cíª. — Leipzig.

Muy Srs. míos: Les devuelvo adjunta la circular que se han servido acompañar con su attª de 6 del ctᵉ.

En atención á la importancia de los encargos de Vs. y sus relaciones conmigo de tán antigua fecha, me comprometo á servir á Vs. bajo las mismas condiciones de mis competidores por lo que hace á los transportes á mediana velocidad, aunque éstos no me producirán ningún beneficio. Los derechos de registro, estadística, seguros y de aduana, quedarán á cgᵒ de los comitentes.

Tendrán Vs. la bondad de dirigirme sus envíos por mediación de D. C. G. Lentsch, de ese comercio, quien á estas horas tendrá ya mis instrucciones sobre el asunto.

Von Herrn Léon Faure, 25, rue Montmartre, hier, ging mir:

L.F. 654 1 Kiste Persianerfelle Bo. 130 kg

für Sie zu, die ich einstweilen auf Lager nahm.

Ich bitte, über diese Sendung baldigst zu verfügen, und zeichne

1 Zirkular

hochachtungsvoll

Louis Thibault.

146.

Weifs & Co.
Leipzig.

Leipzig, den 10. Juni 19..

Herrn Louis Thibault, Paris.

Aus Ihrem Schreiben vom 8. d. M. bemerkten wir uns, daß Sie die Übernahmen Ihrer Konkurrenz einhalten wollen; wir werden Herrn C. G. Lentsch hier die Sendungen zur Weiterbeförderung an Sie zuweisen.

Über die Ihnen von Herrn Léon Faure, dort, für uns gesandte:

L.F. 654, 1 Kiste Persianerfelle

wird der Besitzer der Ware, Herr Max Werner, hier, demnächst direkt verfügen, und wollen Sie dessen Weisung gefl. befolgen.

Von Herren Roland Frères, 13, Fbg. Poissonnière, dort, werden Sie demnächst 3 Kisten gefärbte Kaninfelle in unserem Auftrag erhalten.

Wir bitten, diese 3 Kisten unversichert und unfrankiert als Eilgut transito zur Verzollung in Warschau an:

Russische Transport-Gesellschaft, Warschau,

abgehen zu lassen. Ihre Auslagen bitten wir durch Nachnahme zu erheben.

Durch Spediteur C. G. Lentsch, hier, lassen wir:

C.W. 156/161, 6 Ballen Fehschweife, Bo. 616 Kilo

an Sie abgehen.

Wir bitten, diese Sendung frei Haus an die Herren Dumas et fils, 9, rue de Trévise, dort, zu übermitteln und uns den Betrag für Fracht, Abfertigung und Zustellung in Rechnung zu stellen.

Bei Herrn Max Roy, 106, rue Montmartre, wollen Sie für uns einen Ballen Kaninfelle abholen und sofort als Eilgut franko an Herrn C. G. Lentsch, hier, zu unserer Verfügung abgehen lassen.

Hochachtungsvoll

Weiß & Co.

Acabo de recibir de D. Andrés Figueras, de este comercio,

A. F. 654, 1 caja pieles de cordero, bruto 130 kgr.,

que conservo á su disposición. Mucho hubiera sentido perder la excelente parroquia de Vs. su más att^{o} S. S.

M. Roca.

146ª.

Weiss y Cª.
Leipzig.

Leipzig 10 de junio de 19 . .

Sr. D. Miguel Roca. — Cerbère.

Muy Sr. n/: También nosotros celebramos que no se hayan roto las agradables relaciones con V. De acuerdo con su att^{a} del 8 ct^{e}, n/ encargos serán desempeñados por V. bajo las mismas condiciones de los Srs. Pardo y Borrell, Barcelona-Cerbère-Portbou, y recurriendo al intermedio de don C. G. Lentsch, de este comercio.

El Sr. D. Maximiliano Werner, también de esta plaza, le facilitará instrucciones directas concernientes al envío de D. Andrés Figueras, Cerbère-Portbou:

L. F. 654, 1 caja de astracanes.

Los Srs. Pujol Hermanos, Port-Bou, entregarán á V. 3 cajas pieles de conejo teñidas, para que las expida, adeudando portes, á gr/v^{d}, á la «Compañía rusa de transportes y cobros», de Varsovia; yendo el seguro á cg^{o} del destinatario, acompañando la nota de los gastos de V.

Por el intermedio de don C. G. Lentsch, de ésta, dirigimos á V., pq^{a}/v^{d}, para ser transmitidas á los Srs. Aragonés é Hijo, de ésa:

W. C., 156—161, 6 fardos colas en bruto de ardillas grises,

debitando en n/ct^{a} los gastos de transporte.

Por último, se servirá V. recoger de casa de D. Gaspar Arroyo, Port-Bou, una bala pieles de conejo aprestadas negras, para dirigírnoslas á gr/v^{d} á las señas de C. G. Lentsch.

Reciba V. afectuosos saludos de sus att^{os} S.

Weiss y Cª.

147.

(Postkarte.)

Weifs & Co.
Leipzig.

Herrn C. G. Lentsch, Leipzig.

Wir bitten, 6 Ballen Fehschweife:

C.W.	156	Brutto	104	Kilo		
„	157	„	108	„		
„	158	„	117	„		
„	159	„	104	„	616 Kilo	
„	160	„	104	„		
„	161	„	79	„		

bei uns abholen und unversichert als Frachtgut an Herrn Louis Thibault, 90, rue des Marais, Paris, zu unserer Verfügung senden zu wollen.

Versandinstruktionen hat er bereits erhalten.

Hochachtungsvoll

Leipzig, den 10. Juni 19..

Weiß & Co.

148.

(Postkarte.)

C. G. Lentsch
Leipzig.

Herrn Louis Thibault, Paris.

Im Auftrag und zur Verfügung der Herren Weiß & Co., hier, übersende ich Ihnen unversichert und unfrankiert im direkten Wagen 6 Ballen Fehschweife:

C.W.	156	Brutto	104	Kilo	
„	157	„	108	„	
„	158	„	117	„	
„	159	„	104	„	616 Kilo,
„	160	„	104	„	
„	161	„	79	„	

die Sie aufgabegemäß behandeln wollen.

Hochachtungsvoll

Leipzig, den 10. Juni 19..

C. G. Lentsch.

(Tarjeta posta.) **147ª.** (Traducción.)

Weiss y Cª.
Leipzig.

Sr. D. C. G. Lentsch, Leipzig.

Puede V. mandar recoger de nuestros almacenes 6 balas de colas en bruto de ardilla gris:

W. C.,	nº 156,	peso bruto	104	kgr.	616 kilos
»	» 157,	» »	108	»	
»	» 158,	» »	117	»	
»	» 159,	» »	104	»	
»	» 160,	» »	104	»	
»	» 161,	» »	79	»	

con el objeto de enviarlos, á n/ disposición, p. pqª/v/, sin seguro, á D. Miguel Roca, de Cerbère, que ha recibido ya instrucciones sobre el particular.

Con la mayor consideración

Leipzig 10/VI/19 . . Weiss y Cª.

(Tarjeta postal.) **148ª.** (Traducción.)

C. G. Lentsch.
Leipzig.

Sr. D. Miguel Roca. — Cerbère.

Por orden de los Srs. Weiss y Cía, de ésta, hemos dirigido á V., adeudando portes, sin seguro, en wagón directo:

W. C.,	nº 156,	peso bruto	104	kgr.	6 fardos colas en bruto de *petit gris.*
»	» 157,	» »	108	»	
»	» 158,	» »	117	»	
»	» 159,	» »	104	»	
»	» 160,	» »	104	»	
»	» 161,	» »	79	»	

De ello puede V. disponer en conformidad con las instrucciones de los Srs. Weiss y Cª citados.

Con la mayor atención

Leipzig 10/VI/19 . . C. G. Lentsch.

149.

(Postkarte.)

Weifs & Co.
Leipzig.

Herrn Max Roy, 106, rue Montmartre, Paris.

Die Ihnen am 2. cr. in Auftrag gegebenen 100 Dtzd. gefärbte Kaaninfelle wollen Sie gefl. unserem dortigen Spediteur, Herrn Louis Thibaultt, zu unserer weiteren Verfügung übergeben.

Wir bitten, Herrn Thibault gefl. sofort zu benachrichtigen, wenn die Ware fertiggestellt ist.

Da die Sendung Eile hat, wünschen wir den Versand umgehend vorgenommen zu sehen.

Hochachtungsvoll

Leipzig, den 10. Juni 19.. Weiß & Coo.

150.

(Postkarte.)

Ancne Mon G. Tross.
Fondée en 1852.
Louis Thibault Succr.
90, rue des Marais, 90.
Paris.

Paris, den 13. Juni 19..

Herrn C. G. Lentsch, Leipzig.

Von Sendung des Herrn Max Roy, 106, rue Montmartre, hier, expedierte ich soeben an Ihre werte Adresse, per Eilgut, ohne Assekuranz:

M.R. No. 567, 1 Ballen gefärbte Kaninfelle Bo. 63 Kilo,

den Sie nach erfolgter Zollbefreiung den Herren Weiß & Co., dort, sofort zustellen wollen.

Indem ich Ihnen besten Empfang der Waren wünsche, begrüße ich Sie

hochachtungsvoll

Louis Thibault.

149ª. (Tarjeta postal).

Weiss y Cª.
Leipzig.

Sr. D. Gaspar Arroyo. — Port-Bou.

Muy Sr. n/: Le agradeceremos ponga á disposición de D. Miguel Roca, Cerbère, las 100 docs. pieles de conejo teñidas, que pedímos en n/ carta de 2 ctᵉ.

Esperando se tome V. la molestia de enterar á tiempo al Sr. Roca, así que el envío esté listo, y que éste tarde lo menos posible, pues urge sobre manera, saludamos á V.

con la mayor atención y afecto.

Leipzig 10 Junio 19 . .

Weiss y Cª.

150ª. (Tarjeta postal.)

Miguel Roca.
Sucesor de Gregorio Parés y Borrás.
(Casa fundada en 1882.)
Barcelona-Cerbère-Portbou.

Cerbère 13 de Junio 19 . .

Sr. D. C. G. Lentsch. — Leipzig.

Muy Sr. mío: Por O/ de D. Gaspar Arroyo, Port-Bou, acabo de dirigir á V., á gr/vᵈ, no asegurado:

M. R., Nº 567, 1 fardo pieles de conejo lustradas, 63 kgr. bruto.

Tenga V. la bondad de despacharlo en esa aduana y transmitirla con gran urgencia á los Srs. Weiss y Cª., de este comercio.

Me repito de V. attº S. S.

Miguel Roca.

151.

Ancne Mon G. Tross.
Fondée en 1852.
Louis Thibault Succr.
90, rue des Marais, 90.
Paris.

Paris, den 13. Juni 19..

Herren Weiß & Co., Leipzig.

Ich bin im Besitz Ihres Geehrten vom 10. d. M.

Den mir von Herrn Max Roy, 106, rue Montmartre, übergebenen:

M. R. 567, 1 Ballen 100 Dtzd. Kanin Bo. 63 Kilo

ließ ich aufgabegemäß an Herrn C. G. Lentsch, dort, als Eilgut für Sie abgehen.

Für Eilfracht bitte ich mir Fr. 18.60 (63 = 70 Kilo à 26.50 per % Kilo) für meine Übernahme gutzubringen.

Die mir gleichzeitig avisierten:

C.W. 156/161, 6 Ballen Fehschweife Bo. 616 Kilo

sind eingetroffen.

Ich habe sie den Herren Dumas et fils, 9, rue de Trévise, frei Haus ausgefolgt und bitte, mich mit Fr. 74.40 (616 = 620 Kilo à 12.— per % Kilo), wozu Rollgeld nach Bahnhof „ 3.20 kommen,
zusammen Fr. 77.60 zu erkennen.

Die Sendung der Herren Roland Frères, 13, Fbg. Poissonnière, hier:

R. F., 218/220, 3 Kisten Bo. 202 Kilo

ließ ich Ihrer Verfügung gemäß unter Nachnahme meiner Spesen als Eilgut unfrankiert und unversichert transito abgehen an die:

Russische Transport-Gesellschaft, Warschau.

Herr Max Werner, dort, hat gestern über die mir für Ihre werte Adresse von Herrn Léon Faure hier übergebene:

L. F. 654, 1 Kiste Persianer

verfügt, wovon Sie zu meiner Entlastung gefl. Kenntnis nehmen wollen.

Stets gern zu Ihren Diensten

Hochachtungsvoll

Louis Thibault.

151ª.

Miguel Roca.
Sucesor de Gregorio Parés y Borrás.
(Casa fundala en 1882.)
Barcelona-Cerbère-Portbou.

Cerbère 13 de Junio 19 . .

Srs. Weiss y Cª. — Leipzig.

Muy Srs. míos: Cumpliendo su O/ del 10 ctᵉ, he mandado recoger de la casa G. Arroyo, Port-Bou, y expedido á la de C. G. Lentsch, Leipzig:

M. R., Nº 567, 1 bulto pieles de conejo, 63 kgr. bruto.

He remitido á los Srs. Aragonés é Hijo, Port-Bou, franco á domicilio:

W. C., Nºˢ 156/161, 6 fardos «petit gris», 616 kgr. bruto.

Tenga V. á bien pasar á n/ crédito el importe de estos envíos, según nota de gastos al pié de la prtᵉ.

El envío de los Srs. Pujol Hermanos de Port-Bou:

R. F., Nº 218—220, 3 cajas, 202 kgr. bruto,

ha salido con gr/vᵈ, porte y seguro á cgº de los destinatarios, á la «Compañía rusa de transportes y cobros», en Varsovia, acompañando nota de mis desembolsos.

El Sr. D. Max. Werner, de ésa, ha dispuesto ayer de:

L. F., Nº 654, 1 caja pieles de cordero,

de lo cual se servirá V. hacer la anotación para mi descargo.

Siempre á sus órdenes, queda de V. muy attº y afmº S.

Miguel Roca.

Nota de gastos.

Gr/v/ París-Leipzig,	63 =	70	kgr.	á 26,50	los %	kgr.	=	Frs.	18,60,
Pª/v/ Leipzig-París,	616 =	620	»	» 12,—	»	» »	=	»	24,40,
Camionaje en Leipzig								»	3,20.

152.

Weifs & Co.
Leipzig.

Leipzig, den 18. Juni 19..

Herrn Louis Thibault, Paris.

Die uns durch Brief vom 13. d. M. avisierte Eilgutsendung von Herrn Max Roy:

M. R. 567, 1 Ballen Kanin Bo. 63 Kilo

ist uns soeben zugegangen.

Die uns aufgegebenen Frachtbeträge:

Fr. 18.60 Eilfracht nach Leipzig,
Fr. 77.60 Fracht nach Paris

haben wir Ihrem Konto gutgeschrieben.

Wir bemerkten uns, daß Herr Max Werner, hier, über:

L. F. 654, 1 Kiste

verfügt hat, und daß die Eilgutsendung der Herren Roland Frères, dort transito nach Warschau abgegangen ist.

Hochachtungsvoll

Weiß & Co.

152ª.

Weiss y Cª.
Leipzig.

Leipzig 18/VI/19..

Sr. D. Miguel Roca. — Cerbère.

Muy Sr. n/: Hemos recibido, á gr/vᵈ, el envío de la casa G. Arroyo, Port-Bou:

M. R., Nº 567, 1 bala pieles de conejo.

Asimismo, hemos anotado que don Max. Werner, Leipzig, ha dispuesto de la caja L. F. Nº 654; y que el envío de Pujol Hermanos, Port-Bou, ha partido á gr/vᵈ para Varsovia.

En la ctª de V. hemos llevado al crédito

Frs. 18,60, por el envío gr/vᵈ, París-Leipzig, y

Frs. 77,60, » » » pqª/vᵈ, Leipzig-París.

Sin otro particular, quedamos á sus órdenes attºˢ S. S.

Weiss y Cª.

Umwandlungen und Aufgaben.

A. Warengeschäfte. Tráfico de mercancías.

Umwandlungen.

Café Briefe 1ª— 6ª:	Compañía Colonial	ersetzen durch	Reinaldo Pacheco.
	Capella, Baró y Cía	„ „	Nicomedes Peral.
Juguetes Briefe 7ª—13ª:	Julián Figueroa	„ „	Hijos de Federico Gallego.
	Aguirre é hijos	„ „	Teobaldo Parés.
Géneros de punto Briefe 14ª—21ª:	Victor Herrera	„ „	Luís Ferrándiz é Hijo.
	Jaime Carbonell	„ „	Servando Pou y herms.
	Perez Hermanos	„ „	Nicolás Rivadeneira..
Papel Briefe 22ª—32ª:	Mariano Quintana	„ „	Díaz, Díez y Cía.
	Santiago Ríus	„ „	Mateo Llorens.
Vinos Briefe 33ª—40ª:	Rafael Cisneros	„ „	Cristóbal Rey y Cía.
	Domingo Valcárcel	„ „	Gómez y Laserna.
Flores artificiales Briefe 41ª—44ª:	Vda. de Elizalde	„ „	Esperanza del Valle é Hija.
	Germán Ducazcal	„ „	Concepción Torrijos.
Telas Briefe 45ª—54ª:	Fabril Algodonera	„ „	Ricardo Salaverría.
	Alejo Rodríguez	„ „	Archibaldo Quirós y Cía.
	Marcelo Negre	„ „	Josefa Llanes.
Reclamaciones Briefe 55ª—64ª:	F. de P. Rubio	„ „	Frco de Asis Sainz herms.
	Salvador Goya	„ „	J. Bautista Correa y Cía.
	Buenaventura Roig	„ „	Viladecans y Romero.

Aufgaben.

Gebrannter Kaffee. Cafés tostados.

1. Am 15. Januar 19.. bietet E. Ribalta, Barcelona, seiner Kundschaft gebrannten Kaffee in vier verschiedenen durch Sternchen bezeichneten Sorten an:

*	Mezcla buena corriente	zu Pts.	3.60	das Kilo,
**	„ superior	„ „ „	4.—	„ „
***	„ non-plus-ultra	„ „	4.40	„ „
****	„ exquisita	„ „	4.60	„ „

Bei Entnahme ab 25 Kilo erfolgt die Zusendung frei Verpackung und Empfangsstation als Frachtgut; bei Eilgutsendungen geht der Frachtunterschied zu Lasten des Käufers. Regulierung nach 30 Tagen, ohne Skontoabzug. Infolge direkter Einfuhr kann E. Ribalta, dessen Absatz täglich über 800 Kilo beträgt, sehr billig verkaufen und gute, preiswerte Ware liefern.

Auf Wunsch sendet er gern Gratismuster, auch ist er bereit, Sendungen, die nicht gefallen, auf seine Kosten zurückzunehmen.

2. Am 31. Januar 19.. macht E. Ribalta, Barcelona, der Firma Lorenzo Calvet, Vinaroz (Castellón) schriftliche Offerte. Er bezieht sich auf frühere angenehme Beziehungen und auf sein Schreiben vom 15. d. M. Er übersendet Muster zu * und *** unter Wiederholung der Lieferungs- und Zahlungsbedingungen und stellt sorgfältige Bedienung in Aussicht.

3. Am 15. Februar 19.. bekennt sich L. Calvet, Vinaroz, zum Empfang der Briefe und Muster. — Er bestellt: 25 Kilo * zu Pts. 3.60 und 25 Kilo *** zu Pts. 4.40, frei Station Vinaroz und bittet um schleunige Erledigung dieses Probeauftrags.

4. Am 16. Februar 19.. zeigt E. Ribalta, Barceloua, der Firma L. Calvet, Vinaroz an, daß der bestellte Kaffee als Frachtgut franko Vinaroz abgegangen ist. Er legt Rechnung bei, bittet um Gutschrift des Betrags von 200,— Pts. per 16. März d. J. und empfiehlt sich zu ferneren Diensten.

5. Am 18. Februar 19.. zeigt L. Calvet, Vinaroz, Herrn E. Ribalta, Barna den Empfang der Sendung und Gutschrift des Rechnungsbetrags an. Er bittet, ihm bis auf Widerruf jeden Freitag je 25 Kilo * und *** zu schicken.

6. Am 15. März 19.. überschickt L. Calvet, Vinaroz, Herrn E. Ribalta, Barna, den Rechnungsbetrag per 16. Februar in 2 Banknoten und bittet um Empfangsbestätigung. Er zeigt den Empfang der Sendung vom 23. Februar und deren Gutschrift an.

7. Am 16. März 19.. bestätigt E. Ribalta in Barcelona den Empfang des Geldes und bittet um weitere Aufträge.

Gliederpuppen. Muñecas articuladas.

8. Durch Zirkular vom 30. September 19.. zeigt die offene Handelsgesellschaft Barber, Gibert y Morelló in Valencia ihre Auflösung an und dankt für das ihr bisher bewiesene Vertrauen.

9. Durch Gegenzirkular vom 1. Oktober 19.. teilt die neu gegründete offene Handelsgesellschaft Navarrete y C[ía] in Valencia mit, daß sie die Geschäfte der erloschenen Firma Barber, Gibert y Morelló weiterführt. Mit den erforderlichen Kapitalien ausgerüstet wird sie bemüht sein, ihre Kundschaft zu befriedigen. Der Oberingenieur der alten Firma Herr Navarrete hat die Betriebsleitung übernommen, seine Umsicht und seine zwanzigjährige Erfahrung stellen ein schnelles Aufblühen des Geschäfts in Aussicht. Herr Tadeo Cirera behält Prokura. Mit der Bitte um Vertrauen und um Überweisung von Aufträgen und mit dem Hinweis auf die Handzeichnungen der Herren Gibert, Navarrete und Cirera schließt das Zirkular.

10. Am 12. Dezember 19.. bestätigt die i. V. von J. Galán gezeichnete Firma Bartolomé Carrillo y Gálvez in Murcia ihren den Herren Navarrete y C[ía], Valencia, telegraphisch erteilten Auftrag auf:

3 Dutzend Gliederpuppen N°. 22 zu Pts. 42.— das Dzd.
3 „ „ „ 13 „ „ 33.— „ „

mit dem Bemerken, daß sie die Ware nur dann annehmen könne, wenn diese bis spätestens 20. d. M. in ihren Händen sei; bei späterer Zusendung müßte die Annahme verweigert werden.

11. Bestellschein N° 327 zu Brief 11. Bedingungen: lieferbar sofort durch Eilgut; Verpackung zu Lasten des Käufers; 1 Monat Ziel, 2% Skonto, 5% Rabatt.

12. Am 13. Dezember 19.. bestätigt die p. pa. von Cirera gezeichnete Firma Navarrete y C^ía^ in Valencia, den Herren B. Carrillo y Gálvez in Murcia den Empfang der Depesche und des Briefes. Durch Zusendung als Eilgut werde es ihr möglich sein, die Bestellung trotz der kurzen Frist bis 20./12. auszuführen. Sie empfiehlt sich zu ferneren Diensten.

13. Auftragsbestätigung zu Brief 12. Lieferungsbedingungen wie in N° 11. Der Bestätigungsschein enthält außerdem, als «Condiciones generales», gedruckte Bestimmungen über die Versendung per Bahn, über Zahlung, Verpackung usw.

14. Am 19. Dezember 19.. melden Navarrete y C^ía^ in Valencia der Firma Carrillo y Gálvez in Murcia, daß die am 12./12. bestellten Gliederpuppen abgegangen sind und bitten um Gutschrift des Rechnungsbetrags von Pts. 216,75, per 31. Januar 19.. Sie sehen ferneren Aufträgen gern entgegen.

15. Rechnung zu Brief 14 vom 19. Dezember 19.. Zu berücksichtigen: 5% Rabatt, 2% Skonto; Verpackung Pts. 4,50, Porto für 2 Pakete frei Haus Pts. 3,—.

16. Am 31. Januar 19.. übersendet die Firma B. Carrillo y Gálvez in Murcia den Herren Navarrete y C^ía^ in Valencia Pts. 216,75 in einem Scheck Nr. 765 auf die Filiale der Banco de España in Murcia und bittet um Gutschrift und Rückgabe des Quittungsformulars, das dem Briefe beiliegt.

17. Am 1. Februar 19.. bestätigt die Firma Navarrete y C^ía^ in Valencia Herren B. Carrillo y Gálvez in Murcia den Empfang des Schecks. Sie behält sich Berichtigung etwaiger Irrtümer vor.

Küchengeräte. Ustensilios de cocina.

18. Am 15. September 19.. bestätigen die Kurzwarenhändler Bonet y Bordas in Reus (Tarragona), Inhaber des «Bazar del Aguila», den soeben der Aktiengesellschaft «La Cartuja», Fábrica de loza y porcelana, in Sevilla, telephonisch erteilten Auftrag auf:

24	servicios	completos,	vajilla	n° 54,	á	Pts.	60,—
10	»	»	»	» 87,	á	»	35,—

durch Bestellschein N° 271. Bonet y Bordas wünschen die Ware bis spätestens Ende Oktober.

19. Bestellschein N° 271 gibt folgende Lieferungsbedingungen an: Zahlung per ultimo des der Lieferung folgenden Monats, 3% Skonto, Zusendung durch Spediteur Enrique Pí y Grillo in Sevilla, Fracht und Verpackung zu Lasten des Käufers.

20. Am 17. September 19.. bestätigt die durch ihren Betriebsdirektor Contreras vertretene «Cartuja», f^{ca} de loza in Sevilla, den von Bonet y Bordas in Reus erhaltenen Auftrag durch Bestätigungsschein. Sie erklärt sich zugleich bereit, verspätete, mangelhafte oder den Vorschriften nicht entsprechende Waren zurückzunehmen und bürgt für die Echtheit der ihre Schutzmarke tragenden Artikel. Sie hat sich bemerkt, daß der Versand durch Enrique Pí in Sevilla erfolgen soll.

21. Auftragsbestätigung zu Brief 19 mit allgemeinen Angaben über Lieferungsbedingungen, Frachtvergütungen und Preisermäßigungen bei größeren Bestellungen.

22. Am 12. Oktober 19.. zeigt der Direktor der «Cartuja» in Sevilla der Firma Bonet y Bordas in Reus die Absendung der bestellten Waren in 2 Kisten: B. B. 3228, Gewicht 84 Kilo und B. B. 3229, Gewicht 62 Kilo, durch Spediteur Enrique Pí an. Er ersucht um Gutschrift des Betrags der beigelegten Rechnung in Höhe von Pts. 1761,30 und bittet um fernere Aufträge.

23. Rechnung zu Brief 22, ausgestellt am 12. Oktober 19.., von «La Cartuja» in Sevilla für die Herren Bonet y Bordas, Reus, in Höhe von Pts. 1790,—, wovon 3 % Skonto abzuziehen sind, während Pts. 25,— für Kisten hinzukommen. Wenn binnen 8 Tagen keine anderweite Verfügung eintrifft, so soll der Betrag von Pts. 1761,30 durch Tratte per 30. November angeschafft werden.

24. Am 12. Oktober 19.. fordert «La Cartuja» in Sevilla den Spediteur E. Pí y Grillo in Sevilla durch Postkarte auf, die versandbereiten Kisten:

L. A. 3228, Bruttogewicht 84 Kilo
„ 3229, „ 62 „

abholen zu lassen und sie zur Verfügung der Firma Bonet y Bordas in Reus zu halten.

25. Am 12. Oktober 19.. fragt Spediteur Enrique Pí in Sevilla bei Bonet y Bordas in Reus an, an welche Adresse er die bei ihm lagernden 2 Kisten Kurzwaren im Gesamtgewicht von 146 Kilo brutto abfertigen solle.

26. Am 13. Oktober 19.. bitten Bonet y Bordas in Reus den Spediteur E. Pí in Sevilla, die beiden ihm überwiesenen Kisten als Sammelgut an ihre Adresse zu schicken.

27. Am 14. Oktober 19.. zeigt Enrique Pí in Sevilla der Firma Bonet y Bordas in Reus an, daß er die beiden Kisten vorschriftsmäßig und unter Nachnahme seiner Auslagen abgeschickt habe.

28. Am 30. Oktober 19.. benachrichtigt «La Cartuja» in Sevilla die Firma Bonet y Bordas in Reus, unter Beifügung eines Rechnungsauszugs, daß sie den Betrag ihrer Rechnung vom 12. Oktober: Pts. 1761,30, Order C. A. Legazpi, per 30. November a. c. auf sie gezogen habe und bittet um Schutz für diese Tratte.

Stearinkerzen. Bujías esteáricas.

29. Am 1. September 19 .. zeigt Lucas Folguera, Sucesor de Perecamps y $C^{ía}$, in Cádiz, durch Zirkular den Austritt seines bisherigen Gesellschafters Felipe Regordosa aus der Firma an und teilt mit, daß er den Betrieb unter seinem Namen weiterführt. Er hofft, das der Firma bisher bewiesene Vertrauen auch fernerhin zu rechtfertigen, sagt pünktliche Bedienung zu und bittet, von seiner Handzeichnung Kenntnis zu nehmen.

30. Am 25. September 19 .. bittet Lucas Folguera in Cádiz die Firma Rancés y Henrich in La Habana unter Bezugnahme auf sein Zirkular vom 1. d. M. um eine Bestellung. Er verweist auf seine reiche Geschäftserfahrung und seine verbesserten maschinellen Einrichtungen und sichert gute Ware bei billigen Preisen zu. Er empfiehlt einen Lieferungsabschluß auf Abruf für den bevorstehenden Winter und schließt mit der Bitte um einen Probeauftrag.

31. Am 15. Oktober 19 .. ersuchen Rancés y Henrich in La Habana um Angabe der äußersten Lieferungsbedingungen auf Abruf bis Ende März für etwa 3000 Pakete Stearinkerzen.

32. Am 2. November 19 .. erklärt sich Lucas Folguera in Cádiz zur Lieferung von rund 3000 Paketen auf Abruf bereit und offeriert:

Bujías	«Diadema»	Pts.	0,69	das	Paket	von	500	Gramm
„	«Londres»	„	0,59	„	„	„	„	„
„	huecas	„	0,64	„	„	„	„	„

zu folgenden Bedingungen:

Frankozusendung bis Hafen Havanna bei Posten von mindestens 50 Kilo, Stempel und Einschreibegebühr zu Lasten des Käufers; Nettoregulierung 90 Tage nach Ablauf des Lieferungsmonats oder 2 % Skonto gegen Kasse; 1 pta. = 1 fr. Umgehende Entschließung erforderlich, da plötzliche Preiserhöhungen für Stearin zu befürchten sind.

33. Am 5. Oktober 19 .. bestellen Rancés y Henrich in Cádiz eine Probesendung von je 25 Paket: bujías «Diadema» á Pts. 0,69 und bujías huecas á Pts. 0,64. Sie bitten um die Bedingungen für Lieferung von 3000 Paketen bis ultimo Dezember auf Abruf.

34. Am 26. November 19 .. zeigt Lucas Folguera in Cádiz der Firma Rancés y Henrich an, daß er den Probeauftrag ausgeführt habe, und bittet um Gutschrift von Pts. 33,25; den Betrag werde er durch 3 Monatstratte auf sie entnehmen. Er verweist auf die Güte seiner Kerzen und hält seine Offerte vom 2. November aufrecht, die außergewöhnlich günstig sei, weil ihm an der Erneuerung der Geschäftsverbindung sehr viel liege. Erhalte er binnen 3 Tagen, also bis zur Dampfschiffabfahrt, keinen Zuschlag, so könne er feste Offerte nicht mehr machen, da Stearin fortwährend steige. Er legt Rechnung für die Probesendung bei.

35. Rechnung zu Brief 34 über die im Briefe 33 bestellten Kerzen. Trattenavis per 4. Februar. Bitte um fernere Aufträge.

36. Am 10. December 19 .. zeigen Rancés y Henrich den Eingang der Ware an. Sie sind erstaunt über die ohne ihre Zustimmung erfolgte Entnahme

des Rechnungsbetrags; sie seien gewöhnt, stets durch Scheck oder Rimesse zu regulieren und bitten, hiervon Vormerkung zu nehmen. Den Lieferungsantrag nehmen sie unter wörtlicher Bestätigung an, Abruf werde stets 18 Tage vor der Lieferung erfolgen. Sollten sie die 3000 Paket bis ultimo Dezember nicht abgenommen haben, so soll der Betrag dafür gleichwohl zu diesem Termin fällig werden, ebenso erklären sie sich bereit, im Verzugsfalle ab 1. Februar den Tagespreis zu zahlen. Falls ihre Bedingungen angenommen würden, bestellen sie: 500 Paket bujías «Diadema» á Pts. 0,69; 500 Paket huecas á Pts. 0,64.

37. Am 21. Dezember 19.. bestätigt Lucas Folguera in Cádiz der Firma Rancés y Henrich in Havanna die im Brief Nr. 36 enthaltenen Abmachungen. Die bestellten 1000 Paket würden am nächsten Tage abgehen. Die am 6. November avisierte Tratte sei noch nicht begeben, er werde sie vernichten und sich gern jeder anderen Form der Anschaffung fügen.

38. Am 22. Dezember 19.. bestätigt L. Folguera in Cádiz sein gestriges Schreiben und überreicht Rechnung über seine heutige Sendung L. F., Nr. 753, im Betrage von Pts. 665,—, mit der Bitte um Gutschrift.

39. Am 15. Januar 19.. zeigen Rancés y Henrich in La Habana Gutschrift von Pts. 665,— an. Sie überweisen:

Pts. 88,75, auf Santander, per 29. Februar,
„ 623,50, „ Barcelona, per 30. März,

bitten um Empfangsbestätigung und bestellen: 500 Paket bujías «Diadema» á Pts. 0,69 und 500 huecas á Pts. 0,64.

40. Am 26. Februar 19.. bekennt sich Lucas Folguera zum Empfang der Rimessen, deren Betrag Pts. 712,25 er u. ü. V. gutgebracht habe. Er sagt pünktliche Ausführung des zweiten Abrufs zu.

41. Am 13. März 19.. bestellen Rancés y Henrich in La Habana den Rest ihres Abschlusses mit je 500 Paket bujías «Diadema» und huecas. Sie fragen an, ob Lucas Folguera geneigt sei, weitere 2—3000 Paket bis ultimo Juni auf Abruf lieferbar abzuschließen.

42. Am 4. April 19.. verspricht Lucas Folguera in Cádiz pünktliche Absendung der bestellten Kerzen. Da Stearin 15—20% gestiegen sei, könne er nur zu folgenden Preisen neu abschließen: bujías «Diadema» Pts. 0,76; huecas Pts. 0,70, bei sonst gleichbleibenden Bedingungen.

43. Am 26. April 19.. zeigen Rancés y Henrich in Havanna Gutschrift von Pts. 665,— an und übersenden eingeschrieben: Pts. 1275,40 auf Paris per ultimo Mai. Sie fügen einen Rechnungsauszug bei, ziehen 2% Skonto = Pts. 40,55 ab und bitten um Empfangsbestätigung.

44. Am 17. Mai 19.. bestätigt Lucas Folguera in Cádiz die im Brief 43 enthaltene Abrechnung, E. v.

B. Bankgeschäft. Operaciones bancarias.

Umwandlungen.

Descuento de efectos:	B. 65ª—69ª	B. Ulzurrún	ersetzen durch	«Crédito industrial».
		Banco del Imperio	„	Silvestre Caballero.
Cobros por cuenta de tercero	B. 68ª—79ª	Patricio de la Escosura	„	Boladeras é hijos.
		Sociedad de Crédito mutuo		bleibt.
		Jesús Rovira	ersetzen durch	Perojo y Cía.
		Hijos de Rodrigo Cané	„	Julio Morales.
Domicilio de efectos .	B. 80ª—85ª	Segismundo Nogueras	„	Durán é hijo.
		Tomás Goyeneche	„	Carlos Francés.
Intervención .	B. 86ª—94ª	Pompeyo Zurbarán	„	Rocabertí y Ruíz.
		Roberto Robert	„	Asensio Calvo y Cía.
Cuentas corrientes .	B. 95ª—106ª	Ricardo Vallín	„	Banco Vallisoletano.
		Lino Polavieja	„	Nilo Fábregas y Cía.

Aufgaben.

Wechsel zur Annahme. Aceptación de letras.

45. Am 15. Mai 19.. sendet Anastasio Castillo in Gijón Pts. 1600,— per 30. Juni a. c., O. E. an die Firma Adolfo España in Avila mit der Bitte, ihm das Papier mit Akzept versehen wieder zuzuschicken. Er sagt Gutschrift des Betrags im Ausgleich gegen die am 1. d. M. von ihm gelieferten Waren zu.

46. Am 16. Mai 19.. gibt Adolfo España in Avila den Wechsel mit Akzept versehen zurück; er werde ihn s. Z. pünktlich einlösen.

Wechsel zur Besorgung der Annahme. Presentación por intermediario.

47. Am 25. Februar 19.. schickt Fulgencio Méndez in Granada den Herren Coello y Cía in Linares Pts. 2000,—, auf Gil Vivar, Linares, mit der Bitte zu, dem Bezogenen das Papier zur Annahme vorzulegen. Sollte die Unterschrift verweigert werden, so bittet Absender um Rückgabe des Wechsels ohne Kosten; er dankt für die verursachte Mühewaltung.

48. Am 28. Februar 19.. schicken Coello y Cía in Linares den Wechsel unvollzogen zurück. Aufgabegemäß haben sie nicht protestieren lassen; sie berechnen Pts. 0,65 Spesen.

49. Am 3. März 19... bekennt sich Fulgencio Méndez in Granada zum Empfang des Wechsels; Pts. 0,65 hat er der Firma Coello y Cía gutgeschrieben.

Wechsel zur Diskontierung. Descuento de efectos.

50. Am 15. März 19.. übersenden Forteza y Cía in Mallorca an die «Banco Gerundense» (in Gerona) eingeschrieben:

Pts. 3000,— per 15. Mai auf Vives herm^s^, Anglés (Gerona),
„ 2400,— „ ult. „ „ Mariano Dotras, Vich (Barcelona),
mit der Bitte, diese Tratten zu diskontieren und ihnen den Gegenwert durch Scheck auf den Crédit Lyonnais in Barcelona zu überweisen.

51. Am 17. März 19.. überreicht Cuyás, der Direktor der «Banco Gerundense», Herren Forteza y C^ía^ in Mallorca eingeschrieben einen Scheck in Höhe von: Pts. 5345,74, unter Abrechnung. Die Bank berechnet 4% Diskontzinsen, 1/4% Provision, 20 Centimes Scheckstempel und 1 pta. 15 Porto; sie empfiehlt sich zu ferneren Diensten.

52. Am 18. März 19.. bekennen sich Forteza y C^ía^ in Mallorca zum Empfang des Schecks auf den Crédit Lyonnais und erteilen Entlastung.

Rimessen für eigene Rechnung. Remesas por cuenta propria.

53. Am 18. März 19.. schickt Martín Ortiz in Aranjuez an das Bankhaus Martitegui y C^ía^ in Bilbao:

(1.) Pts. 75,60, per 20. März, auf Luís Gay, Teruel
(2.) „ 60,35, „ 25. „ , „ León Blanch, Huesca
(3.) „ 110,85, „ 31. „ , „ F^co^ Echevarría, Eibar

mit der Bitte um Gutschrift per Verfall.

54. Am 19. März 19.. bekennt sich das Bankhaus Martitegui y C^ía^ in Bilbao, p. pa Artau gezeichnet, zum Empfang von Pts. 246,80, unter Gutschrift per Verfall, E. v.

55. Am 2. April 19.. übersenden Martitegui y C^ía^ in Bilbao Abrechnung. Die Wechsel 1 und 2 sind honoriert und Martín Ortiz abzüglich Pts. 1,— Provision und Pts. 1,30 Briefporto gutgebracht worden. Die Tratte auf F. Echevarría ist in Protest gegangen und Martín Ortiz ist mit Pts. 118,50, Wechselbetrag zuzüglich Protestkosten per 31./3. a. c. belastet, dagegen mit Pts. 14,40, Zahlung Lanuza, Teruel, erkannt worden.

56. Am 3. April 19.. bekennt sich Martín Ortiz in Aranjuez zum Empfang der Abrechnung, deren Richtigkeit er anerkennt.

Rimessen für fremde Rechnung. Remesas por cuenta agena.

57. Am 20. Mai 19.. bittet Ernesto Echerique in Cáceres sein Bankhaus «Crédito de Extremadura» in Béjar, der Firma Puigdollers y Galiano in Colmar (Alsacia):

ℳ 4800,—, Viertausend Acht Hundert Mark,

in kurzsichtigen deutschen Wechseln zu schicken und ihn für den Gegenwert zu belasten.

58. Am 20. Mai 19.. zeigt Ernesto Echenique in Cáceres seinen Lieferanten Puigdollers y Galiano in Colmar an, daß er den «Crédito de Extremadura» in Béjar beauftragt habe, ihnen ℳ 4800.— in kurzsichtigem Papier anzuschaffen und bittet um Gutschrift des Betrags unter Anzeige.

59. Am 22. Mai 19.. übermittelt der «Crédito de Extremadura» in Béjar, gezeichnet vom Direktor Villaverde, der Firma Puigdollers y Galiano in Colmar aufgabegemäß:

ℳ 2650,—,	per 31. März	a. c.,	auf	V. Verdier, Mühlhausen/E.
„ 2150,—,	„ „ „	a. c.,	„	A. Léon, Straßburg/E.
ℳ 4800,—,	Wert per 31. Mai a. c.			

und bittet um Empfangsanzeige und Gutschrift.

60. Am 22. Mai 19.. benachrichtigt Direktor Villaverde die Firma Ernesto Echenique in Cáceres von der Ausführung des Auftrags. Laut beigelegter Abrechnung wird Ernesto Echenique mit Pts. 5933,55, Valuta 31. Mai a. c., belastet.

61. Am 24. Mai 19.. zeigen Puigdollers y Galiano in Colmar dem «Crédito de Extremadura» in Cáceres den Empfang der Rimessen und deren Gutschrift an.

62. Am 24. Mai 19.. zeigen Puigdollers y Galiano in Colmar der Firma Ernesto Echenique in Cáceres den Empfang der Anschaffung an, die sie u. ü. V. zum Ausgleich ihrer Rechnung vom 28. Februar a. c. benutzt haben. Sie sehen weiteren Aufträgen gern entgegen.

Tratten für fremde Rechnung. Tratas por cuenta agena.

63. Am 5. April 19.. ermächtigen Serra y C[ía] in Almería die Firma Durán herm[s] in Albacete für ihre Rechnung 3500 Pesetas per ultimo April auf Pedro Larosa in Ciudad-Real zu ziehen. Der Bezogene werde die Tratte bestens honorieren.

64. Am 5. April 19.. zeigen Serra y C[ía] in Almería Herren Pedro Larosa in Ciudad-Real an, daß sie Durán herm[s] in Albacete ermächtigt haben, Pts. 3500,—, per 30. April a. c. auf ihn zu ziehen. Sie bitten, deren Tratten zu schützen und den Betrag zum Ausgleich ihrer Rechnungen:

Pts. 1928,—, vom 11. März a. c.
„ 1572,—, „ 15. „ a. c.

zu verwenden.

65. Am 6. April 19.. zeigen Durán herm[s] in Albacete Herrn Pedro Larosa in Ciudad-Real an, daß sie im Auftrag und für Rechnung der Firma Serra y C[ía] in Almería, 3500 Pesetas per 30. April a. c. auf ihn gezogen haben; sie bitten um Schutz für diese Ziehung.

66. Am 6. April 19.. zeigen Durán herm[s] in Almería der Firma Serra y C[ía] in Almería an, daß sie aufgabegemäß 3500 Pesetas per ultimo April a. c. auf Pedro Larosa, Ciudad-Real, gezogen und ihr den Betrag u. ü. V. gutgeschrieben haben. Sie sehen ferneren Aufträgen gern entgegen.

67. Am 7. April 19.. sagt Pedro Larosa in Ciudad-Real der Firma Serra et C[ía] in Almería Schutz für die ihm am 5. April a. c. avisierte Ziehung zu Lasten der Auftraggeber zu.

68. Am 8. April 19 . . verspricht Pedro Larosa in Ciudad-Real der Firma Durán herm[s] Albacete, er werde ihre Tratten honorieren.

69. Am 30. April 19 . . zeigt Pedro Larosa in Ciudad-Real der Firma Serra y C[ía] in Almería die Einlösung der Wechsel an, deren Betrag er zum Ausgleich der Rechnungen vom 11. und 15. März zu verwenden bittet.

Wechsel zur Domizilierung. Efectos á domiciliar.

70. Am 22. September 19.. überreichen Marqués y C[ía] in El Ferrol Herrn Pablo García in Vitoria (Alava) eine Tratte von Pts. 3200,—, per ultimo Dezember und bitten, ihnen das Papier mit seinem Akzept versehen und in Madrid zahlbar gestellt, wie vereinbart worden, wieder zuzuschicken.

71. Am 23. September 19 . . fragt Pablo García in Vitoria bei der «Banco Hispano-Americano» in Madrid an, unter welchen Bedingungen sie ihm gestatten würde, seine Wechsel bei ihr zahlbar zu stellen. Für rechtzeitigc Deckung werde er sorgen.

72. Am 24. September 19.. erklärt sich die «Banco Hispano-Americano» in Madrid (gezeichnet «por poder especial» Marín) gern bereit, der Firma Pablo García in Vitoria als Zahlstelle zu dienen. Bedingungen: $^1/_4$ % Domizilprovision, mindestens 50 centimos für jeden Wechsel, Rückvergütung der Barverläge und Zusendung der Deckung 3 Tage vor Verfall.

73. Am 25. September 19.. schickt Pablo García in Vitoria der Firma Marqués y C[ía] in El Ferrol das bei der «Banco Hispano-Americano» in Madrid domizilierte Akzept eingeschrieben wieder zu und bittet sie, den Betrag zum Ausgleich ihrer Rechnungen vom 15. d. M. zu verwenden.

74. Am 25. September 19.. akzeptiert Pablo García in Vitoria die Bedingungen der «Banco Hispano-Americano» in Madrid und zeigt an, daß er Pts. 3200,— per 31. Dezember a. c., Order Marqués y C[ía] in El Ferrol, bei ihr domiziliert habe.

75. Am 27. September 19.. erwidert die «Banco Hispano-Americano» in Madrid der Firma Pablo García in Vitoria, daß sie die Domizilierung vorgemerkt habe und am 28. Dezember a. c. Deckung erwarte.

76. Am 27. Dezember 19.. übersendet Pablo García in Vitoria der «Banco Hispano-Americano» in Madrid einen Geldbrief mit Pts. 3208,70, in Banknoten und Postanweisung, als Deckung für die Wechselsumme zuzüglich 8 Pesetas für Domizilprovision und 70 Centimes für Porto. Er bittet um Zusendung des eingelösten Wechsels.

77. Am 31. Dezember 19.. bestätigt die «Banco Hispano-Americano» in Madrid der Firma Pablo García in Vitoria den Empfang der Anschaffung und gibt das eingelöste Akzept eingeschrieben zurück.

C. Kommissionsgeschäfte. Comisión y consignación.

Umwandlungen.

Peletería: 107ª—116ª	Máximo Werner	ersetzen durch	Werner herms.
	Pidal Hermanos	„ „	Julio Simón.
	Guillermo Jung	„ „	Jung y Cía.
Curtidos: 117ª—123ª	Gabriel Pereda	„ „	Liborio Petit.
	Segisfredo Bretón	„ „	Rocha é Hijo.

Aufgaben.

Einkauf von Borsten und Haaren. Compra de cerdas y pelambre.

78. Am 6. Februar 19.. fragen Leonardo Vallmitjana in Villanueva-y-Geltrú unter Bezugnahme auf einen Geschäftsfreund bei Roberto Grahl in Leipzig an, zu welchen Bedingungen er den Einkauf von Haaren und Borsten (pelambre y cerdas) für sie übernehmen würde. Ihr Bedarf beziffere sich auf rund 150000 Franken jährlich. Sie regulierten gewöhnlich nach 30 Tagen, seien jedoch bereit, bei sonst günstigen Bedingungen gegen Kasse zu kaufen. Sie bitten um schnelle Antwort.

79. Am 8. Februar 19.. erklärt sich Roberto Grahl, Leipzig, gern bereit, den kommissionsweisen Einkauf von Borsten und Pinselhaaren für L. Vallmitjana in Villanueva-y-Geltrú, zu übernehmen. Er sichert beste Bedienung zu und verweist auf die Vorteile, die der Einkauf durch einen ortsansässigen Vertreter biete. Bedingungen: 1 % Provision vom Nettobetrag der Originalfakturen und Vergütung der Auslagen. Er bittet um Angabe des Borsten- und Haarpinselmaterials (primeras materias para la fabricación de cepillos y pinceles), welches L. Vallmitjana besonders interessiere.

80. Am 10. Februar 19.. übertragen L. Vallmitjana, Villanueva, der Firma Roberto Grahl, Leipzig, ihre Vertretung. Sie gewähren 1% Provision, vergüten die Auslagen und bitten um monatliche Abrechnung.

In Borsten benötigen sie feine Schlagweiße (cerdas finas de Wilna blancas), hauptsächlich NW. (Nataniel Windsberg) und AR. (Alfred Rosen) [Firmen von Borstenlieferanten]; auch weiße Tictiner (tictinas f. blancas) von $4^1/_2$—6 Zoll. Da die Preise zurzeit sehr hoch seien, möchten sie nur für den dringendsten Bedarf je 2—3 Faß haben. Sie bitten um Angabe der Vorräte und Zusendung von Mustern.

In Haaren (pelambre) erbitten sie sich Muster empfehlenswerter Posten von Rotmarderschweifen Colinsky Ia (colas de marta de Colinski). In Fehspitzen (puntas f. de *petit gris*) soll Grahl alle am Platze vorhandene Primaware bis zu ℳ 40,— pro Pfund aufkaufen.

81. Am 14. Februar 19.. übersendet Roberto Grahl, Leipzig, in Postpaketen, der Firma L. Vallmitjana, Villanueva y Geltrú, als empfehlenswerteste Borstenmuster:

L. M. Meseritzer Hochzeit (cerdas f. de Meseritz) à ℳ 4,20 das Pfund, Vorrat 400 Pfund;

J. G. weiße Tictiner (tictinas blancas) . . à ℳ 5,50 das Pfund, Vorrat 310 Pfund

und, ebenfalls als Postpaket, 6 Pfund Kammspitzen (puntas grandes f. de *petit gris*) à ℳ 40,—. Weitere 7 Pfund sind nur zu ℳ 42,— zu erlangen, Colinskyschweife (colas de marta) fehlen gänzlich. Er legt 3 Originalfakturen bei und bittet um Instruktionen.

82. Am 16. Februar 19 .. bestätigen L. Vallmitjana in Villanueva den Empfang der Postpakete. Die bemusterten Borsten sind zu weich, Grahl soll die Ware gleichwohl im Auge behalten, wenn er keine festere findet. Die Kammspitzen seien nicht reine Primaware; bei ℳ 42,—, die L. Vallmitjana anlegen wollen, sei reine Primaware Bedingung. Auf Originalfaktur wollen sie ausnahmsweise verzichten, da wohl die Posten bei den einzelnen Kürschnern zu klein seien, um Rechnung zu verlangen.

83. Am 21. Februar 19 .. meldet Roberto Grahl, Leipzig, die Absendung per Post von 8 Pfund Kammspitzen bester Güte und bittet um Gutschrift des Betrags der beiliegenden Rechnung von ℳ 565,90. Geeignete Borsten habe er noch nicht gefunden, die Preise seien um 20 Pfennige das Kilo gestiegen. Kammspitzen seien fortwährend im Steigen; nach Ansicht von Fachleuten sei hierin auch keine Änderung zu gewärtigen. Grahl empfiehlt, womöglich nur 2. Qualität in kleinen Posten aufzukaufen.

Russische Iltis (veso de Rusia) seien sehr selten, für einen in Aussicht gestellten Posten von 12—1500 Stück würden ℳ 16,— für je 100 Stück gefordert.

In Rotmarderschweifen (colas de marta roja) habe man ihm einige Zimmer (*timbre*, cuarentenas) sehr schöner Ware vorteilhaft in Aussicht gestellt; sie fest an Hand zu bekommen, sei bei der lebhaften Nachfrage nicht möglich; er werde telegraphieren.

84. Rechnung, d. d. 21. Februar 19 ..; Aussteller: Roberto Grahl in Leipzig. Beträge:

8 Pfund Kammspitzen I^a à ℳ 42,—
6 „ „ „ à „ 40,—

abzüglich 3 % Skonto, zuzüglich 1 % Provision und ℳ 1,60 Porto.

85. Am 1. März 19 .. bestätigt Roberto Grahl, Leipzig, seine Sendungen vom 21. Februar. Er berichtet, daß die Preise für Kammspitzen fest sind und daß voraussichtlich auch die Kürschner für Abfälle (desechos) bei wenig sorgfältiger Auswahl höhere Forderungen stellen werden. Die am 14./2. bemusterten Borsten seien bereits verkauft, sobald neue geeignete Ware eintreffe, werde er telephonieren. Rotmarderschweife habe er einen kleinen Posten sehr vorteilhaft gekauft, die Qualität werde gefallen.

86. Am 18. März 19 .. senden Vallmitjana, Villanueva-y-Geltrú der Firma Roberto Grahl in Leipzig einen Schek Nr. 2415, Betrag ℳ 565,90, auf

J. Mendelsohn/Berlin, zum Ausgleich der Rechnung vom 21. Februar a. c. Sie bestätigen ihren am Vormittag telephonisch erteilten Auftrag auf zwei Faß Schlagweiße $4^1/_2$″ (Wilna blancas de cuatro pulgadas y media) à ℳ 4,— und bitten um Marktbericht.

87. Am 20. März 19.. bestätigt Roberto Grahl in Leipzig den Empfang des Geldes unter Gutschrift. Er überreicht die Originalfaktur der am 18. d. M. verfrachteten 2 Faß Borsten und stellt für den nächsten Tag einen ausführlichen Marktbericht in Aussicht.

88. Rechnung, d. d. 18. März 19..; Aussteller: Moritz Fränkel. Beträge:

N.W. 2 Faß Schlagweiße $4^1/_2$″

Nr. 11:	Brutto	826,— kg,	Tara	82,— kg
„ 12:	„	783,— „	„	78,— „
	Brutto	1609,— kg,	Tara	160.— kg.

Netto 1449 kg à ℳ 4,— . .	ℳ 5796,—
2 % Kassenskonto	„ 115,90
Netto	ℳ 4680,10

Verkauf von Kammzug. Venta de lana peinada.

89. Am 5. Februar 19.. bietet der Wollkommissionär (el comisionista en lanas peinadas) Pedro Feijoo in Leipzig der Firma Gironella y C[ía] in Sabadell seine Dienste als Verkäufer von Kammzug (peinadas) innerhalb des Deutschen Reiches, Österreichs und der Schweiz an. Er betont, daß er bei erstklassigen Firmen dieser Länder gut eingeführt sei und stellt gute Abschlüsse in Aussicht, wenn er durch preiswerte Anstellungen unterstützt werde. Als Referenz gibt er die Kammgarnspinnerei (la F[ca] de hilados de lana), Leipzig und die Kammgarnspinnerei Stöhr & Co. in Leipzig-Plagwitz auf. Seine Bedingungen lauten: 1 % Provision und Vergütung der Auslagen für Telegramme und Porti. Er schließt mit der Bitte um baldigen Bescheid.

90. Am 9. Februar 19.. erklären sich Gironella y C[ía] in Sabadell bereit, Pedro Feijoo in Leipzig ihre Vertretung für Deutschland zu übertragen. In Österreich und in der Schweiz hätten sie bereits ihre Vertreter, mit denen sie durchaus zufrieden seien. Sie stellen als Bedingung, daß sie nur an durchaus zuverlässige Zahler zu verkaufen und direkt an die Käufer zu fakturieren wünschen. Sie würden ab spanischer Kämmerei (Manufacturería de peinados) bei $18^1/_4$ % Konditionierung (acondicionamiento) liefern; die Zahlungen sollen gegen 30 oder 90 Tage Ziel in Barcelona erfolgen. Die Provision von 1 % soll erst nach Eingang des jeweiligen Fakturenbetrags fällig und zahlbar sein. Endlich wünschen Gironella y C[ía] regelmäßige wöchentliche Berichte über die Marktlage zu erhalten.

91. Am 12. Februar 19.. dankt Pedro Feijoo in Leipzig der Firma Gironella y C[ía] in Sabadell für das ihm am 9. Februar brieflich entgegen-

gebrachte Vertrauen und erklärt sich bereit, ihre Vertretung für Deutschland zu übernehmen. Sehr gern würde er auch die Vertretung für Böhmen haben, wo er sehr gut eingeführt sei. Er bestätigt die Provisionsbedingungen und verspricht halbjährlich Aufstellung seiner Auslagen einzuschicken. Mit der direkten Verrechnung an die Käufer ist er einverstanden. Dagegen betont er, daß die deutschen Käufer gewohnt seien, die Ware franko Leipzig in Markwährung angestellt zu erhalten. Da die Konkurrenz diese Bedingungen eingehe, so liege es im eigensten Interesse des Verkäufers, sie anzunehmen, sonst sei kein Erfolg zu erhoffen. Er werde wöchentlich über die Marktlage berichten; da zurzeit sehr lebhafte Nachfrage in Austral- und Laplatazügen (peinadas de Australia y de La-Plata) sei, bitte er um umgehende Zusendung von Mustern.

92. Am 15. Februar 19.. zeigen Gironella y C^ía^ in Sabadell Pedro Feijoo in Leipzig an, daß sie ihm per Post die auf der beiliegenden Nota verzeichneten Züge bemustert haben. Die Preise verständen sich frei Leipzig, Ziel 30 Tage. Gleichzeitig würden ihm ab Kämmerei Holden je eine 2 Kilospule (la bobina ó carrete de 2 kilos) der Posten 3421 und 3617, die seiner Kundschaft besonders gefallen dürften, zugehen. Dieselben Nummern befänden sich auch unter den Mustern ohne Wert, damit sie schneller in seine Hände gelangen. Gironella y C^ía^ erklären sich bereit, ihre Preise in Mark franko Leipzig verzollt zu stellen. Für Entfernungen über Leipzig hinaus würden die Käufer die Mehrfracht zu tragen haben. Sie übertragen Paul Fries ihre Vertretung für Böhmen unter den gleichen Bedingungen wie für Deutschland. Die vereinbarte Provision werde jedenfalls nur dann zahlbar, wenn die Fakturenbeträge unverkürzt eingegangen seien. Die Nachfrage nach Kammzug sei zurzeit sehr lebhaft, die notierten Preise seien sehr niedrig.

93. Am 15. Februar 19.. übersenden Gironella y C^ía^, Sabadell, Pedro Feijoo, Leipzig, auf Postkarte eine Aufstellung der ihm übersandten Proben:

Gironella y C^ía^ Sabadell 15 Febrero 19..

Boletín de muestras

dirigidas á D. Pedro Feijoo, Leipzig.

Número	Cantidad en kgr.	Calidad	Contenido en cardenchas	Precio en mcs.	Condiciones
3421	7500	Sydney	Exenta	4.85	Sabadell
3617	8000	„	„	4.60	„
3594	4500	„	200 $^0/_1$ $^0/_2$	4.55	„
3608	7400	„	100 $^1/_2$	4.35	Tarrasa
3604	6000	Buenos-Aires	120 $^0/_1$ $^3/_2$	4.10	„
3624	10000	„	250 $^6/_1$ $^8/_2$	4.—	„

Salvo venta.

(Contenido en cardenchas: Klettenverhältnis.)

94. Am 18. Februar 19.. bestätigt Pedro Feijoo, Leipzig, den Eingang der Handmuster (muestras sin valor mercante); die Spulen seien noch nicht angekommen. Die Posten 3421 und 3617 hoffe er bald zu verkaufen. Er übernimmt die Vertretung für Böhmen und bittet, da er nur mit großen Spinnereien (f^cas de hilados) arbeite, um Anstellung größerer Posten, nicht unter 5000 Kilo. Das Geschäft sei flau, die Spinner (f^cas de hilados) kauften nur, was sie unbedingt brauchten, einzelne Posten billiger Ware seien zu Schleuderpreisen gehandelt worden (son vendidos á precios irrisorios por los malbaratadores), während gute, teure Ware keine Abnehmer fände.

95. Am 19. Februar 19 . . bestätigt Pedro Feijoo in Leipzig der Firma Gironella y C^ía in Sabadell folgende Depesche:

„Harthau akzeptiert 3608 Sydney 4275 dreißigtägig Ultimatum.“
und die Antwort darauf: „Bedauern unter 435 unmöglich.“

Da der Spinner bei den niedrigen Garnpreisen (por la baja de precios del hilo) nicht mehr anlegen wolle, habe sich das Geschäft zerschlagen. Feijoo fragt an, ob die Spulen 3421 und 3617 abgegangen sind und bittet, ihm Spulen zu 3604 und 3624 zu schicken, womöglich auch eine kleine Preisermäßigung eintreten zu lassen. (4275 = ℳ 4,27 $^1/_2$; 435 = ℳ 4,35.)

96. Am 20. Februar 19.. bestätigen Gironella y C^ía in Sabadell ihrerseits auf Formular die ausgetauschten Telegramme. Unter ℳ 4,35 können sie nicht verkaufen, am eigenen Platze würden sie einen höheren Preis erzielen. Sie sind erstaunt, daß die Spulen 3421 und 3617 noch nicht eingetroffen sind.

97. Bestätigung der am 19. Februar ausgetauschten Depeschen auf Formular.

98. Am 22. Februar 19.. zeigt Pedro Feijoo, Leipzig, der Firma Gironella y C^ía in Sabadell an, daß er Brief, Muster und Spulen erhalten habe. Er bittet, ihm fortan starke Handmuster zu schicken, damit er auch vor Ankunft der Spulen Anstellung machen könne. Der leichteren telegraphischen Verständigung wegen werde er die vier üblichen Formen der Regulierung mit A bis D bezeichnen und zwar solle bedeuten:

A. Barregulierung nach 30 Tagen, ohne Skonto.

B. Dreimonatstratte 30 Tage dato akzeptiert; Käufer vergütet Diskont und Wechselstempel.

C. Dreimonatstratte am Ausstellungsdatum der Faktur akzeptiert; Diskont und Wechselstempel zu Lasten des Verkäufers.

D. Barregulierung 90 Tage dato.

Regulierung A sei die üblichste. Zinsvergütung 5% p. a. pro und contra.

99. Am 25. Februar 19.. zeigen Gironella y C^ía in Sabadell die Absendung der Spulen 3604 und 3624 an und legen ein Verzeichnis der vorhandenen Züge (la lista de los lotes ó partidas en existencia) bei. Sie haben die üblichen Regulierungen und die gegenseitige Zinsvergütung vorgemerkt und mit der Allgemeinen Deutschen Kreditanstalt in Leipzig vereinbart, daß diese

Bank Zahlungen für sie annimmt. Die Festigkeit der Londoner Preise würden wohl bald im Zuggeschäft bemerkbar werden.

Existenzliste:

Nos 3421	7500 kg	Sydney		ℳ 4,80
„ 3617	8000 „	„		„ 4,55
„ 3604	6000 „	Buenos-Ayres		„ 4,05
„ 3624	10000 „	„	„	„ 4,—

Bemerkungen: 3594 verkauft, 3608 bis auf 3000 kg verkauft.

100. Am 28. Februar 19 . . bestätigt Pedro Feijoo in Leipzig seine telegraphische Depesche: „Kramer Glauchau akzeptiert 3421 franko Leipzig, wenn 475; Regulierung B.“, sowie die telegraphische Antwort: „3421 angenommen.“

Auf Grund dieser Antwort habe er an Richard Kramer in Glauchau den Posten 3421, Sydney Zug 7500 kg aus der Kämmerei Sabadell, franko Leipzig, zu ℳ 4,75 gegen 3 Monatstratte, Akzept 30 Tage dato, Diskont und Stempel zu Kramers Lasten, verkauft.

Er bittet, die sofortige Absendung der Ware zu veranlassen, ihm ein Duplikat der Faktur einzusenden, und ihm recht bald weitere belangreiche Posten anzustellen.

101. Am 1. März 19 . . überreichen Gironella y Cía, Sabadell, der Firma Richard Kramer in Glauchau, Faktur über die aus Kämmerei Beaulieu franko Leipzig an ihre Adresse verladenen 65 Ballen Sydney Zug.

Sie bitten um Gutschrift von ℳ 33 683,10, Wert per 30. Juni a. c., und hoffen, daß die Geschäftsverbindung sich recht rege gestalten möge. Anlagen: 1 Rechnung, 1 Konditionierschein.

102. Anlage zu Brief 101. Rechnung über 65 Ballen Sydney Kammzug.

Gironella y Cia Sabadell 23/II/19 . .

Sr. D. Ricardo Kramer, Glauchau,

por las mercancías siguientes, pagaderas en ésta, valor de n/trata, expedidas á su dirección, portes pagados hasta la estación de Glauchau (Sajonia), inclusos los derechos de aduana y el seguro, **Debe.**

65 balas/nos 2588—2652 Partida 3421

Peso bruto 7405,20 kgr.

63 bs de á 2,45 kgr.
1 „ „ 2,55 „
1 „ „ 2,05 „ Tara 158,95

Neto 7246,25 } según detalles en el volante
á $18^1/_4$ P. 2,14 % „ 155,07 } de acondicionamto.
Neto 7091,18 peinado Sydney á ℳ 4,75 ℳ 33 683,10

NOTA: **El peso de las telas forro no va comprendido en la tara antedicha.**

103. Am 1. März 19 .. bestätigen Gironella y Cía in Sabadell Pedro Feijoo in Leipzig den Depeschenwechsel und Geschäftsabschluß mit Richard Kramer in Glauchau und legen Duplikat der Rechnung bei. Sie haben ihm die Provision mit 1% = ℳ 336,85, gutgeschrieben und werden ihm nach Eingang des Akzepts einen Scheck in gleichem Betrage einsenden. Sie stellen Mustersendungen in Aussicht, sobald belangreiche Posten eingehen.

104. Am 20. März 19 .. überreichen Gironella y Cía in Sabadell der Firma Richard Kramer in Glauchau, unter Bezugnahme auf ihren Brief vom 1. März a. c., eine Tratte in Höhe von ℳ 33683,10, per 25. Juni a. c., mit der Bitte, sie ihnen mit Akzept und deutscher Stempelmarke versehen eingeschrieben wieder zuzusenden.

105. Am 22. März 19 .. gibt Richard Kramer, Glauchau, die ihm übersandte Tratte mit Stempelmarken und Annahme versehen zurück und bittet um Abrechnung.

106. Am 29. März 19 .. bestätigen Gironella y Cía in Sabadell der Firma Richard Kramer in Glauchau den Eingang des Akzepts. Sie haben das Papier mit 3% diskontiert und bitten, den Diskont von ℳ 252,60, ihrem Bankhause Allgemeine Deutsche Kreditanstalt in Leipzig zu vergüten.

107. Am 31. März 19 .. zeigt Richard Kramer in Glauchau der Firma Gironella y Cía in Sabadell die Überweisung von ℳ 252,60, an die Allgemeine Deutsche Kreditanstalt in Leipzig an, womit das Diskontguthaben vom 29./3. a. c. ausgeglichen sei.

108. Am 1. April 19 .. zeigt die Allgemeine Deutsche Kreditanstalt in Leipzig der Firma Gironella y Cía in Sabadell an, daß sie ihnen für Rechnung der Firma Richard Kramer in Glauchau ℳ 252,60, gutgebracht habe.

109. Am 2. April 19 .. bitten Gironella y Cía in Sabadell die Allgemeine Deutsche Kreditanstalt in Leipzig an Pedro Feijoo in Leipzig zu Lasten ihrer Rechnung ℳ 336,85 bar zu zahlen.

110. Am 2. April 19 .. benachrichtigen Gironella y Cía in Sabadell Pedro Feijoo in Leipzig, daß sie ihr Bankhaus in Leipzig angewiesen haben, ihm ℳ 336,85, bar zu übermitteln. Sie bitten um Ausgleichsbestätigung der damit erlegten Provision, Richard Kramer, Glauchau, betreffend.

111. Am 4. April 19 .. bestätigt Pedro Feijoo in Leipzig der Firma Gironella y Cía in Sabadell den Empfang von ℳ 336,85, womit er aufgabegemäß sein Kommissionsguthaben auf Posten 3421 ausgeglichen habe.

D. Speditionsgeschäft. Transportes.

Umwandlungen.

Transporte suelto: B. 124^{a}—138^{a}	Pedro Ribas	ersetzen durch	Camps y Vidiella.
	Diego Núñez	„ „	Núñez y $C^{ía}$.
	Robert Haas	„ „	Haas $Herm^{s}$.
	Luchting y $C^{ía}$ Speditionsverein	bleiben.	
Expedición en c/c. 139^{a}—152^{a}	Pardo y Borell	ersetzen durch	Tadeo Borinaga.
	Weiss y $C^{ía}$	„ „	Felix Weiß.
	Miguel Roca C. E. Lentsch	bleiben.	

Aufgaben.

Transportübernahme. Transportes á destajo.

112. Am 16. Oktober 19.. fragt Carlos Salaverría in Manresa (Barcelona) bei Guillermo Parera, Spediteur in Barcelona, an, zu welchem Übernahmspreise er 4 Fässer Rauhkarden (cardones) im Gewicht von 950 Kilo nach Forst in der Lausitz verfrachten würde.

113. Am 17. Oktober 19.. stellt Guillermo Parera iu Barcelona seine Frachtofferte. Er übernimmt den Transport von Bahnhof Manresa bis Bahnhof Forst i. L. via Genf zu 21 Pesetas per 100 Kilo. Er bittet um baldigen Auftrag und erklärt sich zu jeder weiteren Auskunft bereit.

114. Am 19. Oktober 19.. überträgt C. Salaverría in Manresa auf Grund der ausbedungenen Frachtübernahme von 21 Franken per °/₀ Kilo der Firma Guillermo Parera in Barna den Versand von C. S. 234/237, 4 Fässer Rauhkarden an Ferdinand Tempel in Forst i. L. Die Ware ist versandbereit.

115. Am 20. Oktober 19.. ersucht Guillermo Parera in Barna C. Salaverría in Manresa die ihm zum Transport übertragenen 4 Fässer Rauhkarden C. S. 234/237. als Frachtgut an ihn abzusenden.

116. Am 23. Oktober 19.. beauftragt Guillermo Parera in Barna die Société de Transports Internationaux in Genf, die von ihm eingehende Sendung C. S. 234/237, 4 Fässer Rauhkarden im Gesamtgewicht von 959 Kilo in Empfang zu nehmen und sie zu der Ende September vereinbarten Frachtübernahme an Ferdinand Tempel in Forst i. L. franko weiter zu befördern.

117. Am 23. Oktober 19.. erteilt Guillermo Parera in Barna der Firma Ferdinand Tempel in Forst i. L. Avis, daß er im Auftrag von C. Salaverría in Manresa 4 Fässer Rauhkarden H. G. 234/237 franko, an ihre Adresse abgerichtet habe.

118. Am 30. Oktober 19.. erteilt die Société de Transports Internationaux in Genf der Firma Guillermo Parera in Barna Spesennota über

die franko nach Forst verladenen 4 Fässer Rauhkarden, deren Betrag ihr mit Pts. 98,75 belastet sei.

119. Am 30. Oktober 19.. sendet die Société de Transports Internationaux in Genf an C. G. Lentsch in Leipzig Avis einer Sammelladung und beauftragt ihn, die darin befindlichen 4 Fässer Rauhkarden als Frachtgut franko an Ferdinand Tempel in Forst i. L. weiterzuschicken.

120. Am 9. November 19.. zeigt C. G. Lentsch in Leipzig der Société de Transports Internationaux in Genf an, daß er sie für Überführungsspesen (camionage) und Bahnfracht Leipzig/Forst mit ℳ 32,50, belastet habe.

121. Am 15. November 19.. erteilt Guillermo Parera in Barcelona seinem Auftraggeber C. Salaverría in Manresa Abrechnung über die vorstehende Sendung im Betrag von Pts. 207,90, um deren Gutschrift er bittet.

122. Abrechnung über die vorstehende Sendung.

4 Fässer 234/237, brutto 959/960 kg à Pts. 21.— . . .	Pts.	201	60
Statistische Gebühr (registro) à 0.10 per Stück	„	—	40
Zollabfertigung (guía de aduana), Passierschein (pasavante), Zollverschluß (plomos)	„	3	50
Stempelbogen für Ausfuhrzeugnis (papel sellado para certificado de salida)	„	—	60
Briefporti (franqueo)	„	1	80
	Pts.	207	90

Barcelona, den 15. November 19..

Abreviaturas mercantiles.

In der Handelssprache vorkommende Abkürzungen.

Una misma abreviatura puede indicarse arbitrariamente poniendo un punto (.), por la letra ó letras finales arriba de un guión (—)*), por un tilde largo (‾) ó cortando la palabra por un raya oblicua (/). Las abrev. entre [ ] son poco usuales ó poco conocidas, — de sentido ambigüo — ó no ahorran tiempo ni espacio. Las abreviaturas aritméticas no van comprendidas aquí.

[acc.]	aceptación	Accept
ac^{l}, acl.	actual	gegenwärtig, laufend
[a. c., ct^{e} a.]	corriente año	dieses Jahres
$\overline{\text{Admon}}$, adm^{or}	Administración, Administrador	Verwaltung, Verwalter
af^{mo}, af^{mos}	afectísimo,s	Wohlgeneigster
á/f^{r}	á favor	zugunsten
apble.	apreciable	geschätzte (schätzbare)
apd^{a}	apreciada	geschätzte (schätzbare)
art., art^{os}	artículo,s	Artikel [voll
att^{o}, at^{o} att^{a}	atento, atenta	aufmerksam, achtungs-
B^{a}	Bautista	Baptist (Vorname)
$\overline{\text{Barna}}$	Barcelona	Barcelona
B. L. M., b. l. m.	besa la(s) mano(s)	(Höflichkeitsform)
B. L. P.	besa los piés	(Höflichkeitsform)
[b^{o}]	beneficio	Nutzen, Vorteil
Buenv^{a}	Buenaventura	(ein Vornahme)
[brl.]	barril	Faß, Fäßchen
[by^{s}]	bocoyes	größere Fässer
[c/]	corriente	laufend, gegenwärtig
C/	Casa	Firma, Haus
[C.]	Caja	Kiste
[c/], ct^{a}	cuenta	Rechnung
C^{a}, C^{ía}, comp^{a}	Compañía	Gesellschaft, C^{o}
[Cap.], cap^{n}	Capitán	Kapitän
Cap., cap^{o}	capítulo	Kapitel
c/c, c/ct^{e}	cuenta corriente	laufende Rechnung
cg^{o}	cargo	zu Lasten
cgt^{o}	cargamento	Ladung
C. i. f., cif.	coste, seguro y flete	„cost, insurance, freight"
C. M. B., C. P. B.	cuyas, os manos (piés) beso	(Höflichkeitsform)
c/m	cuenta á medias ó á mitad	zu halbier. Rechnung

*) In Drucksachen ist der Strich nicht nötig, daher wurde er in vorstehendem Texte weggelassen. — En *impresos* no es indispensable; por eso se ha suprimido en el texto precedente.

[c/n, c^{ta}/n]	cuenta nueva	neue Rechnung
[c^{o}]	cambio	Kurs
[com^{on}, cm^{n}]	comisión	Kommission
$conc^{to}$	conocimiento	Konossement
[$conv^{te}$]	conveniente	passend
ct^{e}	corriente	laufend.
ct^{o}	cuarto	Viertel, Wohnung
c/$^{1}/_{2}$, $^{1}/_{3}$, $^{1}/_{4}$	cuenta (á) mitad, un tercio, un cuarto	zu $^{1}/_{2}$, $^{1}/_{3}$, $^{1}/_{4}$ Rechnung
D., D^{n}; D^{a}	don; doña	Frau
Dbre., 10bre, /XII/	Diciembre	Dezember
[D^{s}]	días	Tage
d/f, d/fh^{a}	días fecha	Tage, Dato
[dha., dho.]	dicho, dicha	gesagtes, erwähntes
doc., doc^{a}, doc^{s}	docena, s	Dutzend
[d^{or}]	deudor	Schuldner
dp/v, dpq^{a}/v	doble pequeña velocidad	doppelt Frachtgut
dr^{o}, dr^{a}	derecho, a	Rechtsgebühr
$Dsct^{o}$, $\overline{dct^{o}}$	descuento	Skonto, Diskont
dup^{do}, $\overline{dpdo}$	duplicado	Duplikat
d/v	días vista	Tage, Sicht
[ef^{vo}]	efectivo	Bar-, wirkl. Bestand
$estd^{a}$, est^{da}	estimada	geschätze
excl.	exclusive	nicht inbegriffen
f^{a}, [f.]	factura	Faktur
F. C., f/r.	ferrocarril	Eisenbahn
f^{ca}	fábrica	Fabrik
[f^{co}]	franco	frei
[fd.]	fardo	Balle
fha., fh^{a}, f/	fecha	Datum, dato
[fhda.]	fechada	datiert
Fl.	florín, florines	Gulden
f^{o}, fol.	folio	Blatt
f. o. b., fob., [p. b.]	franco á bordo	„free on bord"
f^{r}, fv^{r}	favor	Gunsten
Fr., frs., f^{cs}	franco,s	Francs
Fr^{co}, $Fran^{co}$	Francisco	Franz
[g/]	giro	Ziehung
[gf.]	garrafa	Korbflasche
[G. P.]	ganancias y pérdidas	Verlust und Gewinn
gr.	gramo	Gramm
$gr\overline{al}$	general	allgemein, general
[gr^{o}]	género	Ware
gr/v^{d}	gran velocidad	Eilgut
$Herm^{o}$, $herm^{s}$	Hermano,s	Bruder, Gebrüder
id.	idem	dito
incl.	inclusive	inbegriffen,

[i/u]	interés usual	zum gebräuchl. Zins
izq.	izquierdo,a	links
£	libra esterlina	Pfund Sterling
L., L^s	Lira, Liras	Liren
L/	Letra	Wechsel
lb.	libra	Pfund
[L. P.]	letras á pagar	zahlbare Wechsel
[lq^{do}]	líquido	wirkl. Wert, netto
M.	mano, manos	Hand
[m/]	mi	mein
M^a	María	Marie
m^a/v^d	mediana velocidad ($^1/_2$ gr/v ó dp^a/v)	Halbeilgut
m/c, m/ct^a	mi cuenta	meine Rechnung
m^{co}, mcs., Mk., ℳ	marco, marcos	Reichsmark
[m/g]	mi giro	meine Ziehung
m/L	mi letra	mein Wechsel
m/O	mi orden	mein Auftrag
[m/P]	mi pagaré	mein Eigenwechsel
[ms/d]	meses data	Monate, Dato
ms/f, ms/fh^a [m/f, fh^a]	mes,es fecha	Monate, Dato
[m/T, m/t]	mi talón	mein Talon, m. Schein
n/, ntr^o	nuestro	unseres
N. B.	nota bene	wohlbemerkt
$N\overline{bre}$, 9bre, /XI/	Noviembre	November
n/c	nuestra cuenta	unsere Rechnung
n^o, núm.	número	N^o, Anzahl
O/, [o/]	orden	Ordre
$O\overline{bre}$, 8bre, /X/	Octubre	Oktober
P.	Piés	Füße
[P]	pagaré	Eigenwechsel
p^a	para	für
p. A., P. A.	por autorización	in Ermächtig., p. Prokura
Pág., $pág^s$	página, s.	Seite
[$pagd^o$	pagadero	zahlbar
p. b^{to}; p. n^{to}, p. lq^{do}	peso bruto; p. neto, p. liquído	Brutto-, Netto-Gewicht
p/c, p/ct^a	por cuenta	für die Rechnung
P. D., P. S.	Post data; Post scriptum	Nachschrift
p^{do}; pp^{do}	pasado; próximo pasado	vergangenes
p. ej.	por ejemplo	zum Beispiel
[p. m. ó m.]	poco más ó menos	ungefähr
P. O.	por orden	in Auftrag, in Befehl
[p^o/v^o]	próximo venidero	nächstes
pp., PP.	por poder	perVollmacht, p. Prokura
[p. p., P. P.]	porte pagado	frei
pq^o, pq^a	pequeño, a.	klein
[p^r] p/	por	von, für, durch

pr$\overline{al}$	principal	haupt- . . .; 1. Etage
pr^{mo}, prx^{o}	próximo	nächstes
[p/rmb^{so}]	por reembolso	gegen Nachnahme
prt^{e}	presente	vorliegend, gegenwärtig
[prt^{o}]	producto	Ergebnis, Produkt
Ps., $, $	pesos; dolares	Pesos, Dollars
Ps. f., $ F., Pf., Pf^{s}	peso,s fuerte,s	wertvollere Pesos
Ps. m/n, $ m/n	pesos moneda nacional	Pesos Staatswährung
[Ps.] Pts., Ptas.	pesetas	Peseten
[Pto.]	puerto	Hafen
[P. V.], pq^{a}/v^{d}	pequeña velocidad	Frachtgut
p %; %	por ciento; ciento, por ciento	pro, vom Hundert; Hundert
p ‰; ‰	por mil; mil, por mil	pro Mille; Tausend
q., Q.	que	daß; welcher
q. e. p. d.	que en paz descanse	selig
[r/]	remesa	Rimesse, Sendung
[R^{bí}, Rbm^{os}]	Recibí, recibímos	erhalten
R. P.	respuesta pagada	Rückantwort bezahlt
s., S.	su; seguro; servidor; siempre	Ihr, ergebener, Diener, immer, immerwährend
s/, S/	su	Ihr, sein
[s^{s}]	saco, s	Sack, Säcke
s/	sobre	auf
S/at^{a}	su atenta	Ihr (höflicher) W.
[s. b. f.]	salvo buen fin ó supuesta buena fé	Eingang vorbehalten, Treue und Glaube vorausgesetzt
S$\overline{bre}$, 7bre, /IX/	Septiembre	September
s/c, s/ct^{a}	su cuenta	Ihre Rechnung
s. e. ú. o.	salvo error ú omisión	Irrtum vorbehalten
[seg^{o}, s.], S.	seguro	sicher, beständig; Assikuranz
[serv^{or}, s.], S.	servidor	Diener, ergebenster
[s. g. d. G.]	sin garantía del gobierno	ohne amtliche Gewähr
[s/g]	su giro	Ihre Ziehung
sg^{te}	siguiente	folgendes
[s/m]	sobre mi	auf mich
[Soc. an^{a}]	Sociedad anónima	Aktiengesellschaft
[spr^{e}, s.], S.	siempre	immer
Sr., [S^{or}; Sr$^{\underline{a}}$], Sra.	Señor; señora	Herr, Frau
Srt^{a}	Señorita	Fräulein
[s/r]	su remesa	Ihre Rimesse, I. Sendung
S., S^{n}, St^{a}	San, Santa	Sanct, Sancta
[s/T, s/t]	su talón	Ihr Talon, Ihr Schein
suc., suc^{r}	sucesor	Nachfolger
T^{a}, t^{a}	trata	Tratte

[t. p^{l}]	tarjeta postal	Postkarte
[tp^{o}]	tiempo	Zeit
U., U^{d}, Ud., V., Vd.	Usted	Sie
UU., VV., Ud^{s}, Vds., Vdes.	ustedes	Sie
[últ^{o}]	último	letztes
v.	vista	Sicht
[v.]	velocidad	Fracht-Geschwindigkeit
v^{d}	velocidad	Fracht-Geschwindigkeit
Vda., [V^{a}]	Viuda	Witwe
v. gr., vgr.	verbi gracia	zum Beispiel
vncm^{to}	vencimiento	Verfallzeit
V^{o} B^{o}	visto bueno	Gesehen u. in Ordnung
vol.	volumen	Band
[V. P., V. p.]	vale por	gut für, Wert von
[v^{r}, val., vl^{r}]	valor	Wert
vt^{ro}	vuestro	euer
[v^{to}, vt^{a}]	vuelto, vuelta	umgekehrt, umgewandelt
[·/.], [v. V. l. h.], á la v^{ta}	vuelva V. la hoja; á la vuelta	Wenden Sie um

Formularios.

Los modelos ó formularios, de que se hace mención en el primer párrafo de las págs. 14—15, van á continuación.

Quittung.

QUITTUNG
von Gebrüder Dubois, Berlin.

M. *950,—*

mit Buchstaben *Mark Neun Hundert Fünfzig* ....

von Herrn Paul Berger, Berlin, zum Ausgleich unserer Rechnung ....

erhalten zu haben, bescheinigen hiermit

Berlin, den *31. August 19 . .*

Gebr. Dubois.

Recibo talonario.

№ 836

Recibido del

Sr. D. *Pío Quesada*

Pts. *950,—*

31 Marzo 19 . .

José Villaverde
Madrid

№ 836

Recibí del Sr. D. *Pío Novaliches,* de *Madrid,* la cantidad, de .... , *novecientas cincuenta* .... pesetas .... cénts.

por saldo de mi haber hasta la fecha.

Madrid 31 Marzo 19 . .

Timbre móvil
José Villaverde
25 cents.

Son: Pts. 950,—

Quittung.

M. *950*,—

mit Buchstaben ***Mark Neun Hundert Fünfzig*** ....

für Rechnung / im Auftrage } von ***Herrn Paul Berger, Berlin*** ....

von ***Herren Perron & Co., Spandau,*** empfangen, worüber hiermit doppelt für einfach geltende Quittung.

Berlin, den *31. August 19* . .

Gebr. Dubois.

Duplicado del recibo precedente.

He recibido del Sr. D. ***Pío Novaliches,*** de ***Madrid,***

por orden / por cuenta } de D. ***Rosendo Medina,*** de ***Miranda de Ebro,*** la cantidad de .... novecientas cincuenta

.... pesetas .... cénts.

Extendido por duplicado para un solo efecto.

Madrid 31 Marzo 19 . .

Timbre móvil

José Villaverde

25 cents.

Eigenwechsel.

SOLAWECHSEL

Berlin, den *1. Juni 19..*[1]) Für *M. 950,—*

Am *31. August a. c.*[2]) .... zahle ich gegen diesen Solawechsel[3]) an die *Herren Gebrüder Dubois*[6]) oder deren Order[4]) die Summe von

Mark Neunhundert Fünfzig[7])

Paul Berger.[5])

[1]) Tag der Ausstellung. [2]) Fälligkeitstag. [3]) Wechselklausel. [4]) Orderklausel. [5]) Aussteller. [6]) Wechselnehmer. [7]) Wechselsumme.

Pagaré.

Valparaíso *22 Mayo* de 19..[1]) Por Pts. *536,50*

En virtud de la presente pagaré[3]) el *1º de Agosto de próximo*[2]) á la orden[4]) de los Sres. *Suarez y Ripoll,*[6]) del Callao, la cantidad de .... *quinientas trentiseis* .... pesetas .... *cincuenta* .... cénts.[7]) en efectivo y en mi domicilio, valor recibido de los mismos en mercancías.

Elías Moyano.[5])

[1]) Fecha de producción, [2]) Vencimiento. [3]) Fórmula. [4]) Destino. [5]) Productor del efecto. [6]) Beneficiado. [7]) Valor.

Scheck.

Nr. *32*

M. *950.—*

den 15./5. 19 . .

Paul Berger, Berlin.

Gebrüder Dubois

Spandau, den *15. Mai 19 . .*[1])

Die *Herren Gebrüder Dubois,*[7]) *Berlin,* wollen zahlen[2]) gegen diesen Scheck aus unserm Guthaben[3]) an *Herrn Paul Berger*[4]) oder Order[5])

Mark Neunhundert Fünfzig[8])

Mark 950.—

Perron & Co.[6])

[1]) Tag der Ausstellung. [2]) bei Sicht zahlbar. [3]) Scheckklausel. [4]) an Person, Rektascheck. [5]) Orderklausel. [6]) Aussteller. [7]) Bezogene, Zahlstelle. [8]) Schecksumme.

Cheque.

Higinio Ferrándiz
Banquero
Sevilla

№ 32

Por Pts. 1000,—

Sevilla quince de Mayo de 19 . .[1])

Valor Pts. 1000,—

Sres. Rocamora y Villegas, Madrid.

Páguese á la vista[2]) al[3]) *Sr. D. Fulgencio Martínez,*[4]) de Zamora, la cantidad de .... *mil* .... pesetas .... cénts.[5])

Higinio Ferrándiz.[6])

[1]) Fecha de emisión (en letras). [2]) Como todo cheque. [3]) Oder «á la orden del»... oder «al portador». [4]) al beneficiado. [5]) Valor. [6]) Girante.

Akzeptwechsel.

Vorderseite.

Berlin, den *1. Juni 19..* [1]) Für *M. 950,—*

Am *31. August d. J.* [2]) .... zahlen Sie für diesen Primawechsel [3])

an die Order [4]) .... der *Herren Gebrüder Dubois* [7]) .... die Summe von

Mark Neunhundert Fünfzig [8])

den Wert in Rechnung [9]) .... und stellen ihn auf Rechnung laut Bericht [10])

Paul Berger. [5])

Herren Perron & Co., Spandau. [6])

Perron & Co. [11])

Paul Berger

[1]) Tag der Ausstellung. [2]) Fälligkeitstag. [3]) Wechselklausel. [4]) Orderklausel. [5]) Aussteller. [6]) Bezogene. [7]) Wechselnehmer, Order, Remittent. [8]) Wechselsumme. [9]) Wertempfangsbekenntnis. [10]) Berichtangabe. [11]) Akzeptanten.

Rückseite.

M. 0.50
(von mehr als)
800 bis 1000 Mark.

Für uns an die Order des *Herrn Heinrich Bertram*

— Wert in Rechnung —

Berlin, den *6. Juni 19..*

Gebrüder Dubois.

Für mich an die Order der *Herren Dietrich & Co.*

Rüdesheim, den *10. Juni 19..*

Heinrich Bertram.

Für uns an die Order des *Herrn Alfred Peters.*

Heilbronn, den *15. Juni 19..*

Dietrich & Co.

Betrag erhalten

Alfred Peters.

Letra aceptada.

Anverso.

Barcelona 1o Junio 19..[1])

Por Pts. 650,—

A sesenta días vista[2]) se servirán Vds pagar por esta *primera* de cambio[3]) (no habiéndolo ya hecho por la ....) á *nuestra propia* orden[4]) la cantidad de ....*seis cientas*..........pesetas..........cénts.[8]) en efectivo, valor *en cuenta*[9]) que se sentarán Vds *según* aviso[10]) en la de

S. S.

Vidal y Cuadras[5])[7])

A los Sres. *Cirera & Llobet*[6])

Mahón.

Aceptamos

Cirera & Llobet[11])

Mahón *3 junio* 19..

Vidal & Cuadras

[1]) Fecha de la existencia. [2]) Plazo del vencimiento. [3]) Designación de la letra, estando la segunda enviada á la aceptación. [4]) Como podía ser á la de otra persona. [5]) Libradores. [6]) Librados. [7]) Beneficiarios; véase la nota 4. [8]) Suma á pagar. [9]) Oder „recibido en mercancías". [10]) Condición de avisar. [11]) Aceptantes.

Reverso.

Páguese á la orden de *D. Luís Solanes,* valor *recibido.*

Barcelona *3 junio 19..*

Vidal y Cuadras.[1])

Páguese á la orden de *D. Jaime Cabrera,* valor *en cuenta.*

Madrid *6 junio 19..*

Luís Solanes.

Páguese á la orden de *los Sres. Bohigas é Hijo,* valor *recibido en mercancías.*

Valencia *12 junio 19..*

Jaime Cabrera.

Recibí

Juan Alegría.

[1]) El beneficiado en el presente caso es aquí, como siempre, el primer endosante.

Domizilwechsel.

Vorderseite.

Paul Berger

Angenommen Perron & Co.[11])

Berlin, den *1. Juni 19 . .*[1]) Für *M. 950,—*

Drei Monate nach heute[2]) .... zahlen Sie gegen diesen Primawechsel[3]) an die Order[4]) .... von mir selbst[7]) .... die Summe von

Mark Neunhundert Fünfzig[8])

den Wert in mir selbst[9]) .... und stellen solchen auf Rechnung ...... ohne ...... Bericht.[10])

Herren Perron & Co., Spandau.[6]) *Paul Berger.*[5])

Zahlbar bei der Deutschen Bank in Berlin.[12])

[1]) Tag der Ausstellung. [2]) Fälligkeitstag. [3]) Wechselklausel. [4]) Orderklausel. [5]) Aussteller. [6]) Bezogene. [7]) Wechselnehmer, Order, Remittent. [8]) Wechselsumme. [9]) Wertempfangsbekenntnis. [10]) Berichtangabe. [11]) Akzeptanten. [12]) Domiziliaten.

Rückseite.

M. 0,50
(von mehr als)
800 bis 1000 Mark.

Für mich an die Order des *Herrn Heinrich Bertram*

— Wert in Rechnung —

Berlin, den *6. Juni 19 . .*

Paul Berger.

Für mich an die Order der *Herren Dietrich & Co.*

Rüdesheim, den *10. Juni 19 . .*

Heinrich Bertram.

Für uns an die Order des *Herrn Alfred Peter.*

Heilbronn, den *15. Juni 19 . .*

Dietrich & Co.

Bezahlt

Alfred Peter.

Efecto domiciliado.

Anverso.

Vidal y Cuadras

Aceptamos
Cirera y Llobet
Mahón *3 junio* 19 . .

Barcelona 1º junio 19 . .[1]) — Por Pts. *1000,—*

A *tres meses* fecha[2]) .... se servirán V[ds] pagar por esta *primera* de cambio[3]) á la orden de[4]) .... la cantidad de .... *mil* .... pesetas .... cénts.[5]). Valor *en cuenta*[6]) .... que sentarán V[s] .... *sin* .... aviso[7]) en la de

A los Sres. *Cirera y Llobet*[9])
Mahón
Pagadera *al Crédito Lionés*[10])
Barcelona.

S. S.

Vidal y Cuadras.[8])

[1]) Fecha de origen. [2]) Vencimiento. [3]) Designación de la letra. [4]) Falta aquí luego el nombre del beneficiado, como podía haberse puesto «á la orden *mía*». [5]) Importe. [6]) Como podía haberse dicho «valor *recibido*» ó «valor *entendido*» para no expresar la causa. [7]) Dispensa el aviso. [8]) Librador [9]) Librado. [10]) Domicilio.

Reverso.

Páguese á la orden de *D. Luís Solanes*, valor *recibido.*

Barcelona *3 junio 19 . .*

Vidal y Cuadras.[1])

Paguése á la orden de *D. Jaime Cabrera*, valor *en cuenta.*

Madrid *6 junio 19 . .*

Luís Solanes.

Paguése á la orden de *los Sres. Bohigas é Hijo,* valor *recebido en mercancías.*

Valencia *12 junio 19 . .*

Jaime Cabrera.

Recibí

Juan Alegría.

[1]) El beneficiado en el presente caso es a quí, como siempre, el primer endosante.

VULCANO

Compañía de los Altos hornos

Capital 10.000.000 pts. — **Bilbao** — **Sucursal en Madrid, Montera, 1.**

Bilbao .... de .... de 19 . .

Factura nº ....

Aviso de expedición

nº .... del ....

Foleo nº ....

....

Muy Sr. n/: A continuación le detallamos los materiales .... enviados por .... hasta el puerto/estación de .... á las señas de ....; cuyo importe

Pts. .... llevamos al débito de V., valor ....

De V. attº S. S.

El Director:

Urbano Letamendi.

Advertencias. — Las mercancías viajan por cuenta y riesgo del comitente aunque estén vendidas francas de porte hasta su destino.

El peso de las mismas, por lo que toca á los envíos por ferrocarril, es comprobado antes de partir de la estación ante los agentes de ésta. Incumbe al destinatario comprobar el peso antes de retirar la mercancía, para hacer en caso necesario las oportomas reclamaciones á la compañía ferroviaria.

No se responde de los perjuícios causados por retardo ó extravío por el camino.

Se sobrentiende que estos precios se refieren á pronto pago. En los pagos á los 30 días de la fecha de la presente factura se hace descuento de 2%. Todo retardo en el pago hace caducar el descuento concedido y abonar el importe de los intereses correspondientes.

Toda mercancía es pagadera en las oficinas de esta Compañía.

Kolibri 360 GmbH
Ferdinand-Jühlke-Straße 7
99095 Erfurt, Deutschland
produktsicherheit@kolibri360.de